ORLAN

SERVIÇO SOCIAL DO COMÉRCIO
Administração Regional no Estado de São Paulo

Presidente do Conselho Regional
Abram Szajman
Diretor Regional
Danilo Santos de Miranda

Conselho Editorial
Áurea Leszczynski Vieira Gonçalves
Rosana Paulo da Cunha
Marta Raquel Colabone
Jackson Andrade de Matos

Edições Sesc São Paulo
Gerente Iã Paulo Ribeiro
Gerente Adjunto Francis Manzoni
Editorial Clívia Ramiro
Assistente: Thiago Lins
Produção Gráfica Fabio Pinotti
Assistente: Ricardo Kawazu

Cet ouvrage a bénéficié du soutien des Programmes d'aide
à la publication de l'Institut français et de l'Ambassade de France.

Este trabalho contou com o apoio dos Programas de Assistência
à Publicação do Institut Français e da Embaixada da França.

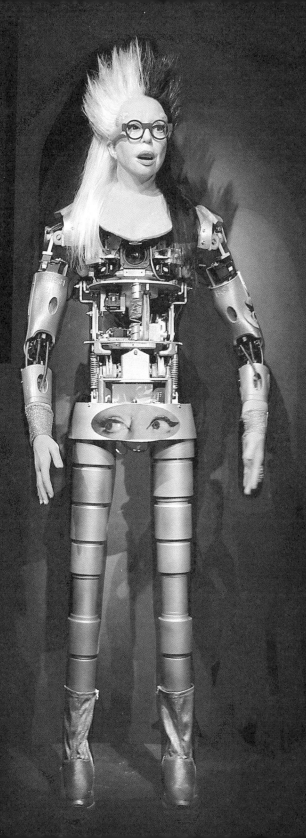

Título original: *Strip-tease*. Tout sur ma vie, tout sur mon art
Coleção dirigida por Jean-Loup Champion
Publicado pela primeira vez por Editions Gallimard, Paris
© Éditions Gallimard, Paris, 2021
© ORLAN, 2021
© Edições Sesc São Paulo, 2023
Todos os direitos reservados

Preparação Silvana Cobucci
Revisão Elba Elisa de Oliveira, Isis De Vitta
Diagramação Negrito Produção Editorial

DADOS INTERNACIONAIS DE CATALOGAÇÃO NA PUBLICAÇÃO (CIP)

Or51o ORLAN
ORLAN. *Strip-tease*: tudo sobre minha vida, tudo sobre minha arte / ORLAN; Tradução: Andréia Manfrin Alves. – São Paulo: Edições Sesc São Paulo, 2023.
380 p. il.: fotografias.

ISBN 978-85-9493-267-9

1. Artes plásticas. 2. Arte contemporânea francesa. 3. ORLAN. 4. Arte performática. 5. Body arte. 6. Biografia. I. Título. II. Alves, Andréia Manfrin.

CDD 709.44

Ficha catalográfica elaborada por Maria Delcina Feitosa CRB/8-6187

Edições Sesc São Paulo
Rua Serra da Bocaina, 570 – 11º andar
03174-000 – São Paulo SP Brasil
Tel.: 55 11 2607-9400
edicoes@sescsp.org.br
sescsp.org.br/edicoes
🅵 🆈 🅾 🅳 /edicoessescsp

ORLAN

STRIP-TEASE
TUDO SOBRE MINHA VIDA,
TUDO SOBRE MINHA ARTE

Tradução
Andréia Manfrin Alves

Sumário

ORLAN ANTES DE ORLAN

Minha chegada em minha tribo, no mundo, no centro do mundo (1947)	11
Meu jardim de Epicuro (1950)	13
Agora eu sei de onde vêm as estrelas (1955)	19
Açúcar no café com leite (1955)	23
A sonhada Europa (1955)	25
O vovô Weil (1957)	29
Do preto ao amarelo graças a Cioran (1960)	35
Um *charter* rumo à África	43
Aborto, a pí-lula! A pí-lula! A pí-lula! (1963)	53
De corpo em corpo ou *Prosésies écrites* (1963)	57
O teatro me salvou e eu me salvei do teatro (1965)	63
Minha vida de artista em Saint-Étienne (1965)	71
A performance (1965-2012)	79
Crises gigantes de urticária, angústias de morte e psicanálise (1971)	87
A virgem com o menino, de Jean Fouquet (1972)	91

ORLAN REALMENTE ORLAN

O *Baiser de l'artiste* (1977)	97
Prazeres e riscos do ensino (1975-2012)	109
O simpósio de performance e de vídeo (1979-1982)	117
New York, New York (1980)	123
Operações-cirúrgicas-performativas (1990-1993) ou *Outreportait*	131
Self-hibridações (1998-2015)	151
Nem tecnófila, nem tecnófoba (1982-2020) Do Minitel à inteligência artificial, passando pela realidade aumentada	157

Administrar meu imaginário (1993-2018)	173
A vitória de Samotrácia (2007)	191
Chicks on Speed (2012)	195
A descoberta das células HeLa (2016)	203
Da prosesia à *peauésie* (1947-2020)	211

AS QUESTÕES DA MINHA VIDA

O barroco	221
Le Plan du film (1989-2001)	229
Sororidade e feminismo (1947-2020)	237
Nem Deus, nem mestre (1947-2020)	267
O.A Outr.o.a, o.a.s outr.o.a.s	277
O eu é uma ficção	281
Os amores (1963-2020)	289
Poslúdio poético	321

Agradecimentos	327
Obras citadas	331
Índice onomástico	333
Índice das obras	339
Legendas e créditos das fotografias	343

ORLAN ANTES DE ORLAN

MINHA CHEGADA EM MINHA TRIBO, NO MUNDO, NO CENTRO DO MUNDO (1947)

Não cheguei em Nova York, Paris, Beirute, China, Honolulu, Vaduz, Luçon, Dakar, Joanesburgo, numa floresta da Amazônia, ou em Dubai... Não nasci numa grande família de aristocratas ou de artistas, em berço de ouro, nem numa família de camponeses na Mongólia, numa praia das Bahamas, nem entre os Dogons, ou os Maias, ou perto de uma pirâmide, tampouco entre fiéis extremistas...

Cheguei numa sexta-feira, 30 de maio de 1947, em minha tribo, uma casta operária em Saint-Étienne, no departamento de Loire, na França, na Europa, no mundo, sem deficiência aparente, numa família clássica com pais hete-rossexuais e uma mãe dona de casa chamada Mathilde, pobre, mas não tão pobre, e com um pouquinho de capital cultural.

Nasci num dia de calor tão forte, que tiveram de me mergulhar numa bacia com gelo derretido, para não me deixar morrer de hipertermia de recém-nascido.

Não morri, mas parece que sou mortal. No entanto, para mim, está fora de cogitação morrer, estar MORTA.

Quiseram me dar a extrema-unção, meus pais recusaram, ainda bem, aprovo a decisão!

Na época, empacotavam, enrolavam os bebês com panos, os braços presos ao lado do corpo: minha primeira e penúltima camisa de força. Houve outra quando retiraram minhas amígdalas: também desta vez, a equipe médica me enrolou em panos, depois o cirurgião apertou meu nariz para me obrigar a abrir a boca, e o médico, com uma lanterna na testa, enfiou o bisturi na minha garganta para cortar minhas amígdalas. Foi bem agressivo! Depois me deram gelo para chupar, primeira operação cirúrgica sem performance, sem anestesia, com dor e medo.

Minha mãe ficou com a barriga enorme, e sempre me dizia que a culpa era minha, de tanto que tinha chorado na beira da cama do hospital, sem saber se conseguiriam me salvar. Ela dizia: a pele da minha barriga ficou flácida por causa disso. A explicação sempre me pareceu duvidosa, mas muito culpabilizante. E eu detestava o barrigão de mulher eternamente grávida que ela sempre teve. Não admira que eu nunca tive vontade de engravidar, para mim isso sempre foi o horror dos horrores. E sempre me envergonhei da barriga dela, do corpo dela. Eternamente grávida de quem? De mim? Precisei dar à luz a mim mesma, já que minha mãe viveu eternamente grávida de mim, e, portanto, nunca me pariu. Como nascer de verdade, como não ser prisioneira de seu ventre? Como sair? Como se sair bem?

A obra intitulada *ORLAN accouche d'elle-m'aime*[1] [ORLAN dá à luz a si me-ama] fez esse serviço.

Minha mãe tinha medo de ter uma segunda filha. Ela deu à luz minha irmã, Yvonne, em 1939, no início da Segunda Guerra Mundial, depois abortou um menino, antes de eu nascer.

Não surpreende que, mais tarde, eu tenha criado uma performance na qual eu orgulhosamente segurava um cartaz com a inscrição: "Eu sou UM mulher e UMA homem".

Não conservo muita coisa dessa chegada febril em meu mundo, a não ser, talvez, uma aversão ao calor, à água fria, a qualquer entrave ao meu corpo, e uma paixão pelo ar-condicionado!

---

1. Em tradução literal: "ORLAN dá à luz a si me-ama". A artista usa um jogo de palavras entre *même*, "mesma", e *m'aime*, "me ama", para aludir ao fato de que, mesmo fazendo transformações em seu corpo, ela se ama. [N.T.]

MEU JARDIM DE EPICURO (1950)

Nos anos 1950, meus pais tinham uma bicicleta de dois lugares. Meu pai se sentava na frente, *of course*, minha mãe atrás, *of course*, e minha irmã e eu ficávamos coladas às costas deles. Passávamos horas percorrendo as ruas desse jeito, os quatro, com o vento soprando em nossos rostos. Era a época eufórica das primeiras férias remuneradas, meu pai tentava me ensinar esperanto: a vida era boa...

Num verão, fomos a Villefranche-sur-Mer e a Nice, e nós quatro ficamos amontoados numa quitinete emprestada por uma prima.

No jardim Garibaldi, em Nice, havia um enorme leão de bronze no qual minha irmã podia montar. Eu era pequena na época, e tinha de me contentar com a cauda ou as patas. Algumas fotografias muito divertidas atestam isso. Mas eu ficava furiosa por ser relegada a segundo plano! Eles nunca me deixavam montar no dorso do leão alegando que era muito perigoso. Eu tinha vergonha de ser a garotinha franzina condenada a roçar as margaridas, a permanecer sempre colada ao chão. Eu queria ser grande e poder tocar as estrelas cujos nomes eu adorava decorar. Meu pai, François, me ensinava: Estrela Polar, Ursa Maior, Via Láctea, Órion, Sirius, Canopus, Vega, Arcturus, Pólux... elas me faziam sonhar, me levavam para longe, a anos-luz!

Um pouco mais tarde, por volta de 1955, meus pais compraram, em títulos de renda vitalícia, uma velha fazenda num lugarejo chamado Montreynaud, nos arredores de Saint-Étienne. O caminho para chegar lá era longo: tínhamos de pegar um carro, depois caminhar mais de meia hora por uma costa bem íngreme! Chegávamos ensopados de suor, mas o esforço valia a pena, principalmente quando não chovia! Estávamos no topo de uma colina e a vista era impressionante...

Era meu jardim de Epicuro, meu refúgio de paz. Pessegueiros, damasqueiros, macieiras, pereiras, ameixeiras, nogueiras, castanheiras, marmeleiros... Era um parque de diversões extraordinário. Jardinávamos em família durante finais de semana inteiros. Marinette e Joseph, nossos primos distantes, moravam em outra parte da fazenda. Eu adorava enxertar, capinar, e minha tarefa era colocar numa caixa as folhas verdes das batatas com ovinhos dourados de besouros, para depois queimá-las.

Eu tinha muito orgulho de todas as hortaliças que plantávamos e me interessava mais pelas que davam lindas flores (cebolas, alhos-porós, alcachofras...) e pelas árvores.

Eu podia ficar horas deitada sob suas folhas, olhando o céu através dos galhos retorcidos balançando ao sabor do vento, ouvindo as folhas farfalharem. À noite, gostava de ouvir o vento soprar, como num concerto, misturado ao pio das corujas. Eu era transportada para um futuro, para outro lugar.

Eu gostava muito mais das árvores frutíferas, as outras me pareciam entediantes, pois ainda não compreendia sua utilidade. Aliás, meu pai só plantava árvores frutíferas, e sempre de um jeito bem impressionante, pois ele tinha acesso a dinamite. Depois de cavar um buraco, colocávamos pólvora, um pavio, e corríamos o mais longe possível para nos abrigar quando meu pai acendia o pavio. Então ouvíamos um grande BUM, atenuado apenas por nossas mãos coladas às orelhas, acompanhado de um jato de terra e de pedras expulsas do buraco. Era realmente extraordinário! Depois aumentávamos o buraco, enchendo-o de terra fértil e húmus; depois inseríamos a árvore, com o cuidado de posicionar corretamente as raízes. Para comprimir a terra, dançávamos com nossas botas de borracha em volta da árvore, que depois era regada em abundância. Era nosso ritual familiar. Depois de plantarmos uma árvore, nos sentíamos solidários e felizes!

Minha paixão era uma grande e velha ameixeira plantada perto de um poço a céu aberto com um grande parapeito de pedra, no qual havia peixes e, ao lado, um enorme pé de ruibarbo que eu adorava. A ameixeira era grande, com enormes folhas verde-escuras e talos vermelhos. Eu achava muito exótico. No verão, essa árvore ficava carregada de frutos enormes e amarelos, a tal ponto que tínhamos de escorar seus galhos, para não se partirem com o peso. De longe, parecia uma árvore com grandes flores amarelas. Quilos e quilos de ameixa caíam ao chão, e precisávamos tomar cuidado com as abelhas ao pegá-las. Essa árvore dava tanta ameixa que mal sabíamos o que fazer com elas. Então as distribuíamos para os vizinhos, fazíamos geleia, comíamos direto da árvore, enchendo a boca. Era minha cornucópia, uma felicidade genuína que me deixava de bom humor. Eu adorava o cheiro da geleia sendo preparada, era encarregada de mexer com uma colher de pau numa grande panela para não colar no fundo, e de tirar a espuma que se formava, e que eu comia com prazer.

Meu pai adorava as dálias, apesar do trabalho que demandavam. Era preciso guardar os tubérculos antes do inverno e replantá-los na primavera. Depois de cortados, eles resistem por um bom tempo sem murchar. Ainda hoje não consigo deixar de pensar em meu pai quando, por sorte, vejo dálias nas floriculturas. Mas isso é raro, essa flor saiu de moda, assim como aconteceu com o gladíolo. Gosto de seu caule comprido e robusto, com o qual é possível fazer buquês espetaculares. Quando fazíamos esses grandes buquês de flores, eu me sentia uma castelã!

Eu também amava as íris, parecidas com esculturas, que proliferavam facilmente e sustentavam os taludes, as grandes margaridas, os narcisos e principalmente as rosas, que tinham um cheiro bom, e eu adorava cuidar delas e enxertá-las. Eu enxertava as perfumadas sobre as que não tinham perfume.

No final da minha sétima operação-cirúrgica-performativa em Nova York, duas de minhas obras fotográficas se chamariam *Les femmes ressemblent à la lune, mes yeux à des fleurs* [As mulheres se assemelham à lua, meus olhos, a flores], e nelas trago narcisos para perto dos meus olhos roxos de boxeadora, em decorrência da operação.

Também usei flores na série *La Femme qui rit* [A mulher que ri] (1990), sempre como um contraponto, e em *Séduction contre séduction* [Sedução contra sedução], em que eu ridicularizava o gestual de sedução feminina ensinado, posando de forma ridícula com as flores.

Minha irmã Yvonne e eu passávamos muito tempo com Marinette e Joseph, um casal muito leal que cuidava da gente com alguma frequência, quando nossos pais queriam ficar tranquilos, e saíam por algumas horas, ou voltavam para Saint-Étienne. Marinette tinha lábio leporino (naquela época não se operava isso), era uma mulher de uma beleza comum, e eu admirava muito os grandes seios brancos e em movimento que ela exibia em generosos decotes. Não conseguia evitar olhá-los. Minha mãe nunca usava roupas decotadas nem sutiã. Joseph era loucamente apaixonado por Marinette e a tirara da prostituição (era um segredo de família que descobri muito tempo depois). Ela poderia ter sido cantora de ópera e, em todos os jantares em família, cantava especialmente bem "Sempre sorriiiiir e nada exprimiiiiir", trecho da opereta *Terra do sorriso*. Sua voz era fantástica e me levou a desenvolver o gosto por belas vozes. Os dois eram adoráveis. Joseph era um excelente jardineiro e foi ele quem me ensinou a enxertar. Do enxerto à hibridação, foi questão de tempo, nós gostávamos muito um do outro.

Na época, eu tinha uma ninhada de coelhos muito dóceis e adorava cuidar deles. Eu lhes dava cenouras e fazia carinho neles, e em troca eles me deixavam feliz.

Um dia, Joseph degolou meu coelho preferido diante dos meus olhos. De patas amarradas e coladas contra a parede, esperneando para tentar se desvencilhar das amarras do Joseph, até que todo o sangue se esvaiu. Foi horrível e horrivelmente longo. Era assustador, porque Joseph era tão gentil comigo, e eu me deparava com o oposto daquele cara, um torturador. O sangue esguichando por um bom tempo, a crueldade do ato... Essa visão de tamanha violência permaneceu impregnada em minha memória por muito tempo, sem que eu conseguisse me livrar dela.

Sempre tive aversão pelo sofrimento animal, fico revoltada com a situação dos abatedouros e com as pessoas que sentem prazer em ver os touros serem cruel e lentamente torturados até o último suspiro. É nojento, principalmente porque essa crueldade se transformou numa festa frenética, perpetrada com a ajuda de textos teóricos que ousam justificá-la. Detesto e evito as grandes aglomerações e toda histeria coletiva. Para mim isso é, ao mesmo tempo, incompreensível e insuportável. Se eu fosse uma ditadora, interditaria imediatamente as touradas e também o tráfico de bile de ursos na China, as criações em gaiolas e os abates sem atordoamento...

Os banheiros ficavam na parte externa da casa. Eram cabines turcas e, pelo buraco, eu via grandes larvas brancas muito contentes por estarem na... merda. Meu pai esvaziava regularmente o banheiro com baldes que ele despejava num espaço cavado para a compostagem. Esse lugar discreto no jardim, cercado de sabugueiros, fornecia os adubos necessários para nossas plantações, e seu cheiro era tão terrível que nos impedia de pensar na bela fórmula do meu pai: "Nada se perde, nada se cria, tudo se transforma", criando coragem para realizar aquela tarefa fedorenta. Descobri muito tempo depois que ele copiara a frase do Lavoisier.

Meu pai também demonstrava a frase jogando cascas de frutas num barril. Depois, destilava o conteúdo, transformando-o numa aguardente que chamávamos de "ratafia". Tomávamos essa bebida aos domingos depois das refeições, era nosso digestivo.

Todo domingo à noite, íamos embora cansados, carregando sacos enormes nas costas e nas mãos. Alhos-porós, aipos e buquês de flores transbordavam das sacolas que continham boa parte dos nossos víveres para uma semana. Não comprávamos praticamente nada, porque tínhamos de pagar os títulos de renda todo mês, então fazíamos economia de tudo, tudo, tudo! Aprendi a não gastar, a sempre dar conta do que havia, aprendi a me virar, a construir sem destruir, a reciclar, a respeitar os vegetais, as árvores, as coisas, as pessoas.

Meu pai chegava a amassar o jornal nas mãos para deixá-lo mais maleável e substituir o papel higiênico! Não podíamos deixar uma única migalha no prato, que limpávamos com pão, e esse pão também servia para limpar os dois lados da faca. Pessoalmente, eu preferia lamber o prato, era muito mais divertido e supereficiente! Também não podíamos deixar o pão endurecer, e meus pais redobravam a inventividade para cozinhar e condimentar todas as sobras. Entre outras coisas, eles faziam deliciosas rabanadas de sobremesa, colocando por cima delas uma calda de flor de laranjeira que até hoje acho deliciosa. Uso em tudo, e água de rosas também. Mesmo quando vou a restaurantes, sempre levo comigo uma garrafinha de flor de laranjeira. Fica tão deliciosa sobre ovos nevados que acho que a sobremesa fica insossa sem ela.

Recuperávamos tudo. Era preciso aproveitar, e por um bom tempo. A cada outono, por exemplo, um pedaço de tecido de outra cor, franzido, servia para encompridar meus vestidos. Eu não gostava nem um pouco. Não por causa da cor ou da forma do vestido, que era bem original, mas porque evidenciava nossa pobreza, nossa incapacidade de comprar roupas novas para a volta às aulas. É claro que as outras crianças riam de mim, e me batizaram com o delicioso apelido de "*Porte des cabinets*" [porta de banheiro], fazendo referência ao meu sobrenome!

Colhíamos amoras, framboesas, mirtilos, dentes-de-leão, urtigas, que transformávamos em sopa com leite, batata, e era deliciosa, mas também comíamos muitos cogumelos para economizar. Cor-de-rosa, lindos, grandes, gostosos, que degustávamos logo depois de colher, com bastante manteiga. Também colhíamos uma boa quantidade de agáricos silvestres na beira dos bosques. Eles tinham um pé comprido e um chapéu grande igual a um guarda-chuva, e eram muito saborosos. Era genial caminhar por um prado e encontrar as imensas luas de agáricos comestíveis, aqueles pequenos cogumelos com lamelas. Nunca mais comi. Atualmente, não se encontram mais nos supermercados. Ao colhê-los, nossos dedos ficavam com um cheiro bom, era fantástico.

Muito tempo depois, tive um amante que me levava para colher cantarelos e giroles de helicóptero. As medidas de economia tinham sido esquecidas! Este parêntese e nossa aventura eram tão singulares que me cativaram intensamente... Lembro-me também dos verões no interior, quando eu era mais nova. Eu cuidava das vacas com o funcionário da fazenda, Waldek, que era polonês. Eu brincava de médico e de quente ou frio com ele. Era muito legal, mas precisávamos nos esconder para que os adultos não vissem nada e para que pudéssemos discretamente chupar e lamber nossos dedos como se fossem cinco saborosos pirulitos.

Quando chegávamos na fazenda, os cachorros latiam, mas sobretudo os gansos me cercavam, ameaçadores, com o pescoço esticado e o bico laranja, gritando e prontos para me bicar! Felizmente, no verão, havia a debulhadora. Íamos ajudar os fazendeiros, os homens, e à noite comíamos gansos assados com batatas cozidas na própria gordura deles. Era incrivelmente delicioso e eu adorava comer essas aves que me davam tanto medo. Bem-feito para elas, eu pensava!

AGORA EU SEI DE ONDE VÊM AS ESTRELAS (1955)

François, meu pai, era um simples eletricista da prefeitura de Saint-Étienne e ganhava pouco. Para melhorar o fim do mês e pagar nossos estudos, ele também era técnico de iluminação no teatro Éden, um pequeno edifício na rua Blanqui, na frente do qual se iluminavam as letras E-D-E-N. Para a garotinha que eu era, aquele era um lugar feérico, ou até o eldorado.

Quando eu me comportava e era possível, ele me levava junto. Eu podia assistir aos espetáculos da coxia, do alto dos ganchos ou de trás das cortinas. Guardo lembranças emocionantes disso, principalmente do momento de tensão que precedia os três sinais do teatro. Do nervosismo visível nos rostos dos atores repassando seus textos, dos músicos ou dos cantores antes de entrarem em cena. Guardo também lembranças memoráveis dos momentos em que os músicos afinavam seus instrumentos, dos dançarinos se aquecendo. Esses preparativos eram sempre meus instantes prediletos, às vezes até mais do que o próprio espetáculo. Eu geralmente o achava longo, pois ficava em pé e num lugar ruim, muitas vezes sendo deslocada e empurrada o tempo todo, mas estava no centro da ação. Tinha a impressão de olhar pelo buraco de uma fechadura e, ao mesmo tempo, participar de tudo. Lembro-me de um incrível concerto de jazz que adorei porque o baterista era espetacular!

Por vezes meu pai direcionava o refletor sobre um cantor ou cantora, era hipnotizante. Então eu me imaginava cercada por essa luz intensa, afetuosa e atenta aos meus menores movimentos. Provavelmente foi por isso que eu quis fazer teatro. Eu queria estar na luz.

Eu também era fascinada pelos maestros, principalmente os agitados, aqueles cujos cabelos balançavam para todos os lados, e sonhava em estar no lugar deles e segurar a batuta! Para isso, tempos depois, me arrisquei no solfejo, mas reconhecia muito mal as notas. Não tinha ouvido para isso... Eram como a álgebra, as fórmulas matemáticas e os números: impossíveis de memorizar. Portanto, nunca me tornei maestra, pelo menos não dessa forma. Gosto de pensar que fui maestra de outro jeito, através da minha obra! Eu dirijo equipes no ateliê, nas empresas e durante as exposições nos museus e galerias, e durante a elaboração de meus vídeos e das filmagens...

Essas horas passadas no teatro Éden eram mágicas, um verdadeiro *must* para a criança que fui, um presente oferecido por meu pai, que alimentou meu imaginário ao me autorizar a sonhar um dia sair da minha "moldura" inicial, da minha gaiola, de atuar em outros papéis mais interessantes do que o meu. Meus pais nunca tinham ido à capital, não conheciam o Flore, nem La Closerie des Lilas, nem Les Deux Magots[2]... Eles vinham de lugarejos no entorno de Saint-Étienne, mas meu pai, um pobre operário, era rico por ter conseguido oferecer a si mesmo, e também à minha irmã e a mim, o teatro Éden. Isso nos abriu as janelas, permitindo a entrada de turbilhões de cores, sons, luzes, textos e visões que se infiltravam em nossa vida ordinária, em nossos sonhos, dia e noite. "O que é, de fato, a natureza? Não é uma mãe fecunda que nos pariu, mas uma criação de nosso cérebro; é nossa inteligência que lhe dá vida. As coisas são porque as vemos, e a receptividade, assim como a forma de nossa visão, depende das artes que nos influenciaram", disse Oscar Wilde em *O declínio da mentira*.

Isso devia ser particularmente gratificante para meu pai, que viveu momentos tão difíceis antes do meu nascimento. Ele partira para a guerra em setembro de 1939. No final do mesmo ano, construiu-se uma linha divisória: de um lado, você era prisioneiro; do outro, livre. Ele nunca esteve no *front*, estava num acampamento militar em Chambarand, no departamento de Lisère, mas, ufa!, o armistício chegou antes de seu regimento ser chamado. Os militares acantonados na zona norte foram enviados à Alemanha como prisioneiros, e os estacionados na zona sul voltaram para casa. Em seguida, eles foram convocados para trabalhar na Alemanha, no âmbito do STO (Serviço de Trabalho Obrigatório), mas não eram prisioneiros. Eles

2. Famosos cafés parisienses. [N.T.]

ocupavam postos em usinas ou fazendas, substituindo os alemães que tinham ido para o *front*. Meu pai se escondeu em Chambarand. Ele entrou para a Resistência entre 1942 e 1944, numa localidade chamada Le Chasseur. Yvonne, minha mãe e meu pai estavam lá quando Saint-Étienne sofreu numerosos bombardeios, o que certamente lhes salvou a vida, e minha irmã teria morrido asfixiada nos porões de sua escola maternal, como aconteceu com as outras alunas. Meu pai tinha integrado a filial de Jean Moulin. O trabalho dele era coletar as informações e o material enviados por paraquedas a Le Chasseur durante a noite. Só descobri essa história recentemente, quando pesquisei sobre ele para minha autobiografia. Isso só me faz admirar ainda mais o homem que amei profundamente. À noite, ele costumava colocar vagalumes em volta da lapela do seu chapéu.

Quando ele faleceu, escrevi em seu túmulo: "Você colocou todos os vagalumes da terra na lapela do seu chapéu e mergulhou na noite. Agora sei de onde vêm as estrelas". Um texto que também integrei a uma de minhas obras em vídeo de 1984: *Mise en scène pour un grand Fiat* [Encenação para um grande Fiat], que fala dos meus dois pais: um da vida, François, e um da arte, Marcel Duchamp, e sua tonsura em forma de estrela. Convido você, que lê este livro, a visitar meu *site*, ORLAN.eu, para assistir a esse e a todos os outros vídeos.

AÇÚCAR NO CAFÉ COM LEITE (1955)

Minha mãe costurava camisas, mas raramente tinha clientes. Era um grande luxo mandar fazer uma camisa sob medida, mas era algo necessário para as pessoas obesas que tinham dificuldade em encontrar algo do seu tamanho. Lembro-me do som de suas grandes tesouras quando ela cortava o tecido seguindo os contornos do molde. E também de sua máquina de costura, uma Singer com pedais, dessas que hoje em dia já não existem. Eu dormia embalada por essa bela música repetitiva.

Ao contrário de minha irmã Yvonne, que nasceu durante a guerra, eu cheguei logo depois. Eles tinham enfrentado tantas restrições, tantas privações! Nós comíamos muito, de tudo, e principalmente muita manteiga e muito açúcar!

De manhã, minha mãe colocava sete torrões de açúcar, às vezes oito, na minha tigela de café com leite. Ela sentia um grande prazer em contar os torrões à medida que os deixava cair em minha grande tigela. Depois eu tinha que mexer tudo com uma colher, com cuidado, até aquilo tudo desaparecer no líquido. Mais tarde, quando eu quis colocar apenas cinco, o gosto do meu café com leite ficou amargo... Agora não coloco nenhum, mas levei anos para me desvencilhar desse vício.

Minha mãe insistia muito para eu comer, e muito. Eu tinha de comer tudo, não podia deixar a mesa sem limpar o prato. Ela me achava magra demais, e de fato eu era franzina. Quando passeávamos juntas pela rua, se tínhamos o azar de cruzar com uma menina mais rechonchuda que eu, ela soltava minha mão bruscamente e me dizia: "Olha que menininha linda!", deixando implícito que, para ter o amor e a aprovação dela, eu tinha que comer mais e engordar.

Comer era poder amar e ser amada. Comer era como comungar, fazer festa para mostrar que tínhamos o que comer, que a fome finalmente tinha sido eliminada. Era "coma para que eu te ame, coma porque eu te amo, coma até que só eu possa te amar"... Minha relação com a comida, assim como minha relação com minha mãe, foi prejudicada durante muito tempo. Mais tarde criei performances ligadas à comida, incluindo uma em que comi páginas de um livro, outra em que comi uma quantidade exorbitante de morangos dispostos lado a lado no chão – eu os comia de quatro sobre um tapete vermelho – e outra em que pintei em pães ázimos os retratos de quem quisesse posar para mim. Meus tubos de tinta eram mostarda amarela, verde, marrom, tubos de extrato de tomate, maionese, pasta de anchova... Em seguida, eu sugeria que cada um degustasse seu retrato, que fosse autofágico. Caso a pessoa se recusasse a se comer, eu mesma a comia diante do público: raramente aquilo era gostoso!

A SONHADA EUROPA (1955)

Vivi muito sozinha na minha infância, não me lembro de ter sido uma garotinha muito rodeada de amig.o.a.s.

Ainda me vejo sozinha no apartamento de Tardy, meu bairro em Saint-Étienne, olhando longamente para o jardim pelas janelas. Morávamos no primeiro andar. Nosso apartamento dava para o telhado de um pequeno edifício, um antigo lavadouro aonde eu adorava ir. Apesar das janelas, era sombrio, porque ficava num nível inferior ao pátio e ao jardim. A pedra do lavadouro cobria toda a superfície do ambiente e, de tanta roupa lavada, era voluptuosamente macia e agradável de tocar. Eu gostava de acariciá-la por horas, achava aquilo fantástico. Sempre gostei de tocar e acariciar os belos materiais. Ainda hoje, quando quero agradar a mim mesma, vou ao mercado Saint-Pierre para ver e tocar os tecidos, segurá-los, ver como eles caem, acariciá-los, pesá-los, sentir o caimento, a elasticidade...

Mais tarde, em 2011, elaborei a exposição *Un boeuf sur la langue* [Um boi na língua], em que criei um veludo de seda estampada pelos fabricantes de seda da casa Brochier, em Lyon, com desenhos de vírus, fagos, células de sangue, pele e músculos, quase exclusivamente para meu prazer em ver e tocar essa matéria tão vibrátil, tão pictural, com a qual criei assentos, vestidos, obras e espaços inspirados em vitrais. O conceito da exposição residia na mistura, no mesmo lugar, do design, da moda, da arte, da escultura, dos textos e da imagética médica.

Diante desse edifício havia um pátio onde eu brincava muito sozinha de bater a bola na parede enquanto contava histórias a mim mesma. Do lado do lavadouro havia uma escada que subia até o jardim, na altura do nosso apartamento e de outro prédio onde ficava um passamaneiro. Ele ficava de frente para um imponente lilás roxo que era sempre a primeira árvore a florescer na primavera. O dia inteiro, era possível ouvir, um pouco abafado, o barulho da máquina de tecer. Era um barulho repetitivo e agradável, eu o ouvia durante horas, como a máquina de costura de minha mãe. Isso provavelmente me tornou sensível à música minimalista e repetitiva.

Lembro-me particularmente do momento em que a neve ou o orvalho vinham repousar nas janelas do apartamento. Com meu nariz e com o calor do meu sopro, o vidro congelado aos poucos se tornava transparente, e eu podia novamente contemplar o lado de fora e/ou escrever palavras e "*peauaimes*"[3] no vapor ou no gelo.

Era um momento privilegiado comigo mesma, um instante de sonho de um outro lugar, do que seria minha vida futura.

O apartamento era composto por três cômodos: a sala principal, que também servia de sala de jantar, em cuja parede havia uma tapeçaria com grandes ramagens azul-escuras, mas ali também ficava minha cama, parcialmente encaixada num móvel fabricado por meu pai, além de uma mesa e um bufê estilo Henrique IV, herdados de uma tia-avó. Minha função era lustrar, deixar tudo brilhando, e eu gostava de fazer isso porque adorava o cheiro da cera. Havia também uma cozinha com outra cama, onde dormia minha irmã; o último cômodo servia, ao mesmo tempo, como quarto dos meus pais e espaço para guardar as coisas, uma despensa. Não tínhamos banheiro, nem água quente, e uma vez por semana lavávamos a bunda e todo o resto numa espécie de banheira de zinco com um espaldar bem alto. Esquentávamos a água e todos nos lavávamos com ela: primeiro minha irmã e eu, depois nossos pais. Economizávamos água também! Às vezes íamos todos juntos aos banhos municipais; eu odiava isso, porque lá não tínhamos nenhuma privacidade, e o chão era de cimento rústico com uma cor horrorosa.

Às vezes eu via meu pai carregando água quente num grande recipiente que ele pendurava num prego que ficava sobre a cama deles. Desse recipiente branco de metal esmaltado com fendas azul-escuras saía um cano

---

3. Da junção da palavra *peau*, "pele", e *aime*, "amo", cuja pronúncia em francês é a mesma de *poème*, "poema". [N.T.]

comprido com um bico, uma cânula cheia de furinhos. Muito tempo depois, entendi que aquele era o método contraceptivo deles. Depois de terem transado, ele lavava minha mãe bem rápido. Espiei os dois por um bom tempo para entender o que acontecia naquele quarto.

Da sala de jantar, também tínhamos acesso ao vaso sanitário. Eu costumava usá-lo com a porta aberta para observar, bem de frente para ele, uma pintura emoldurada que eu achava muito bonita e que condizia com meus pensamentos. A pintura era espessa, feita a faca por um amigo do meu pai, e representava uma estradinha vazia delimitada por uma árvore e por uma colina que desaparecia no horizonte. Quando estava sentada no vaso sanitário, eu fixava meu olhar nessa estradinha, pensando no caminho que eu seguiria e no que queria fazer da vida. Contemplando essa pintura, também me perguntava por que o pintor tinha colocado tanta tinta na tela, e, em segredo, eu a tocava, a acariciava. Gosto do toque, do contato físico, eles são concretos e oferecem sensações boas. Sinto muita falta disso por causa desses confinamentos e dessas distâncias físicas.

Naquela época, e desde muito novinha, eu queria ser exploradora, provavelmente por causa das *Viagens de Gulliver*, de Jonathan Swift: descobrir os liliputianos, os gigantes, era espetacular. Ou então baterista, pois me lembrava de ter visto várias vezes no teatro Éden aquele belo homem cabeludo que tocava bateria, era extraordinário. Ele ficou gravado na minha memória. Era sensacional. Era preciso tocar com o corpo todo: braços, ombros, pés, e até com a cabeça! Eu ficava fascinada por aquele corpo inteiro em movimento. Normalmente, a música leva o corpo a dançar, lá era o músico que se via obrigado a dançar para fazer música. Era ainda melhor do que um maestro.

Meu pai comprou um piano de pobre para minha irmã, um acordeão. Era pesado demais para mim, e eu gostava do barulho do fole e da ginástica dos braços e do peito. Era muito físico.

Eu sonhava com viagens e alimentava esses sonhos folheando atlas enormes e livros ilustrados de ciência animal que recebera de presente de meu pai. Eu pensava nisso enquanto olhava a estradinha pintada, que convidava a seguir ao longe, era como um buraco na parede que se dirigia para um espaço desconhecido, para além do horizonte, longe daquele apartamento de Tardy, e eu sonhava com grandes viagens. Eu lia as expedições de Gulliver e de Júlio Verne. E começava a adorar os livros, o que sempre me acompanhou.

Naquela época todo mundo falava de "fazer a Europa" e do túnel sob o canal da Mancha. Para mim, era inacreditável imaginar que aquela ilha imensa, a Grã-Bretanha, um dia se ligaria ao nosso continente, e que era possível construir uma ponte debaixo do canal.

Eu imaginava as obras titânicas que seriam realizadas. Isso me parecia impraticável, mas eu queria tanto que acontecesse!

A Europa era um conceito que me fazia vibrar, a ideia de que todos os povos fossem ligados uns aos outros me parecia maravilhosa. Fim das guerras, fim das fronteiras... Nessa época tive vontade de aprender esperanto com meu pai. Ele ia com frequência a congressos pacifistas e libertários. Teria sido formidável se essa língua tão fácil de aprender tivesse substituído o inglês. A Europa teria uma língua comum, uma moeda comum. Para minha grande decepção, nada disso aconteceu como previsto, como eu imaginei...

Antes da chegada dos telefones celulares em nossas vidas, eu jamais imaginaria, mesmo em meus sonhos mais loucos de adolescente, que se pudesse inventar algo parecido! Que uma coisa tão pequena, do tamanho de um bolso, pudesse responder a todas as minhas perguntas... Que avanço fenomenal! Poder me informar, me cultivar, sair da ignorância e de nossas pífias capacidades de memorização, entrar em contato com pessoas do mundo todo... Era a prova de que o corpo é obsoleto. Mais tarde, cert.o.a.s amig.o.a.s rejeitaram em massa essa nova tecnologia, para não ter de usar uma coleira. É uma loucura essa resistência às inovações e o tanto que elas dão medo. Sempre achei isso ridículo: basta desligar o telefone para não se prender a ele!

Fiquei deslumbrada e muito feliz com essa descoberta tecnológica que transformou nossas vidas quando chegou. Eu, que tanto sofri com as centenas de "quando você crescer, eu te explico" recebidos dos meus pais ou dos adultos que não tinham respostas para minhas perguntas, que não ousavam responder a algumas delas, ou que não sabiam como respondê-las. Nada mais podia atrapalhar minha sede de aprender. Eu tinha uma enorme vontade de crescer rápido, de envelhecer, de ganhar experiência, de viajar, de ser ORLAN. Ficava irritada por não saber tudo, ainda não entendera que uma vida não seria suficiente para aprender sobre a vida.

O VOVÔ WEIL (1957)

Na pré-adolescência, creio que por volta dos meus nove anos, talvez dez, meu pai hospedou um sujeito que era chamado de vovô Weil. Um suposto doutor expulso da ordem dos médicos, pois alegava ter praticado abortos numa época em que isso era proibido. Tornou-se amigo da família, e meu pai o sustentava. Ele comeu à mesa conosco durante pelo menos um ano.

Foi uma época peculiar para mim, eu tinha uns sintomas estranhos. Sentia regularmente vertigens, empalidecia, estava sempre cansada, vivia momentos de grande tristeza e nunca tinha fome. Quando meus pais não estavam, esse sujeito tomava conta de mim. O vovô Weil cuidava de mim.

Pouco a pouco, a pretexto de me examinar, de cuidar de mim, de querer entender o que acontecia comigo, ele me tocava. No início, pensei que eram gestos normais de um médico que ausculta. Minha mãe ficava preocupada, mas só me disse isso muito tempo depois. Na época não interveio, embora uma vez o tenha visto cheirar os dedos na frente dela depois de me examinar.

Um dia, meu pai e esse vovô Weil decidiram me examinar juntos para saber o que eu tinha de verdade. Eles me colocaram na minha cama, levantaram minha camisola, afastaram minhas pernas e introduziram na minha vagina uma pinça de depilação com um absorvente interno de algodão na ponta. Já não sei exatamente quem fez o quê, mas tenho a impressão de que um deles segurava uma lanterna para enxergar direito, acho que me lembro de ter sido meu pai, simbolicamente *voyeur* e violador, pois houve penetração com esse instrumento.

Inútil dizer que lidei muito mal com isso, eu não entendia o que estava acontecendo. Eles não tinham nenhum motivo para fazer aquilo. Por quê? Para quê? Eles queriam verificar se eu estava menstruada? Isso me parece uma justificativa absurda, já que eu era muito novinha. Eu estava envergonhada... Principalmente quando me lembro dos momentos em que fiquei sozinha com aquele sujeito, me perguntando sobre o que ele poderia ter feito.

Minha mãe denunciou o vovô Weil e tive que ir à delegacia para recontar o que tinha acontecido. Foi muito traumático. Eu dizia uma frase, o delegado datilografava com dois dedos numa velha máquina de escrever Remington que era bem barulhenta, e lia tudo em voz alta, me perguntando se era aquilo mesmo que eu queria dizer. Eu tinha vergonha, me sentia culpada, mal, infeliz, estava tomada por uma sensação muito desagradável, muito esquisita. Eu me perguntava por que estava lá e teria saído correndo se pudesse. Fazendo uma retrospectiva, é muito estranho o delegado não ter perguntado nada sobre meu pai, nem tê-lo convocado. Meu pai não foi mencionado na denúncia, apesar de ter participado diretamente de todas as ações. O comissário nos contou que aquela não tinha sido a primeira investida do vovô Weil. Ele tinha antecedentes desse tipo, o que meu pai descobriu depois. Eu achava assustador ele ter ajudado esse homem com ações totalmente equivocadas. Ações e olhares, já que meu pai segurava uma lanterna e os dois olhavam meu sexo, minha vulva, e o resultado da pinça ao ser retirada de lá. É claro que não havia nada. A pinça de depilação foi a arma escolhida para o crime. Essa arma matou alguma coisa em mim, no mais profundo de mim, ela me penetrou, atacou meu sexo, meus princípios, ela lançou a dúvida. Fazendo eco a esse acontecimento traumático, criei uma máscara com a foto da minha vulva, como uma tentativa de me reapropriar de meu sexo, e fiz diferentes obras com ela. Fotografei-a sobre um papelão recortado na forma do meu rosto. Se quiser vê-la, não precisa me traumatizar, me despir. Se quiser vê-la, eu te mostro, você a verá antes do meu rosto, escondido atrás dela.

Annie Sprinkle, em sua performance *The Public Cervix Announcement*, de 1990, fez essa mesma tentativa, motivada por outras razões. Ela introduziu um espéculo em seu sexo, e os espectadores podiam observar sua vagina com a ajuda de uma lanterna. Atualmente ela é ecossexual, o que significa que a natureza a excita. Ela faz amor com árvores, com a terra, com a grama...

Isso foi tudo, mas já foi muita coisa, isso matou alguma coisa em mim. Nunca consegui me desvencilhar desse acontecimento da minha vida. Levei um tempo enorme para falar disso durante a psicanálise que comecei a fazer mais tarde. Estranhamente, eu não conseguia dar vazão a isso.

Minha irmã sempre me disse que isso não era nada, que eu estava inventando histórias, que não deveria levar a sério. Segundo ela, meu pai não fizera aquilo por mal. Eu também sempre tive muita dificuldade para imaginar que tivesse existido algo da parte dele. Na verdade, ele era ingênuo e muito apegado a esse vovô Weil, que ele respeitava, e à amizade que tinha por ele. Isso provavelmente o cegou. Era muito difícil para mim dizer algo negativo dele, pois até então ele tinha sido exemplar. Meu pai me ensinou os nomes das estrelas, me explicou quantos anos-luz havia entre elas e nós, me falou do infinitamente pequeno e do infinitamente grande, e me levou aos bastidores do teatro Éden. Ele me ensinou a fazer experiências de química, pois ele próprio queria ter sido químico. Renunciou a isso para cuidar de sua mãe. Ela tinha uma relação tóxica com o marido beberrão e gastador, que certamente a maltratava.

Ainda hoje me pergunto se não sou eu a culpada pelos maus pensamentos em relação ao meu pai. No entanto, eu não deveria ter que suportar essa sensação odiosa de penetração sem o meu consentimento.

Nunca consegui entender se meu pai se sentia ou não culpado em relação a mim. É evidente que aconteceu alguma confusão, uma ambivalência. Disso resultou uma grande desconfiança em relação aos homens, e em relação a esse pai que eu tinha admirado tanto, tanto.

Sinto uma espécie de necessidade vital de duvidar até dos seres mais admiráveis, mais bondosos, de considerá-los pessoas de quem se deve desconfiar, pois da noite para o dia eles poderiam fazer alguma coisa horrível contra mim. Isso é complexo para mim porque, *a priori*, eu gosto das pessoas e tenho curiosidade sobre quem são, o que pensam, mas sempre tenho medo, medo de que me façam mal e medo de lhes fazer mal.

A partir daquele momento, fiquei ressentida com meu pai e nos afastamos, sendo que éramos muito próximos, o que deve ter sido muito difícil para ele. O mais doloroso para mim é que eu amava esse homem, eu o admirava, ele construiu muitas coisas positivas em mim, mas tem "isso", um nó dentro de mim que permanecerá aqui dentro, provavelmente por toda minha vida.

Não saímos ilesos de nossa infância. Isso é ainda mais terrível porque, num primeiro momento, fui incapaz de admitir que ele poderia ser culpado. É como quando uma mão te acaricia e depois te bate: não entendemos mais nada. Isso é de uma violência ainda mais espantosa porque ela primeiro te acariciou. Queremos, a qualquer custo, encontrar a mão que acaricia, esquecer completamente a que bateu. É como se não conseguíssemos acreditar que essa mão pudesse fazer algum mal, e tanto mal.

Era impossível culpar meu pai. Eu me lembro de passar noites tentando encontrar alguma coisa para dizer que pudesse interessá-lo, surpreendê-lo. Tinha a sensação desagradável de não saber nada: ele era o sábio. Sentia-me humilhada por não ensinar nada para ele. Tinha raiva de ser uma garotinha, queria ter a idade e a experiência dele para poder falar com ele em pé de igualdade.

Eu detestava minha ignorância, tinha vergonha dela, queria saber de tudo, crescer depressa.

No final dos anos 1950, meu pai ficou gravemente doente. Meus pais decidiram não contar para minha irmã e para mim, para não nos preocupar. Minha mãe só disse que ele tinha ido viajar. Mas, quando seu estado melhorou, minha mãe acabou nos contando a verdade: ele tinha tido um AVC. Ela nos levou ao hospital porque ele queria nos ver. No caminho, ela insistiu para que, chegando ao hospital Hôtel-Dieu, onde ele estava internado, eu agradecesse calorosamente a enfermeira que cuidava dele. Fiquei profundamente contrariada: eu era tímida na época e, sobretudo, odiava que minha mãe "pusesse palavras na minha boca", me obrigasse a dizer coisas que eu não tinha vontade de falar, frases que ela mesma devia dizer. E ela fazia isso com frequência.

Chegando no Hôtel-Dieu, nos deparamos com um corredor muito largo e muito comprido. Meu pai segurava minha mão de um lado, e minha mãe do outro. Ela viu a enfermeira do meu pai no fundo do corredor, caminhando em nossa direção, e me lembrou de agradecer muito a ela. Eu não estava com a menor vontade de fazer isso, pois via meu pai fraco, dando passos curtinhos. Quando a enfermeira se aproximou de nós, não consegui dizer nada. Fiquei paralisada. Olhei para meus pés e, como costumava fazer, minha mãe beliscou meu braço até eu dizer: "Muito obrigada por cuidar do meu marido". Houve um grande silêncio, que só foi interrompido por minha mãe com estas palavras: "Ela quis dizer 'cuidar do meu papai'". Fiquei com tanta vergonha... Mais tarde, quando fiz psicanálise, entendi que todas as palavras que dizemos têm um peso. Que esse lapso queria dizer alguma coisa sobre a relação que existia entre meu pai e eu. Que tudo tem relação com a palavra, com a letra.

Essa história ficou gravada na minha memória, e acho que ela teve seu papel em *SAINTE-ORLAN et les vieillards* [SANTA-ORLAN e os idosos], vídeo que criei em 1983. Essa obra faz referência a *Susana e os idosos*, mas também à *Lição de anatomia*, de Rembrandt, que, de forma mais higienista, é claro, apreende o corpo e me iluminou e me acompanhou até minhas operações-cirúrgicas-performativas.

Na época, eu ministrava uma oficina de arteterapia no hospital de Ivry--sur-Seine e convidei os idosos nela inscritos a participarem dessa obra. Aqueles que quiseram e entenderam do que se tratava aceitaram o convite.

Nós os levamos de carro até o local da filmagem, uma escola de foto-grafia, a ACE3P, que concordara em nos emprestar o espaço e o material profissional em troca de um *workshop* com os estudantes. Enfeitei aque-les senhores com lindos tecidos. Eles estavam se sentindo num sonho, pois muitos não saíam do hospital há muito tempo e quase não tinham mais roupas além de um pijama, e a maioria tinha vindo de pantufas! A filmagem acabou sendo extremamente difícil e intensa, mas também foi um momento emocionante para mim. Pedi que eles esticassem os braços como a *Assunção* de Ticiano, que eu lhes mostrava. Alguns não conse-guiam se concentrar, ficar no lugar, imóveis, outros não entendiam muito bem onde estavam e o que deveriam fazer, outros ainda, com as mãos deformadas pela artrite, levantavam levemente o braço para baixá-lo logo em seguida. Mas um homem em particular chamou minha atenção. Ele era impressionante, pois mantinha os braços levantados mesmo quando eu lhe pedia diversas vezes para baixá-los, o que, com a distância, se mostra algo terrível de ouvir: "Baixe o braço, senhor!". No final do dia, acompanhei esse homem extraordinário até seu quarto.

Rodamos muito pelos corredores do hospital até ele se lembrar do número do quarto, e aproveitamos para falar sobre a vida, principalmente sobre a vida dele. A certa altura ele parou de repente, se voltou calma-mente para mim e disse num tom malicioso: "Você sabe por que consegui ficar com os braços levantados o tempo todo? Porque carreguei caixas de vinho e de cerveja a vida toda. Meus braços ficaram fortes e ainda são!". Esse momento me deixou boquiaberta, emocionada, era lindo ver o orgu-lho se inscrever em suas linhas de expressão. Fiquei feliz em saber que pude fazê-lo usar sua força no fim de sua vida, com outro objetivo além de carregar caixas.

Eu gosto de fazer o bem, isso me faz bem, e fez bem àquele homem que se aproximava da morte.

A trilha sonora do vídeo é de um disco de vinil descartado que comprei no mercado de pulgas de Saint-Ouen. Uma bela voz de soprano se eleva e abre caminho através dos solavancos decorrentes dos riscos nos sulcos do vinil.

Concebi esse vídeo a partir da forte emoção despertada por essa voz memorável que mal pode ser ouvida, quando normalmente o som é incluído depois. Montei as imagens recortando-as a partir da trilha sonora. Usei esse disco quebrado, e também incrustações bastante inovadoras para a época, com desenhos em Graph9, que o fabricante me emprestou para eu testar, a fim de criar uma grande analogia entre essa voz feminina e os idosos, todos indo em direção a suas perdas, à morte, ao esquecimento. Esse vídeo fala da fragilidade dos suportes de imagem e de som. No entanto, nossa cultura se baseia em imagens prestes a desaparecer...

DO PRETO AO AMARELO GRAÇAS A CIORAN (1960)

Na adolescência, passei por um período intenso de depressão e angústia. Estava convencida de que a vida era inútil, de que nada tinha valor ou graça. Que, de todo modo, pouco importa o que fazemos e que, independentemente do que fizermos, de bem ou de mal, de interessante ou de idiota, para os outros ou para a humanidade, a morte vai acabar apagando tudo.

Então, me pareceu que o suicídio era o único gesto filosófico possível. Eu o considerava um gesto corajoso, até mesmo notável! Eu admirava todos os homens e todas as mulheres importantes que escolheram voluntariamente a morte, como Virginia Woolf, Gilles Deleuze, Stefan Zweig, Primo Levi, Vincent Van Gogh, Henry de Montherlant, Ernest Hemingway, Romain Gary, Paul Celan, André Gorz, Walter Benjamin, Ghérasim Luca...

Pedi emprestado a um amigo um quartinho vazio que ele tinha no centro de Saint-Étienne. Minha intenção era cometer suicídio nesse quarto, ingerindo comprimidos de sonífero que levara comigo. Fui até lá com livros de Cioran: *Do inconveniente de ter nascido*, *Breviário de decomposição* e *Silogismos da amargura*, pensando que eles reforçariam minha decisão. Depois de fechar as janelas, me deitei na cama e comecei a ler os livros. Dormi profundamente, por bastante tempo, e no dia seguinte continuei minhas leituras antes de voltar a dormir.

No terceiro dia do meu "retiro suicida", meu corpo tinha se recuperado, estava menos cansado e com vontade de se mexer, eu estava em forma, muito menos deprimida. Continuei lendo mais um pouco, e de repente uma válvula de segurança foi acionada no meu cérebro.

Percebi que havia momentos bons, além daqueles descritos por Cioran, e que no fim das contas nem tudo era tão sombrio assim. Então me levantei, olhei pela janela e vi o sol. Abri bem as persianas, lentamente, fazendo-as ranger (elas faziam um barulho extraordinário). O sol entrou, quente, reconfortante. O quarto dava para um pátio apertado, com imóveis feios em toda a volta, mas ainda assim o sol o iluminava. Encarei isso como um encorajamento. O ar que tocava meu rosto era agradabilíssimo, suave e revigorante.

Decidi dar uma volta. Saindo do prédio, à direita, passei na frente da vitrine de uma loja de roupas. Lá dentro, meus olhos foram atraídos por um corpete de um amarelo vibrante. O material era lindo, os botões ficavam escondidos por um pedaço de tecido também amarelo. Entrei imediatamente na loja para experimentar e me achei incrivelmente bonita. Eu, que costumava usar apenas roupas pretas, inclusive as *lingeries*!, fui embelezada por essa cor. Fiquei surpresa, maravilhada com minha imagem. Aquele amarelo era mágico, ele mudava totalmente a forma de eu me ver e de ver o mundo. Eu mesma estava admirada, iluminada por aquela cor.

Sempre gostei de roupas e conservei todas as minhas depois desse dia histórico. Elas ocupam muitíssimo espaço e sempre me falam para doá-las, para me livrar delas, mas sempre recusei, sob o pretexto de que um dia criaria arte com elas. E mais tarde, de fato, eu as transformei em arte, especialmente na minha retrospectiva "Le Récit" [A narrativa], de 2007, no Museu de Arte Moderna e Contemporânea de Saint-Étienne (MAMC+), mas também em Múrcia, na Espanha, e no Museu de Artes, na capela do Oratório de Nantes.

Naquele dia, passei do preto ao amarelo!

Cioran me salvou, mesmo sem querer, me dando a cor.

Eu tinha vergonha desse suicídio fracassado, pois tive a fraqueza de não realizar o ato, apesar de já ter decidido que o faria.

Depois de comprar o corselete, voltei ao quarto do meu amigo, peguei meus livros, meus remédios, minha bolsa, arrumei a cama e voltei para a casa dos meus pais. Esse corselete foi uma roupa mágica que me transformou, ao mesmo tempo, por fora e por dentro. É o que acontece muito com as minhas roupas, e não paro de comprá-las.

Naquele dia, fiz inúmeras promessas a mim mesma. Pensei: "Se você não se suicidar, terá de viver a vida de outro jeito". Pensei que, para ser digna de estar viva, já que por fim escolhera continuar viva, precisava inventar minha vida como uma obra de arte, me reinventar e ficar acima da multidão, aprendendo muito, fugindo da ignorância. Precisava estar desperta, viver intensamente todas as invenções, todas as coisas possíveis da minha época. Eu tinha lido que Marcel Duchamp dizia "eu sou um aspirador", e eu também aspirava a ser um aspirador... sem nunca usá-lo, como faziam quase todas as mulheres da época!

Eu queria me tornar um exemplo para mim mesma e para todos e todas, queria reconstruir o mundo e lutar para que as mulheres pudessem fazer em casa as mesmas coisas que os homens, e que os homens fizessem as mesmas coisas que as mulheres, e que tivessem os mesmos direitos. Com justiça, com igualdade, sem discriminação... "Uma metade da espécie humana está fora da igualdade, é preciso fazê-la entrar: contrabalançar o direito do homem com o direito da mulher", dizia Victor Hugo (que, no entanto, era cristão). Meu ato de bravura era recitar "Les Djinns"[4], cuja construção eu adoro. Esse poema começa com uma palavra, depois duas, depois três, depois infla e, no final, linha por linha, diminui até restar apenas três palavras, depois duas, depois uma. A partir de "Djinns", entendi que a arte escrita ou visual era uma construção voluntária, e que a poesia não era apenas música, mas também podia ser visual e criar um acontecimento sobre a página.

Muros, vilarejo,
E porto
Asilo
De morto,
Mar cinza
Onde brisa
A brisa,
Tudo dorme.

No prado
Nasce um barulho.
É o hálito
Noturno.

---

4. *Djinns* são gênios da cultura árabe, figuras que estariam abaixo dos anjos e acima dos homens. [N.T.]

*Ele brama
Como uma alma
Que uma flama
Sempre acompanha!*

*A voz mais alta
Parece um guizo.
De um anão que salta
É o agito.
Ele foge, se lança,
E em cadência
Sobre um pé dança
Na beira d'um rio.*

*O rumor se aproxima.
Num eco repetido.
É como o sino
D'um convento maldito;
Como uma algazarra,
Que volve e que brada,
E ora desaba,
E ora se alarga,*

*Deus! A voz sepulcral
Dos Djinns!... Que barulho estrondoso!
Fujamos sob a espiral
Da escada profunda.
Minha lamparina apagada,
E a sombra da rampa,
Sobre o muro debruçada,
Chega ao telhado.*

*É o enxame dos Djinns que passa,
E turbilhona assoviando!
Os teixos, que seu voo destroça,
Crepitam como um pinho queimando.
Seu bando, pesado e rápido,
Voando no espaço vazio,*

Parece uma nuvem lívida
Que carrega um raio nos flancos.

Eles estão bem perto! – Deixemos fechada
Esta sala, onde desafiamos seus colhões.
Que barulho lá fora! Hedionda armada
De vampiros e dragões!
A viga do teto arrancada
Verga como grama molhada,
E a velha porta enferrujada
Treme ao extirpar seus grilhões!

Gritos infernais! voz gritada e chorada!
O horrível enxame, levado pelo aquilão,
Sem dúvida, ó céus! se abate sobre minha morada.
O muro se dobra sob o negro batalhão.
A casa grita e oscila inclinada,
E diriam que, do chão arrancada,
Como afasta uma folha ressecada,
O vento a revolve com seu turbilhão!

Profeta! Se tua mão me salva
Desses impuros demônios noturnos,
Irei prostrar minha fronte calva
Diante de teus sagrados turíbulos!
Faz com que nessas portas leais
Morram seus sopros celestiais
E que em vão a ponta de suas asas
Rilhe e grite nesses negros vitrais!

Eles passaram! – sua coorte
Voa, e foge, e seus pés
Cessam de bater em minha porta
Com seus múltiplos golpes.
O ar está repleto de um barulho de correntes
E nas florestas adjacentes
Tremem os grandes carvalhos,
Sob seu voo em chamas ardentes!

DO PRETO AO AMARELO GRAÇAS A CIORAN (1960)

De suas asas compridas
As batidas diminuem,
Tão confusas nas campinas,
Tão fracas que creem
Ouvir o gafanhoto
Gritar com uma voz franzina,
Ou efervescer o granizo
Sobre o prumo d'um velho teto.

Estranhas sílabas
Nos chegam ainda;
Assim, dos árabes
Quando soa a corneta,
Um canto sobre a areia
É por instantes elevado,
E a criança que sonha
Tem sonhos dourados.

Os Djinns fúnebres,
Filhos da morte
Nas trevas
Apressam seus passos;
O enxame retumba:
Assim, profunda
Murmura uma onda
Por ninguém visada.

Esse barulho vago
Adormecido
É a vaga
Na beira;
É a queixa,
Quase extinta,
De uma santa
A um morto.

Duvidamos
Da noite...
Ouço: –
Tudo foge,
Tudo passa
O espaço
Apaga
O ruído.

Victor Hugo, "Les Djinns", 1829

Esse poema muitas vezes foi meu momento de glória e de sucesso nas festas e nos jantares em que eu o recitava.

UM *CHARTER* RUMO À ÁFRICA

Estávamos longe de ser ricos, apesar dos dois empregos do meu pai e das poucas camisas sob medida feitas por minha mãe. Para poder pagar minhas viagens, meus estudos, meus quadros, minhas telas, minhas fotos e todo meu material artístico, para ser independente, eu precisava necessariamente fazer alguns bicos. Fiz de TUDO! De aplicação de calcário nas calçadas, que rendia um bom dinheiro na época, à venda de escovas para cegos e de barras de sabão para paralíticos. Trabalhei na feira noturna de frutas e legumes de Chavanel e me levantava às 3h da manhã. Vendi até a *Encyclopædia Universalis* de porta em porta. Vendi bolinhos nas *pâtisseries* aos domingos de manhã e perfurei ingressos de jogo num PMU[5]! O pior para mim era a venda porta a porta, pois eu não tinha coragem de deixar as pessoas pobres se endividarem. No verão, eu trabalhava de garçonete nos bares; no outono e na primavera, era aderecista nos desfiles de moda. Criei adereços e cenários para os teatros, fui vendedora ambulante, dei aulas de desenho e de pintura para crianças... O único bico que nunca quis fazer foi cuidar de crianças, eu odiava isso! Principalmente os bebês, essas coisas moles que cheiram mal, ou a leite coalhado ou a merda, que gritam, babam e arrotam. A partir dos quatro anos há uma fala que se estabelece, e isso muda tudo, mas antes disso, para mim, é algo repugnante.

---

5. Sigla para *Pari Mutuel Urbain* [Aposta mútua urbana], empresa dedicada às apostas em corridas de cavalos. [N.T.]

Eu fazia esses trabalhos como quem sobe num palco de teatro: interpretava um papel. Era muito divertido ver o roteiro do filme em que me obrigava a atuar bem, a exagerar para mudar o que podia ser um tédio mortal num palco do teatro Éden.

No fim, de tanto fazer esse tipo de trabalho, juntei um valor que me permitiu comprar tintas, telas, livros e principalmente: passagens de fretados para viajar, sobretudo pela África.

A África é muito importante para mim, fui para lá cinco ou seis vezes seguidas e quase sempre no verão, no calor mais intenso e praticamente sem dinheiro no bolso. Eu dormia na casa de moradores locais, ou em hotéis muito ruins com carpetes que pareciam se mexer de tanta barata. Uma vez fui com um de meus amores, que durou sete anos! Eu adorava a África e a África me ensinou muito. Era uma época em que se podia viajar sem perigo. Nunca tive problemas e só encontrei pessoas que me receberam de braços abertos e me ofereceram o pouco que tinham, sem esperar nada em troca. Uma grande lição de generosidade e de humanidade...

Criei diversas obras em mulheragem[6] a esse continente que tanto amo e que me ensinou muito. Em particular, hibridizei meu rosto com fotografias etnográficas de mulheres africanas de diversas tribos e com máscaras. O título dessas obras é muito importante para mim e afirma que sou uma mulher de uma tribo euro-*stéphanoise*[7] ou *stéphano*-parisiense. Homi K. Bhabha, aliás, escreveu sobre isso em *Fabulous Harlequin: ORLAN and the Patchwork Self*: "A prática de ORLAN foi, desde o início, uma espécie de resistência ao dado do corpo ou a qualquer fronteira cultural. Para ORLAN, não existe normatividade. A influência africana, portanto, não é uma questão de ser diferente de si mesmo. É uma questão de alteridade". Alguns títulos das minhas obras: *Self-hybridation africaine. Profil de femme mangbetu et profil de femme euro-stéphanoise; Self-hybridation africaine. Masque de femme nigériane avec visage de femme euro-parisienne; Self-hybridation africaine. Masque Janus Ekoi Nigeria et visage de femme euro-forézienne*[8]...

---

6. A autora usa *femmage* em vez de *hommage*, para designar o feminino ausente de *homenagem*. O neologismo já é usado em textos feministas. [N.T.]
7. Relativo à pessoa natural de Saint-Étienne. [N.T.]
8. Respectivamente: Auto-hibridação africana. Perfil de mulher mangbetu e perfil de mulher euro-stéphanoise; Auto-hibridação africana. Máscara de mulher nigeriana com rosto de mulher euro-parisiense; Auto-hibridação africana. Máscara Janus Ekoi Nigéria e rosto de mulher euro-forézienne (relativo a quem é de Forez). [N.T.]

Tenho inúmeras lembranças da África, lembranças que gosto muito de evocar, e sou insaciável. Lá eu viajava muito de carona, e em outros lugares também. Pedi muita carona, sempre tomando todas as precauções. Sempre em postos de gasolina, pedindo diretamente para motoristas mulheres ou casais me levarem. Nunca me aconteceu nada. Era realmente fantástico viajar com um motorista particular, viajar pelas estradas, ver as paisagens desfilarem e chegar longe sem dinheiro. Depois de um longo período muito hostil com as caronas, fico feliz em saber que as viagens compartilhadas substituíram a carona de forma mais segura, ainda garantindo a possibilidade de viajar a um custo muito baixo.

Viajei muito de carona em caminhões que transportavam sal, mas também de ônibus. Era muito difícil descobrir quando um ônibus ia passar, pois sempre que eu perguntava alguém me dizia: "Fica aqui que ele vai passar". E de fato em algum momento ele passava, mas era impossível saber se demoraria algumas horas ou alguns dias... Era uma verdadeira aula de paciência! Eu não gostava muito de esperar, e ainda não gosto, mas sempre havia alguém para me oferecer água (que eu não podia beber, pois não era fervida) ou uma xícara de chá (que eu tinha prazer em degustar, pois era água fervida e podia ser bebida sem risco de disenteria para arrematar!).

Sempre que precisei esperar um ônibus, todos os moradores da cidade em que eu estava se revezavam para vir me ver. Me olhavam da cabeça aos pés, dos pés à cabeça, andavam ao meu redor como se me escaneassem. De um jeito totalmente diferente das pessoas que me olham na França, quase sempre com um olhar furtivo.

Depois de terminar a inspeção, quando quem estava diante de mim tinha entendido, tinha visto do que eu era feita e as roupas que eu vestia, a pessoa ficava orgulhosamente plantada à minha frente, exibindo um imenso e brilhante sorriso iluminado por dentes magnificamente brancos, o que significava que eu tinha sido escaneada e adotada.

A partir desse exato momento, eu me sentia completamente segura e certa de que essas pessoas viriam em meu socorro se acontecesse algum pepino. Se começasse a escurecer e o ônibus não tivesse aparecido, sempre havia alguma boa pessoa para me oferecer abrigo em sua casa e para compartilhar comigo sua comida.

Um dia, quando eu subia num ônibus que finalmente decidira passar, uma mulher muito forte pegou seu filho no colo para eu poder me sentar no veículo abarrotado. O chão estava coberto de restos de todo tipo, incluindo amendoins e cascas de banana. Antes de me sentar, fiz o que me ensinaram a fazer: cuspir no vidro da janela e secar com um lenço para conseguir ver através do vidro sujo. Eu não queria perder nada da paisagem e queria ver as manadas de zebras que me encantavam com seus efeitos cinéticos e seus traseiros magnificamente aumentados pelas listras. E também animais muito esquisitos como os gnus e as fantásticas girafas.

O caminho se anunciava longo e caótico. Depois de quatro horas de direção, o motorista parou antes de adormecer ao volante. Todos saíram para esticar as pernas, aproveitando essa pausa de duração indeterminada. Quando o ônibus retomou a viagem, e depois de muitas horas a mais de estrada, algumas mulheres pediram para o motorista parar porque queriam ir ao banheiro. Então todo mundo foi fazer suas necessidades tentando se esconder um pouco. Tudo isso levou muito tempo, e voltamos a subir no ônibus.

Eu estava exausta e morrendo de sede. É claro que não havia ar-condicionado e o calor era insuportável. Minha coluna já estava farta da pista caótica e dos amortecedores defeituosos... Foi nesse momento que minha vizinha, aliás, muito simpática, rindo, me entregou seu filho, toda orgulhosa, colocando-o no meu colo, o que para mim não era exatamente um presente! Felizmente, a criança logo começou a gritar e a chorar, o que a obrigou a pegá-lo de volta! Ufa!

Eu estava quase pegando no sono quando vi, ao longe, num nível inferior, um gigantesco campo de flores vermelhas. Olhei fixamente para ele durante um bom tempo, me perguntando que flores seriam aquelas. O caminho era extremamente sinuoso, e estávamos numa colina inclinada sobre o campo. Pouco a pouco nos aproximamos desse lugar sem que eu pudesse vê-lo mais claramente. Na última curva, quando o ônibus chegou no nível delas, todas as flores saíram voando: era estupendo! Eram, na verdade, aves comedoras de milho, pequenos pássaros vermelhos que, naquele dia, me proporcionaram um espetáculo inacreditável, inesperado e inesquecível, um deslumbramento do jeito que eu gosto.

Outra história me vem à mente quando relembro minhas viagens à África. Um dia, quando eu ia de carona para o Burundi, depois de visitar o lago Tanganica, encontrei, num caminhão carregado de sal que dava carona para mim e para muitas outras pessoas, um homem com um belo chapéu, que viajava sozinho como eu. Decidimos fazer uma parte do trajeto juntos e, enquanto caminhávamos pela região das mil colinas, resolvemos não continuar pela estrada principal, mas tomar uma estrada mais curta que aparecia em nossos mapas, sem curvas, e que nos parecia mais direta. Depois de cinco horas de caminhada, percebemos que a região das mil colinas condizia perfeitamente com seu nome: subíamos e descíamos sem parar, o que era exaustivo sob o sol africano do mês de agosto.

Mesmo assim perseveramos, na esperança de que passasse algum veículo que nos desse uma ajuda. Infelizmente, não apareceu vivalma e o mapa não nos permitia calcular quanto ainda teríamos de caminhar para chegar ao próximo vilarejo. Estávamos cada vez mais cansados, e, como se não bastasse, praticamente sem água e sem comida.

A noite chegou e, com ela, a necessidade de construir uma espécie de cabana com madeira e troncos encontrados pelo chão, para nos abrigar minimamente. Meu novo amigo, um verdadeiro *globe-trotter*, acostumado a se virar, me disse que era imprescindível urinar em volta do nosso abrigo improvisado para afastar os animais selvagens. E cumprimos a tarefa, mas preciso dizer que foi muito mais fácil para ele do que para mim! Nos enfiamos nos nossos sacos de dormir, desses que têm um mosquiteiro acoplado na altura da cabeça, e tentamos dormir, sem sucesso, pois animais curiosos vinham farejar nossa efêmera instalação de pertinho e faziam barulho.

Antes mesmo do sol despontar no horizonte, retomamos a caminhada, preocupados por estarmos quase sem água. Continuamos andando o dia inteiro sob um sol escaldante, construímos outro abrigo improvisado e urinamos em volta dele, angustiados por não saber se teríamos algo para comer naquela noite. Só nos sobrara uma latinha de sardinha para dividir e um pouquinho de arroz que cozinhamos com o óleo da sardinha numa marmita, o mais lentamente possível. Apesar dos nossos esforços, o arroz queimou e ficou duro antes de cozinhar. Passamos a noite com a boca cheia de óleo de sardinha quente!

No dia seguinte, partimos ao amanhecer para evitar o calor e, depois de horas de caminhada, avistamos ao longe uma casa de terra. Era uma missão onde viviam padres muito gentis que nos ofereceram uma cama, café com leite e biscoitos. Era incrível se sentir finalmente em segurança, poder se lavar e comer e beber alguma coisa. Achamos tudo aquilo delicioso! Estávamos salvos, tínhamos ficado com medo. Passamos um grande apuro!

Depois os missionários nos indicaram o caminho certo a seguir e retomamos nossa caminhada até chegar a um vilarejo onde havia casebres distantes uns dos outros.

Um homem nos avistou da estrada e teve a grande generosidade de nos convidar para passar a noite em seu casebre. Ele usava um turbante branco, era muito magro e não falava uma só palavra de inglês ou francês. Seu único móvel era um velho banco de carro que ele instalara diante de sua casa e no qual queria que nos sentássemos de qualquer jeito, pois tinha orgulho daquele móvel, que era seu tesouro.

Ele vivia com duas mulheres, belas, que estavam usando maravilhosos vestidos longos e muito coloridos, feitos de um magnífico tecido africano. Ele nos adotou e cozinhou arroz com um pedaço bem pequeno de frango, acompanhado de um molho vermelho muito picante. Como não conseguíamos falar com eles, nos comunicamos durante toda a noite por gestos e sorrisos. Uma das mulheres, sorrindo, me levou até os fundos do casebre e levantou uma pedra que cobria um buraco para me mostrar, com o auxílio de gestos e de risadas, que ali ficava a latrina. Quando chegou a hora de dormir, nossos anfitriões estenderam uma esteira no chão, no centro do casebre. O homem foi se deitar para um lado, e as duas mulheres e as crianças foram para o outro lado.

De manhãzinha, fomos acordados por nosso amigo, que abriu a porta da habitação com um gesto firme para deixar entrar um bando de galinhas que atravessaram o casebre a toda velocidade, passando por cima de nós e deixando penas pelo caminho. Morremos de rir! Percebo que não paramos de rir naquela casa, eram gargalhadas constantes e incontroláveis, pois eles também riam muito, confirmando a veracidade do ditado de Rabelais: "O riso é próprio do homem", e acrescento: da mulher! O riso é próprio do humano.

Meu companheiro de viagem e eu retomamos a jornada, felizes por rir tanto, e aliviados por termos escapado do pior. À medida que nos afastávamos do vilarejo, prometemos um ao outro que leríamos novamente *O nome da rosa*, de Umberto Eco. E o fiz assim que retornei à França. É tão estranho imaginar que um dia a religião proibiu o riso! Da mesma forma, certos grupos religiosos conseguiram banir o canto dos pássaros ou a música.

Na África, entendi que o riso era uma boa terapia para mim, exatamente como as sessões de choro que minha turma organizava no Bon Pichet[9], em Saint-Étienne. Os Dogons são conhecidos por suas sessões de riso coletivo, que têm a finalidade de curar os males de quem está sofrendo. Aliás, tenho muita vontade de ir a sessões de risoterapia para me livrar

---

9. Restaurante local muito famoso na época. [N.T.]

dos vestígios do confinamento, do trauma do meu divórcio e das velhas angústias metafísicas...

O riso sempre fez parte da minha vida, desde a infância, e principalmente nos domingos, quando passávamos mais tempo à mesa e comíamos mais e melhor do que de costume – geralmente lúcio, um peixe quase extinto atualmente –, depois de beber espumante (não fui criada com champanhe!) ou licor com flocos de ouro. Todo mundo ria! Passávamos os domingos rindo em família, o que não impedia que acontecessem discussões sérias, e certamente foi isso que me ligou aos Dogons mais do que a qualquer outro povo africano. As falésias de Bandiagara são tão espetaculares! Mais tarde, reencontrei o riso, as falas espirituosas, a brincadeira e até as baboseiras misturadas com assuntos sérios na Vendeia.

Muitas das minhas obras foram inspiradas pela África, principalmente *Radiographie des temps* [Radiografia dos tempos], uma peça monumental criada sob encomenda para o 1% artístico[10]. Instalada na faculdade de farmácia e de medicina da Universidade de Nantes, além de outra encomenda para a biblioteca de saúde, ambas construídas pelo arquiteto Jean-Pierre Lott, essa obra faz referência à memória do tráfico de pessoas negras e denuncia, em particular, a escravidão. A escravidão é uma aberração abominável, cuja existência é difícil de imaginar, como o Holocausto. Como puderam os seres humanos fazer coisas tão desumanas a outros humanos?

Para não ser imposta ao olhar do espectador, essa obra não foi colocada na parede, e sim no teto e no chão, para envolver uma ação dos corpos através da vivência física dos frequentadores da universidade. A instalação propõe uma parada no caminho, um parêntese nas atividades preferidas e no trajeto habitual, incitando-nos a olhar para o que existe sob nossos pés, pois cavei um buraco no chão que ia até o estacionamento, coberto por um piso de vidro sobre o qual os frequentadores tinham necessariamente de caminhar. Geralmente surpreendidos por essa placa transparente, eles paravam sua caminhada por um instante para olhar, no fundo desse buraco, um caixote luminoso que reproduzia obras similares às que estavam no teto. Então, tinham de levantar a cabeça para contemplar o grande caixote luminoso do teto, obrigados a suportar a posição desconfortável de um corpo confrontado com imagens desconfortáveis. Assim, era possível entender

---

10. Fundo destinado à criação de uma ou mais obras artísticas quando há construção ou ampliação de prédios públicos na França. [N.T.]

minha proposta, pois criei a *Radiographie des temps* para evocar o imaginário médico, as radiografias que permitem um diagnóstico, questionando simultaneamente a memória da cidade de Nantes e o tráfico de pessoas negras através das fotografias etnográficas e das máscaras africanas com as quais também fiz a série *Self-hybridations africaines* [Auto-hibridações africanas] e esculturas em resina. Para isso, criei uma radiografia invertendo as cores: os brancos se tornavam pretos e os pretos se tornavam brancos.

Na fachada, as quimeras bicéfalas, metade humanas, metade animais, têm pensamentos compassivos em relação aos animais graças aos quais a pesquisa médica faz progressos. Para vê-los, como a calçada da frente é um pouco recuada, imaginei uma passarela, uma ligação entre essa faculdade de farmácia e de medicina e a escola de arquitetura localizada na outra margem do Loire. Pedi autorização ao diretor da faculdade de arquitetura para instalar um telescópio no teto, que permitiria ver com bastante precisão as obras instaladas na fachada.

Recebi as autorizações necessárias e tudo ficou pronto, mas nunca foi instalado. Acho isso lamentável. Mas quem sabe no futuro outro diretor ou outra diretora da DRAC[11] e da escola de arquitetura se lembrem desse pedido de uma artista que expressou o desejo de aproximá-las, de suprimir as distâncias entre duas universidades que desenvolvem práticas diferentes. O que me parecia um belíssimo projeto.

O conjunto dessas obras baseia-se nas relações artes/ciências, e também no conceito de hibridação de figuras humanas e animais. Esse 1% artístico compromete o corpo e mistura diferentes tempos, o tráfico de pessoas negras, o passado colonial, o dever de memória coletiva, o presente da pesquisa médica e seu futuro. Essa obra me lembra a citação do meu amigo Georges Didi-Huberman: "Diante de uma imagem, estamos sempre diante do tempo".

Na África, aprendi sobre paciência e aprendi a dar o que temos sem esperar nada em troca, só pelo prazer de dar e de encontrar o outro, de viver intensamente o momento... É uma preciosa lição de vida e gosto de colocá-la em prática até hoje. Gosto de dar sem esperar nada em troca. Se eu dou e aqueles a quem dei dão aos outros, isso cria uma cadeia de solidariedade.

Também visitei museus e comecei a ver e a apreciar as esculturas e as máscaras. Minhas caminhadas pelo Mali, um país Dogon, me permitiram

---

11. Direction régionale des affaires culturelles (Direção regional dos assuntos culturais). [N.T.]

estudar as portas esculpidas, as maravilhosas fechaduras dos celeiros e algumas máscaras que me traziam, pois seus proprietários sempre tentavam vendê-las para mim, colocando-as em minhas mãos. Eu era subjugada pela invenção, pela liberdade daquelas esculturas, e não pude deixar de trazer algumas delas, muitas vezes para me livrar da insistência dos vendedores. Também assisti a cerimônias de dança em ritmos frenéticos, que levantavam poeira e davam uma vontade genuína de dançar. Eu gosto de dançar, a dança me deixa solta mesmo quando estou cansada. Quando danço, meu corpo retoma a boa forma, como se tivesse sido completamente lavado de qualquer cansaço.

Gosto da África e de seus povos que, apesar da miséria, da pobreza, têm um entusiasmo, uma alegria de viver comunicativa, estão sempre dispostos a rir, a dançar, a dar uma mãozinha... Eles me deram uma grande lição de humildade, de generosidade e de vida com sua efervescência, seu jeito de viver, sua capacidade de estar no presente, e também reforçaram meus hábitos de desenvoltura. O maravilhoso e engraçadíssimo filme de Jean Rouch *Cocorico! Monsieur Poulet* [Cocoricó! Senhor Frango] atesta isso e recomendo assisti-lo. Ele é brilhante, engraçado e muito verdadeiro.

Nunca me canso de falar das minhas viagens à África. Eu poderia escrever um livro sobre minhas experiências, minhas aventuras e minhas desventuras naquele continente.

Não posso deixar de contar uma delas, que me aconteceu na Nigéria. Convidaram a mim e ao homem com quem eu viajava para passear de piroga até os Fulani. Chegamos um pouco antes do pôr do sol, por um curso d'água que cercava uma espécie de ilha repleta de vacas mugindo. Era o momento da ordenha. Um Fulani nos viu atracar. Sem ter sido avisado da nossa chegada, ele veio nos receber com uma enorme cabaça cheia de leite espumoso que acabara de ordenhar para nós. Primeiro nos inspecionou um pouco com um olhar intenso que nunca vou esquecer. Um olhar capaz de dissecar alguém até os ossos. Depois deu um largo sorriso e começou a beber o leite na cabaça. Depois de dar vários goles, estendeu a cabaça para nós, com a boca contornada de espuma branca. Era comovente e meio engraçado. Então os dois guias, meu amigo e eu, fomos obrigados a beber depois dele, um após o outro, na mesma cabaça.

Aquele Fulani era espetacularmente bonito, muito alto, usava bijuterias de prata em quase todos os dedos, uma tornozeleira e uma pulseira, e outra bijuteria de prata pendurada ao pescoço por uma corda.

O sol se punha naquele instante, magnífico. Um laranja-avermelhado estrôncio digno de um cartão-postal. Ele nos levou, orgulhoso, até suas vacas para que pudéssemos admirá-las, pois estava feliz com seu enorme rebanho. Era como se nos apresentasse seus tesouros, seu cofre-forte, pois naquele lugar, quanto mais vacas se tem, maiores as possibilidades de trocas, e mais rico se é, e mais orgulhoso de apresentar seus grandes rebanhos.

Avançamos em meio aos mugidos, ofuscados pelo sol poente. Vimos homens ordenhando vacas naquelas mesmas cabaças. Percebemos que, antes de começar a ordenhar, os homens abriam as nádegas da vaca e sopravam no cu dela. O guia nos explicou que era para relaxar a vaca que inicialmente se recusava a oferecer seu leite. Concluímos, então, que o homem que nos acompanhava e que bebeu na cabaça também colocara antes a boca no ânus da vaca, e que bebemos alegremente depois dele.

Aquilo era alucinante e nos fez rir de verdade, apesar do perigo real de termos absorvido micróbios e vírus.

ABORTO, A PÍ-LULA! A PÍ-LULA! A PÍ-LULA! (1963)

Numa das minhas viagens à África, quando eu pedia carona sob um sol tórrido numa região dos Dogons, no Mali, de repente me dei conta, angustiada, de que não menstruava fazia um mês e meio. Em Saint-Étienne, tive casos com artistas antes de viajar. Assim que voltei para a França, fiz um teste. Catástrofe: eu estava grávida! Tudo dentro de mim dizia não. Detesto a natureza que designa a nós, mulheres, a tarefa de procriar, o que algumas de nós não têm a menor vontade de fazer, apesar das enormes pressões da sociedade e das religiões.

Não tinha chance alguma de arruinar minha vida: na época eu pintava, escrevia poemas, fazia esculturas, transbordava de energia criativa, queria viajar, viver em lugares diferentes, ser livre, improvisar, inventar minha vida a cada instante... partir quando quisesse, para a África ou outro lugar.

Não havia contraceptivos e, sobretudo, abortar era ilegal: eu corria o risco de ser presa.

Enlouquecida, recorri aos que poderiam ser os pais, aos meus amigos. Um deles me deu o endereço de uma mulher de confiança que fazia abortos clandestinos. Mas ela cobrava um valor exorbitante para mim. O que eu ganhava como vendedora de escovas e sabonetes, ou de frutas e legumes nas feiras ou de porta em porta, não me permitia pagar. Um ímpeto de solidariedade aconteceu: meus amigos organizaram um financiamento coletivo e conseguimos juntar o valor necessário. Em suma, um *crowdfunding* antes do tempo!

No dia da consulta, fui até a "fazedora de anjos", que morava no subúrbio. Lamento pelas mulheres que se sentem culpadas, ou que foram culpabilizadas, pelas que não queriam ser mães e se veem com uma criança que interfere em sua liberdade, em seus sonhos e em sua vida profissional, pelas que não têm dinheiro para criar e educar uma criança, e pelas jovens demais, que não têm conhecimentos, não têm experiência, e podem transmitir tão pouco a seus filhos! Lamento também pela criança indesejada! Ela é órfã sem saber.

Uma mulher com um coque grisalho, um pouco boêmia, me recebeu muito gentilmente em seu pequeno apartamento HLM[12]. Perguntei se podia fumar um cachimbo durante a intervenção, como George Sand. Ela ficou surpresa, mas acabou autorizando. Apertei o cachimbo com os dentes, sem a intenção de quebrá-lo! Foi tudo muito rápido. Eu me imaginava num filme, longe dali. Ufa! Escapei por pouco, um brinde! Dois dias depois, meus amigos e eu brindamos minha alta no Bon Pichet. Eu retornava de longe. Nós rimos muito, eu me sentia tão aliviada... e livre. A gerente nos presenteou com uma rodada e me deu uns antibióticos, caso precisasse, que alegria!

Alguns meses depois, criei uma foto em preto e branco, *ORLAN accouche d'elle-m'aime*, em que dou à luz um objeto, um manequim sem sexo definido. Um manequim que poderia ser uma obra de arte saindo dos meus órgãos genitais. No fundo, não tive filhos, mas dei à luz a "moi-m'aime"[13]! Pois, para mim, o ano de 1964 é o ano do meu nascimento, o ano a partir do qual pude realizar obras para denunciar as violências feitas às mulheres e as pressões que elas sofrem.

Para mim, família é sinônimo de sufocamento, de tradição, de confinamento. Ela impede de ir mais longe. É um tempo roubado da criação!

Lutei muito pelo direito ao aborto ao lado de outras. Acho o aborto essencial, e, infelizmente, hoje ele está ameaçado de novo, sobretudo por *La manif pour tous*[14]. Acho absurdo que pessoas, usando até crianças como

---

12. *Habitation à loyer modéré* [Moradia de aluguel a preço moderado] é um tipo de moradia popular construída com a ajuda do Estado e alugada por um valor acessível. [N.T.]
13. Literalmente "eu me amo". A pronúncia em francês é a mesma de "moi-même", "mim mesma", daí o jogo de palavras da autora, presente no título dado por ela à foto, que também pode ser lido nessa linha. [N.T.]
14. Coletivo de associações da França que se opõem à lei que permite que os casais homoafetivos se casem e adotem crianças (conhecida como "marriage por tous" [casamento para todos]). [N.T.]

instrumento, queiram impedir os outros de viver livremente sua sexualidade, mesmo quando não obrigamos essas mesmas pessoas a ter relações sexuais antes do casamento, ou a se casar, ou a se divorciar, ou a abortar, ou a ser homossexuais, deixando-as viver suas crenças mesmo que pareçam absurdas e ultrapassadas, e fazendo isso com tolerância.

Minhas mulheragens a Christiane Taubira, uma política poética e eficiente. Ela conseguiu que o casamento para todos fosse aprovado em 23 de abril de 2013, BRAVO!

Fazer filhos me parece ainda mais ridículo porque a terra não precisa mais ser povoada, ela está superpovoada e superpoluída. Escrevi, cantei, falei e filmei uma performance dizendo "No baby no, où sont les écolos?" [*No baby no*, onde estão os ecologistas?]. Ninguém fala em demografia, quando esse é um dos maiores problemas. Mas é um assunto tão tabu por causa das religiões e dos hábitos das sociedades...

Em 2012, um jornalista da revista *Paris Match* entrou em contato comigo, pedindo-me para descrever o dia mais bonito da minha vida. Aceitei com a condição de poder falar sobre o dia de um dos meus abortos. Já tinham publicado muitos artigos meus na *Paris Match*, descritos por minha amiga Élisabeth Couturier, mas nunca na seção de depoimentos, que é muito popular e muito lida.

Muito tempo depois da entrevista, o texto ainda não tinha sido publicado e por acaso encontrei uma das diretoras da revista, que me disse que o texto ainda não tinha saído por causa do título que eu escolhera: "O dia mais bonito da minha vida foi o dia em que fiz um aborto". Ela me explicou que, se quisesse ver minha história publicada na revista, teria de substituir o título para: "O dia mais bonito da minha vida foi o dia em que tomei a decisão de não ter um filho".

Acabei aceitando se a palavra "aborto" fosse escrita no texto. Quantas negociações! Para mim, era muito importante esse arquivo mostrar que eu não me sentia culpada, mas, ao contrário, estava orgulhosa por viver minhas convicções numa época em que se questionava o aborto e se tentava convencer as mulheres a não abortarem, dizendo-lhes que se arrependeriam disso pelo resto da vida. Essa palavra, apesar de todas as nossas lutas, ainda é um tabu, ela dificilmente é pronunciada ou escrita, e com frequência é proscrita.

DE CORPO EM CORPO OU *PROSÉSIES ÉCRITES* (1963)

Nos anos 1960, eu escrevia – e ainda escrevo! – poemas toda noite, ou quase. Num deles, escrevi: "Sou uma vomitadora de poemas sobre um sofá aconchegante". Eu declamava esses poemas sem parar: pela cidade, nos bares, nas festas... E às vezes até pedia dinheiro em troca, pelas ruas de Saint-Étienne, e funcionava.

Minha mãe, com seu grande pragmatismo, falava dos meus poemas: "São pequenas recitações, vai passar quando ela crescer, com o casamento". Mas nunca passou.

Muito tempo depois, quando meu marido os leu, afirmou que meus textos eram bobos, que não valiam nada e não tinham nem pé nem cabeça.

Minha mãe podia até ser a porta-voz da sociedade, mas os sarcasmos podem mudar de boca e de lado, jogando para o alto a confiança que deveríamos ter em nós mesmos graças aos indispensáveis incentivos e elogios das pessoas que estão à nossa volta e que deveriam nos amar.

Em 1963, um de meus conhecidos, o tipógrafo M. Peagno, um sujeito chique que gostava muito de mim, publicou um livro baseado em parte dos meus poemas, que ele teve a bondade de apreciar muito. Dei o título de *Prosésies écrites* [Prosesias escritas]. O livro é todo preto, com letras brancas e ilustrações brancas feitas por JMP, um de meus amantes da época. A meu pedido, o prefácio foi escrito por dois personagens extraordinários e amig.o.a.s de Saint-Étienne, Henri Simon Faure, poeta de farto bigode, e sua esposa, Lell Boehm, uma pintora que também escrevia.

Diversos manifestos pontuavam a obra. Dou grande importância aos manifestos, muitas das minhas obras são manifestos visuais e escrevi diversos durante minha vida. Eles permitem afirmar nossa posição em relação às nossas ações, nossa postura na sociedade e na arte.

NÃO ACREDITO NADA NA POESIA ESCRITA
ESTOU CERTA
DE QUE É PRECISO VOZ
                    PARA DIVULGÁ-LA
V A L I D A M E N T E

A POESIA É UM CANTO UM GRITO UM VAPOR
OU UMA IRA
ELA É ENTÃO ATROZMENTE - MUTILADA -
QUANDO PERMANECE - IMOBILIZADA -
EM LETRAS SOBRE FOLHAS

                    ADEMAIS, QUER SABER?

A POESIA ME VEM À PONTA DA LÍNGUA
ANTES DE CAIR SOB A PLUMA
TANTO
QUE SOU OBRIGADA A RE-TÊ-LA
HOJE N Ã O VOU TENTAR
ME   C A L A R

No primeiro manifesto de *Prosésies écrites*, afirmo que, para mim, os poemas, os textos, são deficientes sobre a página, eles criam raiz, ficam imóveis, fixos. Era fundamental dar vida a esses textos, com um sopro, uma voz para lê-los e lhes oferecer outro corpo, carregando-os até aqueles que os ouvem, interpretando-os, pois eu concebia os poemas sobre a página como partituras que esperam por seus instrumentos.

Na época, eu afirmava: "Não acredito nada na poesia escrita. Estou certa de que é preciso voz para divulgá-la validamente. A poesia é um canto, um grito, um vapor ou uma ira. Ela é então atrozmente mutilada quando permanece imobilizada em letras sobre folhas. Ademais, quer saber? A poesia me vem à ponta da língua antes de cair sob a pluma, tanto que sou obrigada a retê-la. Hoje não vou tentar me calar".

O texto termina com: "Então, meus milhões de dedos nos seus conhecendo-se poeticamente". Esta última frase é uma fórmula que eu usava muito no final das minhas cartas. Muito tempo depois da publicação de *Prosésies écrites*, o escritor e historiador da arte Georges Didi-Huberman, filho de um artista-pintor de Saint-Étienne conhecido como Didi, e que depois se tornou meu amigo, me disse que tivera sua primeira inspiração com a leitura dessa frase escrita por mim no livro de visitas de uma exposição do pai dele. Ele diz ter sentido uma enorme carga erótica ao ler essa frase e se perguntou o que teria acontecido entre o pai dele e eu. Nada! Era apenas uma bela fórmula poética.

– VOCÊ Orelha TÃO longÍNQUA!
num acordo muito incerto
– v o c ê cuja alegria me está hERmeticaMENTE fechada
– você-AMIGO
          Vocêsestão misturados ao silêncio

M A S se para além de
                t o d as as fronteiras
nossos olhos conseguem se unir:
         eu POSSO ES PERAR:
QUE MEU SONHO SE TRANSFORME   NO SEU
QUE A EMOÇÃO DO SEU OLHAR
ESTEJA NO MEU
ENQUANTO O VENTO QUE ME DESCABELA
LHES LEVARÁ MINHA VOZ

E N T Ã O
M E U S   M I L H Õ E S   D E   D E D O S
N O S   S E U S
CONHECENDO-SE
P O E T I C A M E N T E

No livro havia também outro manifesto intitulado: "Eis minha denúncia":

"A melhor arte é a arte de viver. O resto não passa de pretensa divagação ou publicidade.

> **EIS MINHA DENÚNCIA:**
>
> <u>A MELHOR ARTE É A ARTE DE VIVER</u> O RESTO NÃO PASSA DE PRETENSA DIVAGAÇÃO OU PUBLICIDADE: A EXPRESSÃO ORAL PICTURAL OU ESCRITA SÃO ENTÃO PRETEXTOS QUE ME PERMITEM PONDERAR SOBRE ESTABELECER A DIFERENÇA E CONHECER MEUS LIMITES E MINHAS POSSIBILIDADES SÃO MEIOS EFICAZES MAS FACULTATIVOS.
>
> NÃO QUERO SABER SE O QUE ESCREVO SE CHAMA POESIA SE O QUE ORGANIZO NUMA TELA SE CHAMA PINTURA OU SE MINHA PRESENÇA NUM PALCO SE CHAMA ESPETÁCULO SEI APENAS: QUE DE UMA FORMA OU DE OUTRA PRECISO CAPTAR TUDO O QUE É CONFUSO EM MIM E TUDO O QUE FOGE PARA ATIRAR COMO PASTAGEM AOS *VOYEURS* QUE VOCÊS SÃO A FIM DE FAZER UM BALANÇO DE RECUAR O SUFICIENTE PARA ME ENCONTRAR E ME ACEITAR POR MIM MESMA SEM FALSA VERGONHA OU PIOR SEM FALSA MODÉSTIA E NISSO INTEGRAR MINHA PRÓPRIA REALIDADE NUMA REALIDADE SOCIAL A QUE NÃO QUERO DEVER NADA O CLÍMAX É PODER CONTINUAR A DENUNCIÁ-LA.

A expressão oral, pictural ou escrita é, portanto, um pretexto que me permite ponderar, estabelecer a diferença e conhecer meus limites e minhas possibilidades. É um meio eficaz, mas facultativo.

"Não quero saber se o que escrevo se chama poesia.

Se o que organizo numa tela se chama pintura.

Ou se minha presença num palco se chama espetáculo.

Sei simplesmente: que, de uma forma ou de outra, preciso captar tudo o que é confuso em mim e tudo o que foge para atirar como pastagem aos *voyeurs* que vocês são, a fim de fazer um balanço.

De recuar o suficiente para me encontrar e me aceitar por mim mesma sem falsa vergonha, ou pior, sem falsa modéstia. E nisso integrar minha própria realidade numa realidade social a que não quero dever nada.

O clímax é poder continuar a denunciá-la."

É um texto escrito em 1963, ao fim do qual, como era comum na época, eu assinei OR escrito em letras grandes e maiúsculas, e depois, embaixo, ainda em maiúsculas, L'AN 63[15]... Eu tinha dezesseis anos!

---

15. "L'an" em francês significa "o ano". Ao assinar dessa forma, ela, ao mesmo tempo, completa seu nome e faz menção ao ano em que escreveu o texto. [N.T.]

O TEATRO ME SALVOU E EU ME SALVEI DO TEATRO (1965)

O teatro me salvou e eu me salvei do teatro.

Na infância eu era assustadoramente tímida. Ninguém me ensinara a me expressar publicamente. Em vez disso, me impuseram inúmeros "Cala a boca!"; "Fica quieta!"; "Repete o que eu acabei de falar!". Se eu falava, era com o único objetivo de agradar minha mãe, para dizer o que eu sabia que ela esperava que eu dissesse, como se ela tivesse posto a língua em minha boca.

Lembro-me, por exemplo, de uma cena particularmente vergonhosa. Minha mãe não tinha grandes ambições para suas filhas, ela previra que eu seria estenógrafa ou secretária, como minha irmã, esperando ser pedida em casamento por um bom partido, se possível um funcionário público, pois ele nunca ficaria desempregado, e lhe daria netos.

Sempre que uma de suas amigas ou vizinhas me perguntava o que eu queria fazer da vida, minha mãe beliscava meu braço de leve para que eu respondesse "estenógrafa". Era uma palavra difícil de decorar e eu nem sabia seu significado! Ela nunca me explicou. Um dia, quando eu passeava com ela pela cidade, cruzamos com um de seus amigos. Ele me perguntou gentilmente que profissão eu gostaria de seguir. Minha mãe, como de costume, apertou meu braço, e eu respondi: "Esterófana". Os dois riram muito, ao contrário de mim.

Durante muito tempo tive vergonha desse episódio da minha vida, e ele certamente não ajudou a corrigir minha dislexia, nem minhas dificuldades de aprendizagem de outras línguas! Para aprender uma língua, o professor fala e é preciso repetir. Isso não funciona comigo.

Havia uma estante muito misteriosa na cozinha do nosso apartamento em Tardy. Um móvel todo feito de vidro e fechado com uma chave que meu pai guardava com muito esmero. Essa sacralização dos livros do meu pai, e aos quais eu não tinha acesso, deve ter tido um papel importante em meu desejo de ler muito depois de adulta, de sempre ter bibliotecas imensas. Hoje já nem sei mais onde colocá-los, eles estão por toda parte. Isso influenciou algumas das minhas criações artísticas. Aliás, detesto exposições sem catálogos!

Em minha obra, realizei diversos "ORLAN-CORPOS" de livros, um deles durante minha residência no Getty Research Institute, em 2007. Pedi a pesquisadores e pesquisadoras eminentes, que faziam a residência comigo naquele ano, que me dessem um livro, ou o título de um livro que os tivesse marcado, orientado suas reflexões, sua vida. Dispus todos eles sobre um grande bloco de granito, na entrada, onde as palavras "Getty Research Institute" estavam gravadas, depois me deitei ao lado desses livros e pedi para retirarem aqueles que ultrapassavam meu corpo. Depois de tê-los medido com meu corpo, li todos eles, ininterruptamente, e os anotei. Executei essa performance várias vezes na vida, em diversos lugares e circunstâncias, do corpo ao *corpus* do livro.

Meu pai tinha sobretudo belos livros de anatomia com ilustrações magníficas, e alguns livros de química, de filosofia e de medicina que provavelmente inspiraram algumas das minhas obras, como *La liberté en écorchée* [A liberdade esfolada]. Certo dia, ele deixou um grande livro aberto na mesa da cozinha, e vi uma fotografia de diversos pequenos "vermes" de cabeças grandes, um ao lado do outro, com a legenda: "espermatozoides". Eu não conseguia pronunciar a palavra, e a ideia de reproduzir a cena do "estenógrafa" me desesperava.

Então perguntei a ele o que significava aquilo, apontando para a palavra, e ele respondeu: "Você não tem idade para isso, quando você crescer eu te explico!".

Ser classificada como "muito nova" para saber alguma coisa foi como levar um belo tapa na cara. Ele, que sempre respondera às minhas inúmeras perguntas, agora se recusava a alimentar meus conhecimentos, se decidia, de repente, a me manter na ignorância: que maldade! A palavra se tornava abstrata, nojenta, como os números, que detesto. Ela se tornava impenetrável e impermeável, quando minha única vontade era decifrar o mundo.

Muito tempo depois, tive a felicidade de ter um computador e um telefone que respondiam a todas as minhas perguntas.

Eu detestava minha timidez e pouco a pouco desenvolvi uma postura rebelde em relação à sociedade e ao mundo adulto, que me pareciam muito herméticos e muito criticáveis. Eu queria dizer isso em alto e bom som, e com argumentos.

Eu detestava minha timidez, então procurei soluções para me livrar dela. O teatro surgiu como uma evidência, um bom antídoto. Fiz teatro numa companhia, mas também no conservatório de Saint-Étienne, onde aprendi dicção e atuei em *Fedra*, *A rainha morta*, *Antígona*... Me livrei do meu sotaque de Saint-Étienne na companhia do cantor Bernard Lavilliers, entre outros. Eu declamava "O vento", de Émile Verhaeren, "Cartaz vermelho", de Louis Aragon, "O carvalho e o junco", de Jean de La Fontaine, "Les Djinns", de Victor Hugo, "Balada dos enforcados", de François Villon, e também Jacques Prévert, Arthur Rimbaud, Paul Verlaine...

Acho que o teatro deveria ser obrigatório! Se você ensina uma menina ou um menino a se equilibrar corretamente sobre seus pés, a se endireitar, a balançar os quadris, a apertar os glúteos, a contrair a barriga, a relaxar os ombros, a erguer a cabeça, a olhar para quem olha para ele ou ela, a impostar a voz, a controlar a respiração, a articular com um lápis entre os dentes, a falar alto e forte: ele ou ela jamais terá, ou quase, problemas diante dos outros, diante do olhar do outro, e isso lhe dará mais confiança.

Um dos professores do conservatório dizia: "É preciso amar as palavras, cada palavra e cada dental, cada labial, cada sílaba, cada letra, e pronunciar todas com o mesmo amor". Eu gostava dessa ideia de amar as palavras e queria livrá-las da minha dicção ruim e do meu sotaque horroroso.

O teatro permite adquirir presença, técnica, voz audível, segurança diante do outro. Continuamos tímidos, mas ninguém percebe, e isso muda totalmente nossa relação com o mundo, nossa relação com o outro. Isso nos dá mais autoconfiança e, portanto, os outros também confiam mais em nós.

O momento do teatro foi meu período de George Sand. Eu fumava cachimbo, objeto que eu adorava. Primeiro frio, aos poucos ele se aquecia na mão. Era preciso cuidar dele como de um Tamagotchi, esse ser digital que descobri muito tempo depois. Eu também gostava muito do cheiro do

Amsterdamer e do Clan[16]. O perfume deles me parecia muito melhor do que todos os outros. Para mim, o cheiro deles era mais agradável do que o do feno, que sempre mexeu comigo, principalmente depois da chuva. Aliás, criei uma obra, *Le Parfum de l'artiste* [O perfume da artista], para minha retrospectiva "Le Récit" (2007), no museu de arte moderna e contemporânea da minha cidade natal. Apresentados num estojo editado pela Bookstorming, três perfumes foram desenvolvidos em colaboração com o perfumista Christophe Laudamiel (da empresa International Flavors & Fragrances Inc.), que conheci em Nova York. Pedi que fizesse coisas impossíveis, ou seja, valorizasse o cheiro do feno e do tabaco, do Amsterdamer e do Clan, meu perfume, e todos os cheiros que me embriagavam, como o das folhas de figo, de aipo, de tomates, de pinheiro, de tília, de menta, de flor-de-lis, de cipreste, de alecrim, de cominho, ou ainda de erva-doce, de manjericão, de louro, o odor da cera e da terebintina, o odor da minha mãe e de iodo, de rosas, de violetas, de lírio-do-vale, de melão e de incenso. Ele só conseguiu porque tem doutorado em química.

Le Parfum de l'artiste é resultado dos dois primeiros perfumes criados: o perfume de SANTA-ORLAN e o perfume de ORLAN-CORPO. O *Parfum* participou também de um desfile-performance com a apresentação de uma coleção de roupas criadas a partir do meu guarda-roupa reciclado e misturado.

Também apresentei instalações do *Baiser de l'artiste* [Beijo da artista] na Fundação Lambert e no FRAC[17] da Île-de-France, cujos responsáveis eram Caroline Bourgeois e Élisabeth Lebovici. A instalação consistia na projeção, em tamanho grande, da imagem da escultura-arranjo do *Baiser de l'artiste* e de dois difusores de perfume, um de "ORLAN-CORPO", à esquerda, e outro de "SANTA-ORLAN", à direita: no centro do espaço deveria ser reproduzido no ar *Le Parfum de l'artiste*, que tem um cheiro inclassificável, o cheiro de algo que existiu e que poderia existir de novo. O perfume é como a música, o som, ele preenche o espaço e o erotiza.

Eu quis comercializar esse perfume, mas não tive recursos para fazê-lo.

George Sand me ensinou muito, ela foi uma intercessora, um verdadeiro modelo. É indispensável ter exemplos de mulheres interessantes para se alimentar, se construir. Quer eles estejam à nossa volta ou nos livros. Minha mãe não foi um modelo para mim. Dona de casa, ela recebeu pouca instrução e, por isso, não pôde me transmitir muita coisa. Eu não conseguia

---

16. Marcas de tabaco. [N.T.]
17. Fonds régional d'art contemporain (Fundo regional de arte contemporânea). [N.T.]

admirá-la, embora ela fosse gentil. O que ela me ensinou funcionou como uma impressão: ela era tudo o que eu não queria me tornar.

Minha irmã, ao contrário, seguiu o exemplo da minha mãe, que a formatou e com quem ela provavelmente se identificou, o que é estranho, pois ela também admirava muito mais o nosso pai. Ela se casou com Michel, meu simpático cunhado, alto executivo da rede de supermercados Casino por mérito, já que começou a trabalhar muito cedo, carimbando laranjas, que é o que se fazia na época.

Ela se tornou dona de casa e teve dois filhos, Franck e Valérie, que também tiveram muitos filhos. Thibault fala superbem e é muito gentil, como o pai. Ele toca harpa com a irmã caçula, Amélie. Apesar dos meus esforços, eles se interessam pouco ou quase nada por arte. A Amélie, que entrou recentemente numa escola de grafismo, se interessa um pouco.

Na família de Valérie, três crianças: Laurie, Matthieu, Tristan. Todas as meninas da minha época, ou quase todas, tiveram esse modelo de dona de casa, e depois era difícil se desvencilhar desse papel, desse modelo.

Minha irmã e eu somos como o dia e a noite, mas ela tem um coração enorme, assim como eu, e já me ajudou e me apoiou muito, mas nunca conseguimos falar de política!

O dia e a noite às vezes são complementares. Na escola, as meninas aprendiam a cozinhar, a fazer bolos e a bordar. Lá nos ensinavam sobre a falta de poder, a servidão e a submissão ao nosso futuro marido.

Eu gostaria de ter aprendido sobre filosofia, medicina e ciências, biologia, química...! Tinha curiosidade sobre tudo e todos, e de tudo.

Durante algum tempo, trabalhei numa companhia que se chamava Théâtre Kersaki, dirigida por dois irmãos. Um dia, um dos irmãos me disse: "O que você faz é bom, mas precisa melhorar sua técnica. Daqui a dois dias, uma grande atriz vai se apresentar na Comédie de Saint-Étienne. Assista ao espetáculo para entender aonde deve chegar". Eu fui e vi uma mulher fazendo grandes gestos muito estereotipados, exagerando a articulação de todas as palavras que pronunciava. Vê-la foi como com Cioran, uma válvula de segurança foi acionada e eu disse a mim mesma que estava fora de cogitação passar a vida tentando exagerar tudo, como aquela atriz, que pronunciava distintamente os "e" como em "as luzes, as luz-e-e-es, as luz-e-e-e-es!". Não era o que eu queria, eu me recusava a me transformar numa marionete caricatural!

Quando me salvei do teatro, comecei a declamar meus *"peauaimes"* na rua. Eram minhas primeiras obras, o início da minha carreira artística. Trabalhei de um jeito bem diferente. Comecei a praticar a performance, porque me parecia muito mais importante ser actante do que atriz...

Mais tarde, voltei a fazer teatro paralelamente às minhas outras atividades artísticas: atuei em *A danação de Fausto* e descobri Bertolt Brecht e o distanciamento, o que me abriu os olhos para muitas coisas. Também atuei em uma ou duas peças com Jean Dasté, assim como com Marcel Maréchal, mas de outra maneira, com distanciamento.

Montei uma peça com muitos atores e atrizes, *Les Singes* [Os macacos], na Maison de la Culture de Saint-Étienne, onde eu dava aulas de dicção e de expressão corporal.

Apesar da minha fuga, o teatro me proporcionou grandes momentos de emoção, em particular o Living Theatre. Ele foi uma verdadeira revelação para mim. Em *Paradise Now* [Paraíso agora], os atores e atrizes ficavam nu.a.s e muito livres. Também vi peças surpreendentes de Patrice Chéreau, como O *massacre em Paris*, que acontecia num cenário cheio de água, A *classe morta*, de Tadeusz Kantor, ou ainda *Einstein on the Beach* [Einstein na praia], de Bob Wilson e Philip Glass, uma ópera a que assisti três vezes seguidas em Avignon – e ela durava cinco horas! – de tão impressionada que fiquei com essa peça em que tudo era esplêndido, alucinante, com um imaginário novo, diferente, com uma encenação e uma iluminação extraordinárias e, é claro, uma música repetitiva, perturbadora por sua novidade. Lembro-me bem de um momento fantástico em que todo o coro canta "dó mi sol mi dó", "dó mi sol mi dó", depois cada cantor.a pega uma escova de dentes do bolso e continua cantando "dó mi sol mi dó", "dó mi sol mi dó", dó mi sol mi dó"... enquanto escova os dentes, para mudar o som das vozes!

Recentemente, fui arrebatada por DAU, uma empreitada inédita no teatro do Châtelet e no Théâtre de la Ville de Paris. Fui até lá todos os dias, vinte e quatro horas por dia, munida do meu visto DAU e de uma vontade de descobrir esse evento mal recebido pelos jornalistas. Foi um grande escândalo para a cena artística parisiense. Adorei descobrir os catorze filmes maravilhosamente bem dirigidos e encenados, ver o verdadeiro e o falso se confundirem num ambiente muito soviético, com personagens reconstituídos em esculturas hiper-realistas e distribuídas por todo o espaço dos dois teatros, comer caviar realmente barato, servido numa gamela com pão preto, pepinos em conserva e vodca caseira. Eu, que sou da "esquerda raiz", comi caviar de vinte euros servido em gamelas com pão preto, manteiga e pepinos em conserva todos os dias. Os percursos eram completamente interativos: cada porta aberta dava acesso a uma conferência, um espetáculo, um concerto, um filme ou uma performance. Ilya Khrzhanovsky, que conhece minha obra, me convidou para participar de um diálogo público com Gennady Burbulis, um filósofo e politicólogo russo que foi braço direito de Boris Yeltsin. Ele só falava russo, mas felizmente tivemos um tradutor e falamos de coisas apaixonantes, surpreendentes, foi um grande momento.

Para conseguir me expressar em público, a técnica teatral e a dicção me ajudaram muito, mas eu também queria adquirir retórica e eloquência. Eu soube que, participando de uma célula comunista durante algum tempo, era possível conseguir uma vaga na universidade de verão deles, onde eu esperava aprender sobre isso. Então me apresentei a uma célula comunista do meu bairro e logo fui chamada para colar selos e envelopes com a língua, à moda antiga. Era nojento. Tínhamos que distribuir panfletos de manhã bem cedo nas feiras, e vender o jornal *L'Humanité*.

Sempre odiei a ditadura dos que acordam cedo!

O clima do grupo não era nada do que eu procurava. Eu esperava conversas intensas sobre política, sobre o mundo, a geopolítica, a ecologia, os partidos, a estratégia... grandes debates que me ensinariam muita coisa. Em vez disso, fiquei estarrecida, ouvia ideias homofóbicas, e eles agravavam a fratura social colocando os pobres contra os ricos, e os ricos contra os pobres.

Quando vi, estava bebendo pastis, cerveja ou vinho tinto de má qualidade, comendo batatinhas e, eventualmente, batendo ponto! Eu não gostava de colar os selos e os envelopes e detestava acordar cedo para distribuir os panfletos nas feiras. Como, além disso, o ambiente não me agradava, não me ensinava nada, fiquei lá muito pouco tempo. Adeus, universidade de verão, retórica e eloquência!

Continuei escrevendo todas as noites, e faço isso até agora, mas não fumo mais cachimbo há muito tempo...

Dessa breve passagem por uma célula comunista, guardei o sabor do pastis, de que gosto muito, desde que bem diluído. Mais tarde reencontrei esse sabor graças à Fundação Ricard e ao seu famoso jantar do Bal jaune, idealizado pelo singular Fabrice Bousteau e organizado todos os anos com a grande e esperta Colette Barbier. Infelizmente, essa festa não existe mais e, de todo modo, com o confinamento da Covid-19, já não seria possível.

MINHA VIDA DE ARTISTA EM SAINT-ÉTIENNE (1965)

Venho de uma geração sem internet, onde a comunicação entre os artistas geograficamente distantes era quase inexistente. É difícil imaginar isso hoje!

Só as bibliotecas permitiam que nos informássemos sobre arte. Quando comecei a existir como artista, no início dos anos 1960, havia poucas ou quase nenhuma revista, apenas alguns títulos como *Cahiers d'art* ou *L'Œil*. Nosso trabalho era compartilhado quase exclusivamente com amig.o.a.s artistas, depois nas páginas da revista de François Pluchart, *Artitudes*, e depois ainda na *Opus*, e bem depois, em 1972, na *Art Press*.

Nessa época eu morava em Saint-Étienne, e meu grupo continuava a girar em torno de dois bares: Le Bon Pichet, administrado por um casal fantástico, tanto física como moralmente, que adorava os artistas; eles nos mimavam, nos reconciliavam com o mundo e eram nossos confidentes. Havia outro bar bem ao lado, bastante diferente, que se chamava Le Petit Parisien.

Seu dono era um homossexual muito receptivo e meticuloso na forma de secar os copos. Eu podia passar horas olhando-o esfregar e esfregar os copos com um grande pano branco, secar dez vezes cada um em vez de uma, guardá-los, inspecioná-los novamente com atenção colocando-os contra a luz, um a um, para checar a transparência, e tudo isso enquanto cantarolava, cantarolava, cantarolava.

No bar dele havia uma *jukebox* que nos deu uma ideia. Junto com artistas como Alain Bussière, Jean-Paul Ollagnon, às vezes Pierre Pécoud, Alain

Decerle..., e, de tempos em tempos, as parceiras deles naquele momento, nós íamos lá chorar uma vez por mês. Ao chegar, pedíamos uma taça de vinho tinto, depois tocávamos no último volume as músicas mais tristes do momento, *Le Dénicheur, Les Roses blanches*... Um monte de músicas bem tristes que nos permitiam chorar em uníssono, tanto os homens como as mulheres. Depois de chorar e esvaziar as garrafas, nos despedíamos muito satisfeitos e felizes por termos chorado juntos.

Isso realmente me fazia muito bem, exceto para o meu rímel!

Tínhamos decretado que, já que passávamos os dias conversando e rindo, nada mais natural do que chorarmos juntos uma vez por mês. Para nós era evidente que o riso fazia tão bem quanto as lágrimas. Então, era primordial deixar que elas fluíssem, quebrar esse tabu. Ademais, cada um.a de nós tinha muitos motivos na própria vida para choramingar um bocado. Estávamos quase sempre em apuros e tínhamos problemas emotivos. Aliás, quase todos esses artistas cometeram suicídio! É uma pena não terem lido Cioran! Tento falar disso de forma descontraída, mas a morte deles me afetou. Sou feliz por não ter permanecido naquela cidadezinha. Fugi e me lembro que, tempos depois, quando fui visitar minha mãe antes de ela morrer de um câncer no intestino, aos 82 anos, tive a sensação de que uma estaca estava sendo enfiada na minha garganta e na minha barriga. Ao ir embora, me parecia que um enorme aspirador tentava me sugar, me levar de volta.

Na época o feminismo não fazia parte, necessariamente, de todas as mentes provincianas, e nós, mulheres, tínhamos muitas restrições. Todos os artistas renomados localmente eram homens, e às vezes estavam acompanhados por mulheres, suas parceiras do momento. Ollagnon era pintor e psiquiatra, e quase sempre estava nos braços de uma psicanalista elegante, moderna e engraçada que eu apreciava muito.

Mas eles tinham uma especialidade espantosa para pessoas bem-educadas, sofisticadas e chiques, e isso me aborrecia. Eles muitas vezes se expunham. Ollagnon, com a cabeça inclinada para a frente, o bumbum para trás, em ângulo reto, peidava enquanto sua mulher acendia um isqueiro, o que resultava numa bela chama que fazia todo mundo gargalhar, menos eu. Eu ficava chocada e não conseguia rir. Era realmente algo que eu mesma não conseguiria fazer, achava aquilo nojento.

Entretanto, muito tempo depois, criei o vídeo *Mise en scène pour un grand Fiat* (1984), composto de várias sequências, entre as quais *SAINTE-ORLAN fait sortir le feu de son cul!*; *SAINTE-ORLAN sort um grand lapin de son sexe*; *SAINTE-ORLAN travestie en SAINTE-ORLAN lance des fleches et retourne son coeur pour quelquer paillettes; SAINTE-ORLAN s'inscrit ton sur ton entre ses pères et tonsure*[18]...

As outras mulheres eram estereótipos de mulheres artistas: algumas silenciosas, outras volúveis, falando de qualquer coisa, mas sempre na sombra dos homens do grupo. Apenas Guy Vacheret tinha como única companheira sua contrabaixista, que substituí com prazer algumas vezes!

Foi uma época formidável em que escrevi muito (podemos dizer o tempo todo), quando não estava lendo! Eu pintava, fazia ioga, zazen com o grande mestre Taisen Deshimaru e teatro com Jean Dasté, dança, expressão corporal e mímica com Marcel Marceau, máscaras com Jacques Lecoq, que dizia: "Um ator não interpreta sob sua máscara, ele interpreta a máscara". Eu fazia aulas de dança moderna com Hélène Stemler, a dançarina mais renomada de Saint-Étienne, conhecida por todos por seu talento, seu rigor e seus magníficos olhos azuis muito claros, parecidos com os de um *husky* siberiano.

As aulas dela me lembravam as aulas em que minha mãe me matriculou contra minha vontade quando eu era pequena, porque ela me achava linda de *tutu* e sapatilhas. Era dança clássica, um verdadeiro desafio para a garotinha que eu era, pois a professora não hesitava em nos bater com seu bastão. Ela também nos obrigava a abrir espacate no final de toda aula, e, quando não conseguíamos (e nunca conseguíamos!), ela vinha por trás de cada uma e se apoiava em nossos ombros de um jeito muito brusco, violento e doloroso, fazendo pressão por bastante tempo. Ficávamos com medo desse momento durante toda a aula, mas, infelizmente, não podíamos escapar, era essencial que conseguíssemos abrir espacate para a apresentação de fim de ano, era o ponto alto do espetáculo.

Nesse início dos anos 1960, então, eu trabalhava minhas competências em pintura, desenho e escultura. Cheguei a passar rapidamente pela escola de Belas-Artes de Saint-Étienne, antes da reforma das escolas de arte, o que foi um acontecimento muito traumático para mim, pois eu costumava pintar de uma forma totalmente livre e abstrata, às vezes com pistola ou jogando tinta industrial nas telas e deixando-a escorrer...

---

18. Respectivamente: SANTA-ORLAN tira fogo do seu cu!; SANTA-ORLAN tira um grande coelho de seu sexo; SANTA-ORLAN travestida de SANTA-ORLAN atira flechas e revolve seu coração em troca de purpurinas; SANTA-ORLAN se inscreve tom sobre tom entre seus pais e tonsura. [N.T.]

Na Belas-Artes, no outono, plantavam-nos na frente de castanhas e folhas de plátanos que precisávamos desenhar; depois, na primavera, tínhamos diante de nós botões e flores de pessegueiros e de cerejeiras, e, entre os dois, ficávamos seis meses sobre um molde de gesso de Davi, que era, para mim, o auge do tédio. Sobretudo porque dois professores nos usavam para brigar um com o outro. Um fazia questão que nossos desenhos fossem bem clarinhos, tínhamos de acariciar a folha de papel delicadamente, enquanto o outro nos obrigava a desenhar com carvão, e o mais escuro possível! O único método de correção deles consistia em se postar atrás de nós e diante dos nossos desenhos, fazendo observações depreciativas, eventualmente para refazer um traço fora de lugar, mas quase sempre eles rasgavam nossas folhas de papel Canson e mandavam a gente recomeçar.

O ambiente não me agradava nem um pouco, principalmente porque eu estava cercada de garotas de um meio muito chique. Elas esperavam por um bom partido no quentinho de uma escola de artes, porque seus pais, envergonhados com o fracasso delas nos estudos, as matriculavam lá para que passassem o tempo enquanto esperavam pelo casamento.

Trinta minutos antes do final de cada aula, todo mundo começava a guardar as coisas para sair o mais rápido possível, enquanto eu passava noites inteiras pintando, escrevendo, fazendo teatro sem nunca olhar para o relógio de bolso que estava sempre comigo. Esse relógio era do meu avô Alphonse, barbeiro, com quem eu ia jogar damas no Petites Soeurs des Pauvres, onde ele viveu até morrer. No início ele sempre ganhava, no final, eu o deixava ganhar algumas vezes, para ver seu belo sorriso.

Tudo isso me parecia absurdo e contraproducente, então me livrei da Escola de Belas-Artes, sem coragem nem paciência para esperar pelo final do ano.

Em seguida vivi minha vida de artista e fiz teatro, dança moderna, performance, escrita e pintura como autodidata, trabalhando com e ao redor desse grupo com o qual eu me relacionava. Juntos, falávamos durante noites inteiras sobre arte e refazíamos o mundo. Eu adorava nossos debates calorosos, às vezes calorosos demais, mas que não deixavam feridas em nossas amizades indefectíveis. Tínhamos todos o mesmo "espírito".

Tempos depois, dei aulas de desenho em diferentes lugares de Saint-Étienne, inclusive para crianças e adolescentes no Cercle Féminin! Depois, dei aulas de pintura e de expressão corporal na Maison de la Culture de

Saint-Étienne, inaugurada em 1969 por um artista chamado Philippe Artias. Ele tinha uma boa reputação e era próximo de Édouard Pignon, cujo filho, depois, foi um ótimo namorado.

Meu grupo da época e eu éramos "máquinas desejantes". Inventávamos coisas sem parar, improvisávamos. Nos encontrávamos e de repente surgia a ideia de fazer uma performance para o dia seguinte, de pintar juntos ou fazer exposições na casa de um ou de outro. Não fazíamos nenhuma propaganda, é claro, não precisávamos de muita gente além de pouc.o.a.s amig.o.a.s ou de um público fortuito de passantes que se perguntavam o que estávamos fazendo! Ficávamos felizes e satisfeitos em surpreender essas pessoas, desafiar seus hábitos.

Essa vida boêmia durou bastante tempo e nunca pensei em vender minhas obras. Eu gostava de expô-las para ter um olhar, para fazê-las viver de outra forma, para tirá-las do ateliê e festejar entre nós.

Minhas ideias e minhas obras eram sempre singulares e descompromissadas, e isso me salvou.

Nessa época, eu tinha um enorme ateliê de passamanaria em Saint-Étienne, com um pé-direito bem alto (pelo menos dez metros) e todo de vidro. Ele sobrepairava toda a cidade, olhava-a de cima. Sobre uma mesa enorme, coberta de lençóis, criei minhas primeiras fotografias *vintage*, todas as obras de *Corps-sculptures* [Corpos-esculturas] que eu pedia para o.a amante ou amig.o.a do momento fotografar de cima do mezanino, e muitas vezes eu mesma fazia as fotos usando o temporizador da minha máquina fotográfica. Eu tinha uma Polaroid para me ajudar a decidir e aprimorar as poses que eu registrava.

Comecei a participar de algumas exposições em Saint-Étienne na metade dos anos 1960, geralmente em lugares exíguos ou apartamentos. Quando vinham quinze pessoas, era um sucesso, quando vinham trinta, era extraordinário, e quando vinham mais, começávamos a nos perguntar se o que fazíamos não era apelativo demais... Os tempos mudaram!

Havia poucas oportunidades para expor e, quando elas existiam, aconteciam em lugares obscuros como o Auberge de Dargoire, um centro de arte bem agradável em meio à natureza, mas sem grande reputação internacional; a partir de 1969, eram na Maison de la Culture ou nos arredores de Saint-Étienne, em Saint-Chamond, Firminy, na "Maison du Corbusier", em que também comecei a medir com meu corpo. Isso era necessário porque Le Corbusier tinha criado o Modulor! Infelizmente, não há nenhuma fotografia disso!

Expus diversas séries apenas uma vez nesses lugares, e depois essas obras se perderam ou permaneceram nos fundos de um depósito, e nunca mais tinham sido expostas até recentemente. É milagroso ver que ainda existem algumas delas hoje, pois tive inúmeros problemas financeiros na vida e quase perdi tudo em mais de uma ocasião. Perdi, de fato, muitas obras e negativos durante minha trajetória, durante minhas sucessivas mudanças, guardando tudo em sótãos, porões ou outros lugares improváveis emprestados por amig.o.a.s.

Em seguida morei por um bom tempo num *loft* com pé-direito de dez metros, dois andares, na Manufacture des Œillets[19] em Ivry-sur-Seine. O *loft* era comprido, profundo e estreito. Warhol morava perto dali. Era uma "Factory" na minha cabeça.

Na frente, havia uma gigantesca área verde, comum aos outros artistas, cheia de árvores. Podei a que ficava na frente da minha porta, de modo que pudesse desaparecer entre seus galhos quando me sentava à mesa metálica redonda, pintada de verde-escuro, para tomar meu chá verde e ler.

Quando, mais tarde, me transferi para o centro de Paris, com o objetivo de participar mais ativamente da vida artística parisiense, a mudança foi difícil, havia tantas coisas e tantos livros.

Ao organizar tudo em minha nova biblioteca, encontrei num envelope uma grande quantidade de pequenas fotos das minhas primeiras obras. Eram pequenos ensaios, "miniaturas" deixadas ali à espera da seleção das que depois seriam ampliadas ao tamanho de um ser humano. Eu achava que as perdera para sempre e que nunca mais as encontraria. Fiquei tão feliz de revê-las que tive o impulso de emoldurá-las imediatamente para nunca mais perdê-las. Não as emoldurei, na verdade eu as superemoldurei – para exagerar a moldura. Era particularmente interessante para a *Tentative de sortir du cadre* [Tentativa de sair da moldura], e essa moldura superemoldurada me fazia berrar de rir. Ela dava a impressão de que sair da moldura era impensável.

---

19. Antiga usina de transformação metalúrgica. [N.T.]

Régis Durant organizou uma retrospectiva das minhas obras no Centre National de la Photographie do hotel Rotschild, em Paris. A primeira sala era destinada a essas obras *vintage*, e cada uma foi escolhida como preâmbulo a uma das salas da retrospectiva. Era a prova dos nove de que essas obras muito antigas tinham construído cada uma das minhas séries como uma citação por antecipação.

Durante toda a minha vida eu tentei sair da moldura.

É claro que *ORLAN accouche d'elle-m'aime* introduzia as operações-cirúr-gicas-performativas.

Depois abri maquinalmente um de meus exemplares da revista *Tel Quel* e caí numa página repleta de asteriscos, pequenas estrelas de neve pretas. Eram piolhos que coloquei no meio das páginas para rir um pouco quando estava internada por causa de um acidente de carro muito violento. Um carro passou o farol vermelho e destruiu meu carro dois cavalos e a mim, ou quase, lançando-me para fora do carro pela porta do motorista. Esse acidente resultou num traumatismo craniano, todas as costelas quebradas e múltiplas contusões.

A ambulância teve que transportar junto comigo um morador de rua acompanhado de insetos! Logo no dia seguinte à minha chegada no hospi-tal administrado por freiras, fiquei com o púbis coberto por piolhos, o que é uma experiência bastante desagradável. Enquanto esperava as freiras virem me depilar, tirei e matei o máximo de piolhos que consegui para acalmar a coceira e os colei no exemplar de *Tel Quel* que estava na minha bolsa, o que transformou em diversão e risadas uma desventura parasitária. Reencontrá-los foi hilário.

Também foi engraçado ver as caras da Catherine Millet e do Jacques Henric quando lhes contei essa história há pouco tempo. Eles ficaram espantados e se divertiram, senti que me estimaram mais a partir dali.

A PERFORMANCE (1965-2012)

Após minha ruptura com o teatro, comecei a praticar a performance. Eu realmente preferia ser actante a atriz, colocar em jogo todas as minhas inabilidades, minhas fragilidades, minhas possíveis falhas diante de um público que pode se identificar mais com o.a actante do que com o ator ou a atriz, pois todos e todas temos nossas deficiências, impossibilidades, fragilidades. Não ter vergonha de encenar isso faz com que, de repente, isso fale diretamente com o outro, com o público.

É um corpo falando com outro corpo, sem filtro.

Comecei praticando a performance na rua, lendo minhas "prosesias", meus *"peauaimes"*, mas fazendo também "marchas lentas", a partir de 1964, performance que chamei de *Action OR-lent: les marches au ralenti* [Ação OR-lenta: marchas lentas]. Pratiquei essas marchas nas ruas de Sainte-Étienne, de Toulon, de Marselha, de Nice, de Avignon e também de Firminy, e em outros lugares de que já não me lembro.

Eu caminhava bem lentamente pelas cidades, pegando, nas horas de fluxo intenso, os caminhos mais cheios e seguindo por algumas ruas na contramão.

Tenho muito carinho por essas primeiras performances, elas marcaram o começo do uso do meu corpo no espaço público como gesto artístico e perturbador não violento.

Nunca criei uma obra sem pensar nela como um corpo que buscaria por outros corpos para existir. Sempre me preocupo muito com o público, não quero deixá-lo por conta própria, procuro estabelecer pontes e interagir frequentemente com ele.

Para mim, o corpo é um material entre todos os outros materiais.

Paralelamente, criei fotografias *vintage* intituladas *Corps-sculptures*. É uma sucessão de miniperformances que colocam o corpo em jogo e o mostram como uma escultura com ou sem base, a identidade, o rosto escondido pela pose, pelos cabelos ou pela máscara.

A série *ORLAN danse avec son ombre* [ORLAN dança com sua sombra] (1964-1967), por exemplo, é resultado da minha recusa à dança e a suas torturas. É uma ilustração da minha vontade de dançar livremente, de outra forma, sem *tutu*! E sem sapatilhas!...

Dentre todas as performances que realizei, as *MesuRAGEs* [MediRAIVAs] são muito importantes para mim, e pratiquei-as durante toda a minha vida, ou quase.

Como meu nome é escrito em maiúsculas, o termo "RAGE" [RAIVA] enfatiza a minha vontade de não andar na linha, nas filas, e minha recusa a exercer o papel que a sociedade quer me impor.

Através dessas performances, eu usava meu corpo como um instrumento para medir as ruas que levam o nome de estrelas históricas (a maioria, é claro, são homens, salvo raras exceções!) e de instituições culturais, como o Guggenheim, o Museu Saint-Pierre des Beaux-Arts, em Lyon, o Centre Georges Pompidou e mais recentemente o Museu Andy Warhol, em Pittsburgh, e o M HKA, em Antuérpia... Cheguei a medir até a unidade Le Corbusier, em Firminy, e o Vaticano entre suas colunas! A Guarda Suíça Pontifícia veio me abordar, mas eu disse que fizera o voto piedoso de me deitar e me ajoelhar, então eles me deixaram continuar! Ufa!

A ideia dessa performance era retomar a teoria de Protágoras: "o homem é a medida de todas as coisas", dizendo "o humano é a medida de todas as coisas" e aplicando isso de forma muito concreta a um método pseudo-científico de medida.

O protocolo de *MesuRAGEs* é bastante preciso: coloco um vestido feito com os lençóis do meu enxoval, sempre o mesmo até que ele fique totalmente gasto, ou quase, depois o disponho entre duas divisórias de vidro ou de acrílico e ele é exibido, às vezes vendido, em galerias ou museus. O Centre Pompidou, por exemplo, tem um muito bonito, e bem desgastado.

Meço o espaço com meu corpo, deitando-me no chão e fazendo um traço com giz em cima da minha cabeça, depois fico de quatro e avanço mais um pouco e me deito de costas, colocando meus pés bem rentes ao traço. Contabilizo com uma, duas testemunhas, ou mais, a quantidade de "ORLAN-CORPOS" que esse espaço contém. Anoto o resultado, busco água, tiro meu vestido e o lavo em público, colho amostras dessa água suja, com a qual encho frascos que em seguida serão etiquetados, enumerados e lacrados com cera para fazer uma pequena edição com a foto do resultado.

Depois exponho, em galerias ou museus, as amostras, os resultados, fotografias e vídeos, placas comemorativas, a efígie em tamanho natural da última pose, o vestido ou ainda o estalão "ORLAN-CORPO", todos resquícios desses momentos efêmeros.

Essas performances são uma reexposição do corpo. Na vida, não temos um único corpo, temos corpos, e corpos bem diferentes. Isso fica visível entre uma *MesuRAGE* e outra, entre uma fotografia e outra, já que realizei essa performance de 1968 a 2012. Roman Opalka criou uma obra genial, baseada em seu envelhecimento e em seu desvanecimento. Eu adorava a esposa dele, Marie-Madeleine, que gostava muito da vida. Nos identificávamos no gosto pela boa comida. Ela fez de mim uma trufófila! Nos jantares que organizava em homenagem a Roman Opalka, ela oferecia a todos cestas com trufas enormes, e eu fiquei viciada!

Em 1980, medi a praça Saint-Lambert, em Liège, com meu corpo. Na época, a praça tinha sido inteiramente demolida e não passava de um buraco gigante no meio de Liège, sem um projeto de reconstrução. Uma associação que trabalhava por sua reconstrução me pediu para ir até lá, por intermédio do Cirque Divers, um espaço muito empreendedor da arte e da performance, onde conheci muitos artistas belgas, entre os quais Jacques Lizène, Jacques Charlier, Guillaume Bijl, Brigitte Kaquet, Suzanne Lafont... Medi essa praça de uma forma totalmente diferente: usei as retroescavadeiras que a destruíram e trabalhei com operários da obra, pois não queria rolar por cima da lama e da sujeira, já que assim a leitura da obra seria diferente.

Todos os dias, uma retroescavadeira me levava até a etapa do dia, o que produzia uma imagem chocante minha sendo transportada em sua "boca de sucata", depois eu iniciava a *MesuRAGE* com tábuas de madeira colocadas na minha frente pelos operários, para que eu medisse (sem me sujar) o número de "ORLAN-CORPOS" que aquela praça e o canteiro continham. No terceiro dia, fui abordada pelo burgomestre: ele me proibiu de continuar com a performance, o que foi formidável para a associação da praça Saint-Lambert, pois esse acontecimento saiu nas manchetes dos jornais, colocando a luta deles sob os holofotes! Hoje a praça está abominável, tudo foi cimentado e ficou bem feio. Estou quase tentada a refazer uma performance para denunciar isso!

Ainda não decidi parar com essa performance de *MesuRAGE*, mas por duas vezes meu corpo teve muita dificuldade para realizá-la, e um dia ele vai acabar me impedindo por completo.

Os dois últimos *MesuRAGEs* aconteceram no Museu Andy Warhol e no M HKA em 2012. Usei grossas joelheiras por causa de uma artrose nos joelhos, e também porque eu acabara de escorregar numa poça de óleo no estacionamento do Centre Georges Pompidou. Me machuquei feio e o médico me proibiu de realizar a performance. Eu queria apresentá-la de qualquer jeito, pois ela estava programada tanto no Museu Andy Wahrol como no M HKA, onde uma retrospectiva de *MesuRAGE* foi feita por Bart de Baere, de quem gosto muito, e ele publicou um catálogo: *MesuRAGEs (1968-2012) ACTION: ORLAN-CORPS*, no qual escreveu um texto lindo sobre essa obra. Então fiz a performance bem devagar e com joelheiras, mas foi muito dolorido e tive que tomar doses altas de anti-inflamatórios. Viva a medicina! Abaixo a dor!

Na véspera da minha *MesuRAGE* do M HKA, o responsável pela retrospectiva organizada paralelamente à performance, e intitulada *MesuRAGEs (1968-2012) ACTION: ORLAN-CORPS*, Bart de Baere, recebeu um telefonema no fim da tarde – estávamos bebendo num café bem ao lado do museu – avisando que, naquela mesma noite, Marina Abramović atuaria como ela mesma na peça *The Life and Death of Marina Abramović* [A vida e a morte de Marina Abramović], de Bob Wilson, em Antuérpia. Tentamos imediatamente conseguir dois ingressos. Era quase impossível, porque era tarde e a bilheteria já estava esgotada havia algum tempo. Enfim conseguimos dois ingressos com um amigo jornalista. Na hora pensei que, se minha amiga Marina Abramović estivesse disponível e topasse, ela poderia ser uma das testemunhas ativas na minha performance do dia seguinte.

Depois da peça, no camarim, cumprimentei-a calorosamente, pois ela estava sublime no palco, e convidei-a para participar da minha performance. Ela respondeu que precisaria ver com o Bob Wilson, porque tinham ensaios previstos para todo o dia seguinte, mas acrescentou, com sua grande generosidade, que o faria com prazer se Bob Wilson a liberasse por um período.

No último minuto, quando a performance estava quase começando, pois pensei que ela não poderia vir, ela me deu o grande prazer de se juntar a nós, fiquei louca de felicidade! Meu outro amigo artista, Jan Frabre, também aceitara ser minha testemunha, apesar dos ensaios diuturnos para sua próxima peça, que era bastante longa, e também Barbara de Koenig, Flor Bex (ex-diretor do ICC), o primeiro a organizar uma bela exposição sobre as *MesuRAGEs* no ICC, Guillaume Bijl e, é claro, Bart de Baere, diretor do M HKA na época.

Medi toda a fachada do museu com meu corpo, apesar das dores que sentia, só um pouco atenuadas pelos anti-inflamatórios.

Há fotos desse dia que considero extraordinárias e que evidenciam a arquitetura do M HKA, pensada pelo escritório de arquitetura Robbrecht e Daem. No final, como costumo fazer em todas as minhas performances, e com todas as testemunhas, contei o número de vezes que meu corpo foi contido por aquele espaço, e minhas testemunhas contaram em voz alta, "Um ORLAN-CORPO, dois ORLAN-CORPOS, três ORLAN-CORPOS, quatro ORLAN-CORPOS..." e assim sucessivamente. Era interessante auditivamente, até o último "ORLAN-CORPO", quando cada uma das testemunhas veio assinar o relatório que criei já no início da performance, numa grande folha de papel Canson colada numa pasta de desenho pregada num cavalete, finalizada com a quantidade de ORLANS contidas no espaço e com as assinaturas de cada um.a.

Para mim foi uma *MesuRAGE* extraordinária, eu estava realmente eufórica e feliz por ter ao meu lado amig.o.a.s artistas e curador.e.a.s.

Essa reunião improvisada foi deliciosa, como em geral acontece com o que não é programado. Se tivéssemos tentado organizá-la, não teria dado certo! Estamos sempre tão ocupados...

As colaborações entre artistas sempre me pareceram muito importantes. Admiro muito Jan Fabre, Guillaume Bijl e minha querida Marina Abramović como ser humano, e como grande artista. Nossos diferentes encontros sempre foram extremamente intensos, vi muitas performances dela pelo mundo todo e também participei da grandiosa festa organizada para seu aniversário de 60 anos no Guggenheim. Temos quase a mesma idade, com uma diferença de quase um ano, e isso nos aproxima. E, na noite de sua festa de aniversário, descobri que Ulay, seu ex-companheiro, nasceu no dia

30 de novembro, mesmo dia que ela! Na época eu vivia com meu ex-marido, que também nasceu no mesmo dia que eu, 30 de maio!

O mais engraçado é que ambas nos separamos de nossos companheiros. Então, não aconselho ninguém a se relacionar com alguém nascido no mesmo dia, isso não é, necessariamente, auspicioso!

Em 1975, quando eu construía a obra *Baiser de l'artiste*, que ilustra o texto *Face à une société de mères et de marchands* [Diante de uma sociedade de mães e de comerciantes], em que eu falava de Maria, de Maria Madalena e de prostituição, Marina Abramović substituía uma prostituta nas vitrines de Amsterdã, numa performance intitulada *Role Exchange* [Troca de papéis]. Estávamos conectadas!

Enfim, temos uma visão similar do que deve ser a arte. Em sua excelente autobiografia *Pelas paredes*, ela escreve: "Na arte, tudo o que me importava era o conteúdo: o que uma obra significava [...], cheguei a pensar que a arte devia ser incômoda, que a arte devia suscitar questões, que a arte devia prever o futuro. Se a arte só é política, ela se transforma em jornal. A novidade dura um dia, e no dia seguinte já está requentada. Somente numerosas camadas de sentido podem garantir sua longevidade – a sociedade também extrai da obra aquilo de que ela precisa ao longo do tempo." Eu poderia ter escrito essas mesmas palavras, então prefiro citá-la, porque acredito que a arte precisa ser incômoda, e não um simples elemento de decoração dos interiores das casas.

É por essa razão que a performance assume uma importância particular para mim, ela subverte a relação habitual de um.a artista com seu público. É algo muito forte, uma nova prática artística inscrita entre todas as outras.

Minha forma de "dizer" e de "fazer" diverge da de Marina Abramović, pois não quero sofrer, nem física, nem psicologicamente.

Os corpos já sofreram tanto durante milênios sem um comprimido de aspirina para aliviar uma dor de dente, e o famoso "você vai parir com dor" me irrita. Acho a dor anacrônica. Não quero construir meu purgatório na terra e, inclusive, escrevi o manifesto "Art charnel" ["Arte carnal]" antes de imaginar as performances-operações-cirúrgicas, e meu primeiro acordo com o cirurgião foi não sentir dor, nem durante a operação, nem depois.

Respeito a.o.s artistas cujo cenário é diferente do meu, seja Jan Fabre, Stelarc ou Marina Abramović, Mike Parr, Franco B., pois suas obras são bastante engajadas, arriscadas, bem-sucedidas, inteligentes e interessantes.

The Artist is Present [A artista está presente], de Marina Abramović, no MoMA, é a demonstração de um imenso investimento na arte, e de relações humanas extraordinárias e admiráveis, e respeito imensamente essa postura construída e empenhada em que ela se coloca completamente, totalmente em jogo.

A.O.s artistas se tornaram o departamento de desenvolvimento e de pesquisa de toda a cultura *pop*, da publicidade e de todas as pessoas que se inspiram em nossas fontes, nossos imaginários, nossas invenções, nossa criação para ganhar dinheiro em suas áreas, quando muit.o.a.s artistas plástic.o.a.s têm poucos recursos. E é difícil impedir, desmontar, demonstrar. Tod.o.a.s que tentam perdem seus processos.

Algumas pessoas disseram depois que a performance era um modo de expressão dos anos 1970, que perdera o fôlego, e alguns críticos, mesmo o que escreveu um livro excelente, *L'acte pour l'art* [O ato pela arte], o melhor sobre performance, na minha opinião, meu amigo Arnaud Labelle-Rojoux, afirmava que a performance acabara! Eu não concordava com essa afirmação, pois ela surgia como uma nova prática, assim como a escultura, o vídeo, a pintura, a foto, a dança..., que muitas vezes erotizou corporalmente e questionou essas práticas. Quase tod.o.a.s o.a.s artistas, ou pelo menos muit.o.a.s del.e.a.s, realizam performances de tempos em tempos.

Os artistas usam a performance para questionar sua própria prática artística.

A tal ponto que nos vimos obrigad.o.a.s a definir certas performances como "performance-teatro, performance-dança, performance-música, performance-performance...". Cert.o.a.s artistas tinham de passar pela performance para se fazer entender ao criar obras experimentais demais. Na música, principalmente, o.a.s artistas um pouco inovador.e.a.s demais eram rejeitad.o.a.s em seus meios, mas eram muito bem recebid.o.a.s em museus de arte contemporânea.

A performance é uma tela em branco em que as pessoas vêm interrogar sua prática. Buscamos interrogar a nós mesmos, ao público, e ter com ele uma vivência extremamente intensa num determinado tempo. A performance desafia nossos hábitos de leitura das obras de arte, erotiza nossos dizeres, pois, assim que o corpo é convocado, nasce a eventualidade, a potencialidade da pornografia.

Tive muita dificuldade para introduzir a performance nas escolas de arte. Agora ela está integrada, tod.o.a.s o.a.s estudantes e artistas, ou quase, se utilizam dela como uma ferramenta suplementar, mesmo que não sejam artistas exclusiv.o.a.s da performance. Pode-se dizer que ela se tornou clássica, como muitos gestos e obras inicialmente rejeitados. Não se disse que os impressionistas eram doentes dos olhos, que se uma mulher grávida visse as obras deles daria à luz imediatamente? De tanto que essas obras eram feias? Que era a maior farsa de todos os tempos?

A França, hesitante, não as aceitou de imediato, muitas obras foram para os Estados Unidos, mas agora elas são admiradas, reconhecidas, e caras. Elas são reconhecidas por amador.e.a.s que menosprezam a arte feita atualmente! Acompanhemos a novela...

CRISES GIGANTES DE URTICÁRIA, ANGÚSTIAS DE MORTE E PSICANÁLISE (1971)

No final da adolescência, tive angústias de morte extremamente violentas, a ponto de achar que estava morrendo e que as pessoas que me cercavam sabiam disso. Eu tinha crises de taquicardia, tinha a sensação de estar partindo, de estar sempre prestes a desmaiar.

Sempre me revoltei com a ideia de morrer um dia. É injusto, insuportável, ninguém merece. Quis ter uma atitude exemplar dizendo a mim mesma: se minha conduta for impecável, não há nenhum motivo para me condenarem à morte e me executarem! Também tinha outro sintoma peculiar: crises gigantes de urticária, como se fosse alérgica ao meu próprio suor.

Se vivia alguma emoção forte, sobretudo cara a cara com alguém, imediatamente tinha uma crise gigante de urticária que me deixava toda desfigurada: "*Lapsus Corpus*!", eu parecia um sapo vermelho monocromático. Inclusive, criei na série dos *Corps-sculptures* uma foto chamada *Corps-sculptures* dit *"Batracien"* [Corpos-esculturas, vulgo "Batráquio"], em fundo preto e em fundo branco.

Era uma espécie de urticária muito visível, com bolhas grandes e impossíveis de esconder. Se eu corresse, se transpirasse, essa urticária imediatamente tomava conta de mim.

Algum tempo depois, conheci um psiquiatra-psicanalista com quem vivi, durante muitos anos, uma belíssima história de amor. Vendo a que ponto minhas angústias de morte e essa urticária estavam arruinando minha vida, ele me aconselhou a fazer psicanálise para resolver, se não todos os meus males, ao menos esse.

Meu orgulho me impedia de ser convencida por essa ideia, eu tinha certeza de que poderia refletir sozinha sobre minha vida, e não tinha a menor intenção de falar sobre ela com alguém desconhecido. Eu queria me safar sozinha, ser a única a encontrar uma solução. Para que o dinheiro não fosse um impeditivo, esse amável parceiro me ofereceu um empréstimo para eu procurar um.a psicanalista e reembolsá-lo depois, se desse certo. Finalmente, a ideia seguiu seu curso e um dia eu decidi marcar uma consulta.

Aceitei, sobretudo, porque na época eu estava lendo o diário de Anaïs Nin, de que gostei muito, e ela também sofria com dores, que desapareceram já nas primeiras sessões. O estranho e surpreendente é que comigo aconteceu a mesma coisa: todos os meus sintomas sumiram pouco tempo depois das minhas primeiras sessões de psicanálise.

Na terceira sessão, esse mesmo psicanalista me pediu para, a partir da sessão seguinte, deixar de usar cheque para fazer o pagamento, e pagar com dinheiro. Enquanto eu preenchia o último cheque, ele mudou bruscamente de ideia e me pediu para lhe pagar com cheque a próxima sessão! Fui embora abalada com essa mensagem contraditória cujo sentido eu não havia entendido.

Pouco antes da sessão seguinte, fiz o que fazem muitos pacientes antes ou depois da sessão: compensei comprando um par de sapatos, para ficar "de bem comigo mesma"! Continuo comprando sapatos quando surge um problema para resolver, então tenho muitos deles, mas nunca os Louboutin, nunca os de salto alto, que para mim são como ter os pés engessados, sapatos feitos para não andar, não correr, feitos para dar dor nos pés, na coluna vertebral, e usados por mulheres que se submetem à ditadura da sedução feminina obrigatória. Um dia vou fazer arte com meus sapatos, assim como fiz com meu guarda-roupa.

Quando cheguei ao caixa, estava assinando um cheque para pagar os sapatos e vi o que ele mesmo tinha visto, o que eu nunca vira, o que meus pais, amantes, amig.o.a.s nunca tinham notado.

Eu assinava com todas as letras: MORTE [Morta].

No entanto, como todo mundo, ainda criança, eu tinha procurado a assinatura mais bonita, preenchendo páginas inteiras com minhas rubricas. E de repente me identifiquei com uma assinatura, na verdade com uma palavra que não era meu sobrenome, pois o P tinha sido substituído por um M, inicial do nome que me foi dado pelos meus pais, e minha assinatura dizia "MORTE".

Vale ressaltar que alguns documentos e *sites* dizem que meu verdadeiro nome é Paulette du Drouet. Adoro a ideia de meter o nariz dessas pessoas que se acham no direito de escrever meu nome parental, que não é mais o meu, sem meu consentimento.

Instantaneamente, comecei a gostar da psicanálise. Eu estava viciada nisso! Voltei ao consultório do meu psicanalista afirmando com convicção que nunca mais estaria morta, nem em minúsculas, nem em maiúsculas. Ele estava feliz por eu ter visto o que ele vira.

Eu lhe disse que queria me renomear, que meu *status* de artista me oferecia a possibilidade de mudar de patronímico. Eu não tinha a intenção de assinar minhas obras com aquela assinatura abominável, ela estava morta e eu queria muito que continuasse assim.

Quis guardar o que era positivo nessa palavra, a sílaba "OR", mas, infelizmente, em vez de me chamar ORICHE, ORAPIDE, me chamei de ORLAN, o que, pronunciado, pode ser entendido como OR LENT [ouro lento]. Como se, na verdade, eu não quisesse de forma alguma ter ouro, ou enriquecer rapidamente. No início, escrevi muitas vezes "OR" em cima e "L'AN" [o ano] mais embaixo, seguido da data em que escrevera um poema ou criara uma pintura.

Depois, tive que lutar muitas vezes para que as pessoas escrevessem meu nome em maiúsculas. A Wikipedia, por exemplo, indica: "Orlan quer que seu nome seja escrito em maiúsculas", escrevendo isso em minúsculas! Às vezes, mesmo o.a.s amig.o.a.s mais querid.o.a.s escrevem em minúscula, por preguiça, como os preguiçosos que, por facilidade, recusam a escrita inclusiva. Mas ela é justa e recusa o domínio do masculino. Mesmo em alguns dos meus catálogos, encontro meu nome em minúsculas, pois no último momento, achando que está fazendo certo, o revisor muda a grafia.

Quando me apresento, digo: "Eu sou a ORLAN, entre outras coisas e na medida do possível, e meu nome se escreve em letras maiúsculas, pois não quero seguir padrões, não quero que me coloquem na linha". É realmente uma luta constante para ganhar somente algumas vezes! Às vezes fico contrariada e às vezes isso me faz rir, porque é engraçado ser tão difícil obter um detalhe tão pequeno. Há uma recusa unânime da sociedade para impedir que meu nome saia da linha, quando isso é tão importante para mim...

É um gesto em adequação com a citação do Michel Foucault: "Mais de um como eu, sem dúvida, escreve para não ter mais um rosto, não me pergunte quem sou e não me peça para permanecer o.a mesm.o.a".

Meu nome, ORLAN, faz parte da minha reinvenção, da minha refabricação, e tudo o que fiz foi romper com a filiação, com o nome do pai e o corpo da mãe.

Acho insuportável e me ressinto com o fato de que nos livros de arte, nos museus, na Wikipedia, o nome parental dos artistas seja mencionado. O nome do artista é o nome do artista e pronto!

O nome parental é para a polícia, para a CIA, mas não para o meio artístico, que deveria apoiar os interesses da arte e d.o.a.s artistas.

Muitas vezes eu brinco quando me apresento, dizendo: eu sou a ORLAN, e Madame de SAINTE-ORLAN para os íntimos.

Criei muitas obras, performances com cartazes em que estava escrito: "Para milagres, consulte minhas tarifas" e "Para indulgências, fale diretamente com Madame de SAINTE-ORLAN".

A VIRGEM COM O MENINO, DE JEAN FOUQUET (1972)

No início dos anos 1970, tive um pesadelo abominável em que eu cortava a cabeça do meu pai. Talvez eu tenha observado demais a magnífica pintura de Artemisia Gentileschi, em que ela faz Judite cortar a cabeça de Holofernes.

A cabeça dele começou então a pular de degrau em degrau, descendo a escada, deixando rastros de sangue em sua passagem pelos degraus da escada de uma das casas onde morei, em Collonges-au-Mont-d'Or, perto de Lyon e de Paul Bocuse[20]! Eu adorava ir lá!

Enquanto descia a escada, essa cabeça falava comigo, era muito sanguinolento, e de repente a essa visão se sobrepôs a imagem da *Virgem com o menino*, de Jean Fouquet, e as cabeças se mexiam... Por quê? Muito estranho...

É uma obra que eu nunca vira ao vivo, mas cuja reprodução recortada de uma revista de arte ficava colada na parede do meu quarto, bem de frente para a cama. Eu adorava e ainda adoro esse quadro. Ele me parecia forte, muito diferente de todas as pinturas que eu conhecia até então. Ele era tão surpreendente, tão estranho, com aqueles anjos monocromáticos vermelhos e azuis e a cor da pele num cinza claro, semelhante à de um cadáver necrosado.

---

20. Chefe de cozinha, dono de um famoso restaurante da cidade. [N.T.]

Eu achava espantoso o pintor ter decidido pintar a mãe e o filho com a mesma cor mórbida, como se os dois já estivessem mortos. O rosto da Virgem, um oval perfeito, ligado ao corpo por um pescoço comprido, sempre me lembrou um falo coroado. Para mim, todo o quadro parecia inscrito em formas geométricas extremamente modernas, sobretudo quando se descobre que foi pintado por volta de 1452-55.

Essa tela era um mistério para mim e, como me atraía muito, comecei a consultar as obras que a mencionavam. Essa pintura me influenciou muito.

No dia seguinte a esse pesadelo, senti uma vontade imperiosa de ver o quadro ao vivo, para tentar desvendar o mistério!

De manhã bem cedo, peguei meu carro e fui até Antuérpia, onde a obra estava e ainda está guardada. Eu não tinha um tostão, só conseguia pagar o combustível e o pedágio... Cheguei ao Museu Real de Belas-Artes de Antuérpia exausta, e, para meu grande desespero, descobri que o museu não abria naquele dia: que sortuda... Fiquei abatida com a notícia, mas ainda assim tentei entrar, seguindo o sábio preceito "quem não arrisca, não petisca!", pois tenho certeza de que nunca devemos desistir.

Dei a volta no prédio e vi uma luz através do respiradouro que devia ir até o subsolo. Fiquei de quatro e comecei a gritar bem alto, perguntando se tinha alguém lá dentro. Num primeiro momento, ninguém apareceu, mas não desisti tão facilmente e continuei berrando até uma boa alma aparecer.

Meus esforços foram, enfim, recompensados. Uma mulher surgiu, muito surpresa, me perguntando o que eu fazia ali e por que gritava tanto. Expliquei a ela que tinha vindo de Saint-Étienne especialmente para ver *A virgem com o menino*, de Fouquet. A mulher ficou muito incomodada e me respondeu que, como o museu estava fechado, eu não poderia entrar. Ela me sugeriu passar a noite num hotel e voltar no dia seguinte, mas eu não tinha dinheiro suficiente para seguir seu conselho.

Devo ter sido convincente e comovente, porque, depois de alguns minutos de negociação, ela foi ver se a curadora e diretora do museu me deixaria entrar! Após um bom tempo de espera, as duas saíram juntas e tive que reexplicar toda a minha história à curadora, e contei inclusive meu pesadelo!

Ela acabou me deixando entrar, com a condição de que minha visita durasse apenas alguns minutos. Entrei com ela no museu, que desativou todos os sistemas de alarme e foi comigo até o quadro diante do qual me deixou ficar por apenas cinco minutos. Fiquei totalmente desconcertada pelo tamanho do quadro, que eu achava ser muito maior (ele mede 94,5 × 85,5 cm), mas impressionada com o que vi, pela qualidade da pintura e pela precisão dos traços. O que mais me surpreendeu foi o fato de que o menino olha para fora do quadro, e de que a Virgem, que é a representação de Agnès Sorel, amante de Carlos VII, não olha para o menino. Ela tem os olhos voltados para baixo, como se estivesse tímida e/ou envergonhada.

Nunca gostei das mulheres que olham para baixo. Mas ali o pintor Jean Fouquet a fez baixar os olhos. Alguns homens preferem as mulheres que olham para baixo. Mais uma esquisitice!

Agradeci muito à extraordinária curadora, cujo nome, infelizmente, não anotei. E fui embora refletindo, durante todo o trajeto, sobre o que tinha visto, sobre o que tinha acontecido e sobre a extrema benevolência dessa mulher que, provavelmente, admirava esse quadro tanto quanto eu. Essa pintura era de uma tremenda ousadia para a época!

Senti que a curadora tinha muito orgulho em ter esse quadro em seu museu e poder mostrá-lo de forma tão incongruente a uma mulher apaixonada e artista.

ORLAN REALMENTE ORLAN

O *BAISER DE L'ARTISTE* (1977)

Minha vida tem um antes e um depois do *Baiser de l'artiste*, como há um antes e um depois de Jesus Cristo para os cristãos! É uma obra para a qual tive que desenvolver impertinência, malícia, obstinação, determinação e coragem.

A história dela na minha história é tragicômica, mas termina em muitos finais felizes.

Tudo começou no meu ateliê às margens do Saône, em La Mulatière, perto da estação de Lyon-Perrache, paralelamente à organização do futuro simpósio de performance e de vídeo que eu havia fundado.

Em Lyon, eu estava envolvida com outro grupo de artistas, que frequentavam a Ollave, uma galeria-livraria mantida pelo escritor Jean de Breyne, um tipo chique e que não era machista. Era uma galeria pequena e interessante onde conheci Anne Pétrequin, Daniel Aulagnier, Joël Frémiot, Daphné Le Sergent, Henri Maccheroni, Valère Novarina, Jean-Pierre Pincemin, e também Patrick Beurard-Valdoye e muit.o.a.s outr.o.a.s... Sinto por não ter conseguido tirar tod.o.a.s do anonimato.

Em paralelo havia Yvonne, seu nome era o mesmo da minha irmã e eu também a considerava uma irmã, uma mulher extraordinária que convidava o.a.s artistas para jantar em sua casa uma vez por semana, e às vezes mais. Havia também o amigo Paul Gauzy, um ser humano lindo, apaixonado e amoroso, que gostava de artistas. Era um galerista moldureiro e encadernador, proprietário da Le Lutrin, onde também conheci muitos artistas, como Arman Avril (com quem vivi uma linda história), e também Philippe Pastor. Ele também expôs Philippe Dereux, artista e autor de *Petit Traité des épluchures* [Pequeno tratado dos restos], cuja leitura recomendo fortemente, é extraordinário!

Também conheci minha querida amiga Geneviève Böhmer, já falecida: ela me fez uma mulheragem criando uma fonte em bronze, *Le Buisson ardent* [O arbusto ardente] na praça Guichard, em Lyon, a partir de um molde do meu rosto e das minhas mãos: é possível me ver mandando beijos eternamente. Minha mão em bronze, acionada pela água, sobe até meus lábios, depois o jato de água a empurra de volta. É uma bela mulheragem ao *Baiser de l'artiste*, ainda que não seja um *French kiss*.

Ela queria que eu enviasse beijos naquela praça pela eternidade. Devo acrescentar que minha amiga historiadora da arte inglesa, Sarah Wilson, que escreveu belos textos sobre minha obra, me ofereceu uma medalha enorme de "grande beijadora", comprada em Londres: "Super Kisser".

Propus a um amigo, Hubert Besacier, que me ajudasse na organização do simpósio de performance e de vídeo, do qual eu era responsável também pela curadoria. Ele era professor de literatura numa escola, participava da organização do festival de música de Burges e gostava da minha obra.

Partindo das minhas ideias, coescrevemos um texto que explicava minhas opiniões sobre o mercado de arte e sobre Maria e Maria Madalena, dois estereótipos de mulheres dos quais é difícil escapar quando se é mulher.

Decidi acionar esse texto, intitulado *Face à une société de mères et de marchands*, primeiro com uma escultura encenando Maria e Maria Madalena por SANTA-ORLAN e ORLAN-CORPO, depois com uma performance.

Desenhei um pedestal e imaginei os acessórios. Fui cortar madeira, comprar os acessórios no mercado de pulgas e outros no depósito da antiga loja de decoração e exposição da minha mãe, enquanto uma das minhas primeiras fotos travestida de madona, como SANTA-ORLAN – retomando a primeira foto criada para *Strip-tease occasionnel avec les draps du trousseau* [Strip-tease ocasional com os tecidos dos lençóis do enxoval] –, era impressa em tamanho real, ou mesmo um pouco maior, em preto e branco, no meu laboratório, colada em madeira e recortada em todo o contorno. A ideia era apresentar, no mesmo pedestal pintado de preto lacado e transportável graças a rodinhas, de um lado a imagem de SANTA-ORLAN em tamanho natural, colada em madeira e recortada em seu contorno, diante da qual seria possível acender um círio por cinco francos, e do outro uma espécie de caixa automático criado com uma foto do meu tronco nu colado em madeira e recortado também, em que eu substituíra o esôfago por um plástico armado com metal, com o qual construí também um púbis triangular transparente. Este passava entre as minhas pernas e recebia moedas de cinco francos quando eu estava atrás, sentada numa cadeira alta, transformada numa espécie de caixa automático *French kiss* ao ativar a escultura.

Depois instalei uma pequena ampola pintada de vermelho sobre a auréola de um dos meus seios e uma bateria para alimentá-la. Além de um sistema para ela piscar. O conjunto era alegre e engraçado, contrastando com o lado austero das grandes fotos em preto e branco. Também colei letras brancas em relevo, de um lado "SAINTE-ORLAN", do outro "ORLAN-CORPS", e inscrevi na parte da frente, em letras cromadas, "Baiser de l'artiste", com uma corrente de alumínio para acorrentar as duas imagens, os dois estereótipos femininos.

Guardei essa escultura em casa por um bom tempo, para limar, finalizar, depois decidi ativá-la com meu corpo numa performance no Grand Palais – esse edifício era conveniente por sua grande cúpula –, para um beijo de língua dado durante a Feira Internacional de Arte Contemporânea (FIAC) de 1977, questionando o mercado de obras de arte.

Eu achava essa empreitada muito engraçada, pois se tratava de um beijo de verdade, um verdadeiro *French kiss*, e não um beijinho infantil num lugar intitulado Grand Palais!

Um tempo depois, meu amigo Nicolas Bourriaud, em sua obra *Estética relacional*, falaria de *reenactment* [reconstituição, recriação], o que corresponde ao que fiz muito tempo antes com a escultura *Le Baiser de l'artiste*.

Desmontei e embalei cuidadosamente com plástico, elástico e corda *Le Baiser de l'artiste*, e o amarrei no teto do meu 4x4 de segunda mão. Saí de Lyon às 22h em direção a Paris. Atravessei várias tempestades, e ventava muito. Segui devagar, debaixo de trombas d'água, e tive que parar muitas vezes sob uma chuva forte e sair do carro, apertar os cabos e arrumar os plásticos que voavam. Fiquei ensopada, esgotada e principalmente preocupada com minha obra! Tive medo de que ela caísse, de que as fotos molhassem, mesmo com as diversas camadas de plástico bolha, e também temia não conseguir chegar a tempo. Às quatro da manhã, tive que parar

O *BAISER DE L'ARTISTE* (1977)

num estacionamento para dormir um pouco, exausta e com medo de dormir ao volante ou de não chegar cedo o suficiente. Uma hora depois, segui com meu carro em alta velocidade. Cheguei por volta das sete da manhã no Grand Palais e tentei entrar pelos fundos. Infelizmente, sem passe livre nem cartão VIP, me proibiram de entrar por ali e me mandaram sair. Segui para a entrada principal, mas fui novamente barrada pelos seguranças, apesar das minhas inúmeras tentativas de negociação e do meu pedido de falar com o diretor da FIAC, supostamente incomunicável.

Então decidi ficar na frente das portas, no nível das colunas, e pensei: "Este acaba sendo o melhor lugar, porque todo mundo vai me ver ao entrar e sair, e aqui, pelo menos, a obra está protegida. Além disso, as fotos ficarão lindas e majestosas entre as colunas!".

Meu amigo e amante, o fotógrafo Georges Poncet, me dera uma superajuda para descer *Le Baiser de l'artiste* do teto do carro e subi-lo entre as colunas. Mas, no momento da chegada dos oficiais da época, alguns amigos, como Giovanni Joppolo, da revista *Opus*, Gilles Wolman, Michel Giroud, Alain Macaire, diretor da revista *Canal*, e alguns outros cujos nomes infelizmente não lembro – eles eram seis –, decidiram carregar *Le Baiser de l'artiste* nos ombros, numa espécie de procissão, atravessando a FIAC e passando diante dos oficiais: Patrice Trigano, Henri Jobbé-Duval e o então ministro da Cultura, Michel d'Ornano. Para não criar escândalo, os diretores e responsáveis pela FIAC preferiram afirmar que aquilo era uma performance oficial, programada para a vernissagem especialmente para os organizadores e convidado.a.s VIP.

Essa procissão tinha uma cara boa!

Meus amigos me instalaram diante da escada principal, perto do setor de revistas de arte. Eu estava finalmente bem instalada!

Então comecei a performance gritando: "cinco francos o beijo da artista, uma obra conceitual e carnal baratinha, uma obra ao alcance de todos os bolsos!"; "Não se censurem, cinco francos, cinco francos, cinco francos, um verdadeiro beijo de artista, um verdadeiro verdadeiríssimo, serviço impecável. Você vai gostar. Quem ainda não recebeu seu beijinho? cinco francos, cinco francos, é baratinho, venham degustar o beijo da artista!".

Muit.o.a.s amig.o.a.s se aproximaram para unir suas línguas sob a magnífica cúpula do Grand Palais.

Para cada beijo, eu acionava um gravador que tocava a *Tocata em ré menor*, de Bach. Quando, depois de alguns compassos, eu decidia que já terminara, eu tocava uma sirene de alarme eletrônico que representava o "superego" e marcava o fim da "beijada". Muitos homens e muitas mulheres fizeram fila para esse beijo da artista, foi um sucesso maluco! maluco! maluco! Eu estava radiante, aquilo funcionava muito bem. Naquele dia, voltei a ser artista e voltei a ser eu. Minha grande amiga Maria Bonnafous-Boucher fala dessa metamorfose: "Para se tornar ela mesma, ORLAN teve que 'se colocar fora de si', fazer sua a inquietante estranheza da representação das mulheres no cristianismo em que Maria (mãe) e Maria Madalena (prostituta) são a metonímia".

Catherine Millet, fundadora e personalidade influente da *Art Press*, escreveu várias vezes sobre esse *Baiser de l'artiste*.

No segundo dia, alguns homossexuais se posicionaram do meu lado e gritavam "um franco o boquete, um franco o boquete!", mas, infelizmente, não tiveram nenhum cliente. Sinto muito por eles!

No terceiro dia, passei o tempo todo dando entrevistas.

Jean-François Bizot foi o primeiro a me dedicar um ótimo artigo de meia página no *Libération*, e esse "papel" marcou o início de uma longa e bela história com esse homem que eu tanto estimava.

Outros artigos surgiram de todos os lados, entre os quais o de uma revista pornô com o título "Baiser à 5 francs"[21], com minha foto na capa, o que é bem ambíguo, mas também artigos no jornal *Le Monde*, na imprensa especializada e na imprensa popular.

Como alguém do povo, fiquei extasiada ao ter simultaneamente artigos intelectuais, muito chiques, em jornais de grande circulação, e outros abertos, acessíveis a todos.

Foram tantas publicações que o Argos da imprensa já não classificava os artigos como "FIAC", mas como "Beijos da artista"!... A FIAC nunca teve tantos artigos!

Voltei para Lyon extenuada, com uma quantidade enorme de trabalhos atrasados. Uma correspondência considerável me esperava, metros de fax e um convite urgente para participar do programa *Le dessus du panier*, de Philippe Bouvard. Pediam que eu lhes telefonasse imediatamente, mas não o fiz porque estava com zero vontade de voltar a Paris.

No dia seguinte, às sete da manhã, alguém veio bater à minha porta. Acabei me levantando, mesmo não sendo meu horário habitual, pois trabalho

---

21. Na língua francesa, o verbo *baiser* pode ser entendido como "beijar" ou como "trepar", dependendo do contexto e da leitura que se faça da situação. [N.T.]

O *BAISER DE L'ARTISTE* (1977)

à noite. Abri a porta e dei de cara com dois policiais surpresos por eu ainda não estar pronta e gritando: "Mas a senhora não está pronta? O senhor Bouvard está esperando e sua passagem de avião está no aeroporto!".

Eu não tinha acordado direito, estava irritada e sobretudo embasbacada com o fato de que policiais tivessem vindo me buscar em nome de Philippe Bouvard, aquilo era alucinante, inacreditável!

Primeiro declinei friamente do convite dizendo que não tinha tempo, depois refleti rapidamente e pensei: "É melhor enfrentar a situação que eu mesma criei".

Então me arrumei rapidamente e peguei o avião para Paris, onde um motorista me esperava segurando um cartaz com meu nome. Ele tinha sido incumbido de me levar à emissora.

Depois de uma maquiagem de que eu estava mesmo precisando, me vi no palco com dois comediantes, Roger Pierre e Jean-Marc Thibault, e o "Senhor 100.000 volts": Gilbert Bécaud. Os três foram muito gentis comigo.

Contei muito bem minha história, sou "boa" no palco e/ou quando dou uma palestra. No final da emissão, Philippe Bouvard se virou para mim e pediu que eu reproduzisse minha obra beijando um dos convidados. Ele com certeza esperava que eu fosse beijar Bécaud, que parecia estar com vontade de que eu lhe desse uma bitoca. Recusei explicando que, sem minha obra, meu pedestal, minha escultura e fora de contexto, isso seria um desvio do meu processo, mas depois decidi dar um *real French kiss* em Jean-Marc Thibault, um comediante que, na época, eu achava que era homossexual, mas que pediu mais.

Eu não podia demonstrar vergonha pela minha performance ou ser incapaz de reproduzi-la na televisão! Felizmente na época não havia o coronavírus.

Depois do programa, dormi no apartamento de Philippe Bouvard, sem segundas intenções, e tive o extremo prazer de vê-lo de meias e cueca, dando o nó na gravata de frente para o espelho enquanto conversávamos.

Voltei para Lyon cinco francos mais rica e com alguns quitutes! Na época eu me contentava com pouco, tudo me deixava feliz.

Durante esse tempo, minha mãe tinha convidado algumas amigas para verem a filha dela falar de sua arte na televisão enquanto bebiam alguma coisa e jogavam bisca. Todas essas mulheres foram embora se sentindo ultrajadas, antes mesmo do final do programa. Nem bisca, nem canastra, mas minha mãe aos prantos sem entender o que eu acabara de fazer. Ela estava terrivelmente furiosa e envergonhada por ter uma filha como eu. Ela costumava me dizer: "Você é uma menina perdida". Para ela, isso ficou muito concreto naquela noite.

No dia seguinte à gravação do programa, recebi um telegrama da escola particular onde eu lecionava, Les Trois Soleils, e na qual formava futuros animadores socioculturais. O telegrama dizia: "Sua postura pública destes últimos dias é incompatível com seu papel de formadora. Todas as suas aulas estão suspensas, enviaremos informações sobre seu pagamento".

Demitida.

Eu tinha sido demitida.

Sem tambores, nem trompetes, nem advertência, por um telegrama absolutamente ilegal.

Na sequência do *Baiser de l'artiste*, tive desilusões das mais diversas, muitas delas com meus vizinhos. Alguns vieram bater à minha porta em plena madrugada para me acordar, outros escreveram "puta imunda" na minha porta, e também recebi esperma pelo correio, além de outras imundícies de vários tipos, incluindo insultos.

Muitos conhecidos não se dignaram mais a me cumprimentar, mas, paradoxalmente, fui nomeada pelo *Lyon Poche* como uma das cem pessoas mais célebres de Lyon, e convidada para a inauguração de alguns restaurantes!

Depois da minha demissão, meus alunos e alunas fizeram greve, manifestações e cantaram músicas escritas louvando o *Baiser de l'artiste*, pedindo para a escola me readmitir, mas isso nunca aconteceu.

Pessoas que nunca se interessaram por mim passaram a me ver com outros olhos. Ou por reconhecerem a qualidade do meu trabalho, ou por eu ser uma artista que aparecia com frequência na televisão e ser tema de muitos artigos nos jornais, ou ainda por me depreciarem. Eu tinha muitos detratores, e ainda tenho, mas na minha família sempre dissemos "faça o bem e deixe que falem!", e esse é um dos meus grandes princípios!

Depois das primeiras emoções, das mensagens de amig.o.a.s, sindicatos, das centenas de artigos e de petições, a história foi substituída por outras, e ninguém mais pensava nessa coisa do *Baiser de l'artiste* e na minha demissão ilegal, e fui "deixada para trás".

Sem salário, sem renda, sem seguro-desemprego, era impossível pagar a hipoteca do meu ateliê e minha vida virou um inferno. Meus vizinhos me importunavam e oficiais de justiça vieram fazer uma busca no meu apartamento, embora não tivessem muita coisa para pegar, nada de móveis bonitos ou objetos caros, e eu guardara minhas máquinas fotográficas num lugar seguro. Eles lacraram tudo e perdi muitas fotos e negativos que não tive tempo de recuperar.

Meu apartamento era incrível, com vista para o Saône, e eu tinha pintado todo o piso com cores vivas, envernizadas e muito brilhantes! Eram as mesmas cores das minhas pinturas geométricas feitas com pistola sobre o laminado. Ele combinava com minhas obras.

Eu dormia num grande barco de carvalho de sete metros de comprimento, recuperado na beira do Saône, em volta do qual instalei plantas de plástico. O barco era bonito, mas já cumprira seu tempo, e me deram porque entrava água nele com frequência. Para subi-lo até o apartamento, foi necessário dividi-lo em três partes, e colar tudo depois!

No teto havia falsos espelhos de laca que davam uma imagem deformada e esquisita de mim e de quem embarcava para passar a noite, criando vários Munch e Bacon cada vez que os corpos se deitavam no barco.

Alain Dettinger, um amigo artista e colchoeiro, fez um colchão especial para mim, que se moldava às formas do barco, e o recompensei convidando-o para dar umas voltas na minha embarcação improvisada, com muita sensualidade. Isso me agradava muito, e ainda mais a ele.

No alto, atrás da minha cabeça, no espaço onde se guarda o material de pesca e as redes, instalei um cantinho de café da manhã com um pequeno botijão de gás, minhas tigelas, meu café, leite em pó, biscoitos... e um rádio.

Ampliei os dois bancos e os tornei móveis, o que me permitia colocar sobre eles a louça e a comida, livros ou papel para desenhar. Sempre gostei de poder fazer as coisas na cama, e ainda hoje tenho uma mesa de rodinhas ao lado da minha cama, na qual eu como, escrevo, desenho e sonho.

Os oficiais de justiça lacraram meu apartamento em Lyon e eu mal tive tempo de pegar algumas roupas, objetos pessoais e algumas obras de arte, incluindo *Le Baiser de l'artiste*, que deixei guardado no porão de um amigo. Esse episódio me causou muitos prejuízos e a perda das minhas obras e dos meus arquivos. Seguiram-se anos muito difíceis, sem trabalho, ou somente pequenos bicos de vez em quando, e nunca formais, ou seja, uma grande falta de dinheiro... tempo de vacas magras! Até o dia em que a Cité des Arts de Paris decidiu me hospedar. Foi um alívio enorme e guardo uma lembrança magnífica disso, com os *bateaux-mouches* que navegavam à noite pelo Sena e ao passar iluminavam todo o apartamento, do teto ao chão. Eu estava bem no centro de Paris, de frente para a Île Saint-Luis, e adorava isso!

Obrigada à Madame Bruno, que na época era diretora da Cité Internationale des Arts, uma mulher forte e muito gaullista! Criei muitas obras naquele ateliê e li uma grande quantidade de livros admiráveis de filósofos, entre os quais Deleuze e Guattari, a quem sempre retorno, de Derrida, de Blanchot e também de Spinoza. E muit.o.a.s escritor.e.a.s e poetas: René Char, Raymond Queneau, Colette, Ghérasim Luca, Marguerite Duras, Blaise Cendrars, Michel Butor, Virginia Woolf, Françoise Sagan, Charles Cros, Nathalie Sarraute, Paul Éluard, Stéphane Mallarmé, Georges Perec... De Perec, adorei *O sumiço*, onde não havia nenhuma letra "e", mas depois percebi que a ausência do "e" limitava a existência de nomes femininos e de nomes de profissões femininas[22].

Depois de uma primeira extensão da minha estadia na Cité des Arts, eu tinha cada vez menos recursos para sobreviver na capital, e minha segunda temporada na Villa Radet terminou.

Eu estava desesperada, no meio de uma depressão, e não via luz no fim do túnel desse período tão difícil.

Uma manhã, quando acordei com muita fome, pois não comia havia três dias e minha geladeira estava vazia, procurei por um sachê de chá verde, mas tinha tomado o último no dia anterior. Pensei em acabar com aquilo tudo, me deitei no chão, completamente abatida, em frangalhos, desesperada, pensando em não me levantar mais... Fiquei durante muito tempo no chão, sobre o assoalho, deprimida.

O telefone começou a tocar sem parar sem que eu me dignasse a atender.

Na segunda vez acabei atendendo esse interlocutor paciente e determinado. Era Gladys Fabre, a historiadora da arte e colecionadora que pedira meu cartão de visita num festival de vídeo em Montbéliard, pois tinha adorado meu trabalho e queria me ver.

Conversamos um pouco e, pelo tom da minha voz, ela notou que eu estava muito mal. Então decidiu me convidar para almoçar. "Arrume-se, vamos sair para comer! Vou te buscar!", ela me disse num tom convincente. A ideia de comer comida de verdade, para uma *gourmet* comilona esfomeada como eu, era tão tentadora que concordei de imediato. Antes de me trocar, escrevi num papel tudo o que ia bem e tudo o que ia mal na minha vida. Era simples: tudo ia mal! A única coisa positiva era o fato de que *Le Baiser de l'artiste* tinha sido salvo graças a meu amigo Jean-François Taddei,

---

22. A letra "e" é a vogal mais usada na língua francesa, e o feminino de muitas palavras (incluindo as profissões) é formado acrescentando-se a vogal "e" no final. [N.T.]

O BAISER DE L'ARTISTE (1977)

que o guardou em seu depósito da galeria Éric Fabre, da qual era diretor na época. Ele sempre apoiou meu trabalho e era um amigo de verdade. Era um príncipe, o meu príncipe. Mais tarde, ele organizou minha primeira retrospectiva no FRAC do Pays de la Loire, em 2002, intitulada *Élements favoris* [Elementos favoritos].

Almocei com Gladys Fabre e fiz um balanço da minha vida para aquela nova amiga extraordinária. Em breve, eu teria de fazer uma exposição na galeria Jean & Jacques Donguy e não tinha um centavo para a produção das fotos, e a galeria também não. Gladys decidiu cuidar de todos os custos, e também da confecção de um catálogo magnífico: *Skaï et sky and video.* "Femme sur les barricades, ORLAN brandit le *laser time*" [Mulher sobre as barricadas, ORLAN agita o *laser time*] foi escrito por Gladys Fabre e publicado por Françoise Pasquier com as edições Tierce. Durante semanas, ela me telefonou assiduamente para me fazer perguntas, verificar se eu de fato quis dizer isso ou aquilo e ter notícias minhas, levantando meu ânimo. Ela me apoiou muito, encorajando-me dessa forma. Eu esperava por seus telefonemas mais do que pelo Messias, e ela me adiantou dinheiro sem esperar nada em troca. Uma verdadeira africana! Além disso, mais tarde, ela me apresentou Michèle Barrière, diretora das edições Jériko, que me dedicou uma fantástica monografia multimídia em CD-ROM com um texto num livreto intitulado *Se placer au centre du monde* [Colocar-se no centro do mundo], de Marc Partouche. E expôs minhas obras em *La dona, metamorfosi de la modernitat* [A mulher, metamorfoses da modernidade], na Fundação Miró de Barcelona, em 2004.

O prefácio do catálogo da exposição na J & J Donguy foi escrito por Gilbert Laporte, e a exposição foi um sucesso! Embora eu não tenha vendido nenhuma obra, o livro esgotou rapidamente, e ainda hoje não tenho mais nenhum exemplar em bom estado!

Em seguida, Jean-François Taddei tornou-se diretor do FRAC do Pays de la Loire e propôs à comissão a compra de *Le Baiser de l'artiste*, o que foi aceito.

Gladys Fabre me incentivou a me candidatar a uma vaga de professora polivalente na École Nationale Supérieure d'Art et de Design de Dijon. Sem ela eu jamais teria tido coragem para participar do processo seletivo e me apresentar, e é preciso muita energia para ganhar de sessenta candidat.o.a.s! Uma das candidatas espalhou o boato de que, para conseguir a vaga, eu tinha dormido com o ministro da Cultura da época, Jack Lang! É claro que isso era totalmente falso e engraçado, mas nunca desmenti, pois um ministro é chique! Gosto muito dele, eu o acho muito bonito e isso sempre me fez rir muito, porque muitas pessoas acreditaram nesse boato!

A história do *Baiser de l'artiste* teve um desfecho delicioso e imprevisível: anos depois, a FIAC reivindicou a obra ao FRAC do Pays de la Loire para seu aniversário, instalando-a na entrada, protegida por vidros! E acompanhada de um grande texto colado na parede, dizendo que aquela era a obra que mais tinha marcado a história da FIAC. Foi um grande espírito esportivo da parte deles, muito chique... e de muito culhão também. Eu estava totalmente recuperada, mas de uma forma prazerosa porque estava viva!

Essa peça se saiu muito bem em exposições como a de Connie Butler no MOCA de Los Angeles, intitulada *Wack! Art and the Feminist Revolution* [Wack! Arte e a revolução feminista]. Essa exposição histórica sobre a arte e a revolução feminista atravessou o Atlântico e foi apresentada em vários museus entre 2007 e 2009, como o National Museum of Women in the Arts, de Washington, e a Galeria de Arte de Vancouver... Infelizmente, *Le Baiser de l'artiste* não foi exposto na grande retrospectiva intitulada "Le Récit", organizada por Lòrand Heguy e seu assistente Eugenio Viola no MAMC+ de Saint-Etienne. Isso é o cúmulo se considerarmos que é uma das peças mais emblemáticas da minha narrativa como artista, mas pelo menos foi exposta em vários lugares nos Estados Unidos, incluindo o MOCA! E me orgulho disso, porque para mim essa obra plástica é primordial, tanto quanto a performance, ou até mais, pois ela não é efêmera.

O *BAISER DE L'ARTISTE* (1977)

PRAZERES E RISCOS DO ENSINO (1975-2012)

Sou um castelo construído sobre estacas enfiadas em areias movediças! Sou autodidata, qualquer universitário pode me envergonhar e/ou me dar uma rasteira, se assim decidir, porque não fiz universidade. Essa ausência de bases clássicas sempre me deu uma sensação de fragilidade que tentei compensar com muitas leituras e de todas as maneiras possíveis, o que de certa forma me tornou mais forte.

No fim das contas, ensinei durante toda minha vida, em diferentes estruturas, em diferentes ambientes, e adorei fazer isso.

Para mim, ensinar foi como passar para o outro lado da barreira. A revanche de uma mulher que se construiu sozinha e tem orgulho do que conseguiu se tornar contra os ventos e as marés, e fora de sua casta social, fora do que lhe tinha sido designado.

Era também uma forma de me lembrar dos meus conhecimentos para que ficassem gravados em minha memória.

No início, dei aulas particulares de artes plásticas para crianças e adolescentes, depois de expressão corporal, de dicção e de teatro para jovens, e mais tarde de pintura em diferentes organizações. Ensinei arteterapia, trabalhei com a terceira idade, com prisioneiros e prisioneiras, com estudantes em escolas de belas-artes (Escola Municipal de Artes Plásticas de Mâcon, Escola Nacional Superior de Arte e de Design de Dijon, Escola Nacional Superior de Artes de Paris-Cergy, Art Center College of Design de Pasadena, nos Estados Unidos...), e ministrei muitos *workshops*, como nos últimos tempos em Québec, no centro de arte Lieu, e muitas palestras pelo mundo todo.

Quando lecionei nas escolas nacionais superiores de belas-artes, eu gostava muito de dar a palavra a estudantes, entrar em sua lógica própria para depois o.a.s ajudar a resolver suas problemáticas, transmitindo-lhes todos os conhecimentos de que dispunha, oferecendo-lhes pistas de pesquisa fora de um estudo literal e de lugares-comuns, mas também dando-lhes informações sobre a história da arte e o mundo da arte. Eu conseguia passar horas falando para uma classe, a tal ponto que fui apelidada de "Fidel Castro da arte"!

Eu me entregava muito e gostava demais dessa profissão feita de constantes questionamentos, de transmissão, de trocas exaltadas e debates acalorados. Para mim, era primordial permanecer a certa distância d.o.a.s estudantes, para que se sentissem livres, e não sujeit.o.a.s às minhas palavras. Eu era compreensiva, mas muito exigente. Na Escola Nacional Superior de Arte e Design de Dijon, um grupo de alun.o.a.s que gostava de mim me chamava de Synthol[23], "Porque faz bem ao que faz mal!", o *slogan* publicitário desse medicamento.

Eu lhes ensinava que nós, artistas, temos uma grande responsabilidade, que, para mim, é impensável convocar um público para lhe mostrar algo que sai de nós sem nenhum trabalho, sem nenhuma elaboração, sem pesquisa, sem qualquer reflexão, e sem ter uma ideia do que estamos fazendo, do que gostaríamos de dizer e do que fazem os outros artistas da mesma área. "Tudo o que aumenta a liberdade aumenta a responsabilidade. Nada é mais sério do que ser livre; a liberdade é um fardo, e todas as correntes que ela retira do corpo ela acrescenta à consciência", como bem escreveu Victor Hugo. Muitas vezes li ou distribuí o texto a seguir, extraído do *Kie tseu yuan houa tchouan*, e destacado em *L'enseignement de la peinture* [O ensino da pintura], de Marcelin Pleynet:

"No estudo da pintura [aplicável a todos os tipos de aprendizagem], alguns preferem a complexidade, outros preferem a simplicidade. A complexidade é ruim, a simplicidade é ruim. Uns preferem a facilidade, outros preferem a dificuldade. A dificuldade é ruim, a facilidade é ruim. Alguns consideram nobre ter método, outros consideram nobre não ter método.

---

23. Analgésico e antitérmico de uso local, vendido de forma líquida ou em gel. [N.T.]

Não ter método é ruim. Ficar restrito ao método é ainda pior. É preciso primeiro [observar] uma regra rigorosa; depois penetrar com inteligência todas as transformações. O objetivo de ter um método resulta em não haver método."

Eu lhes dizia: há duas grandes categorias de artistas. A primeira espera da sociedade a mesma atitude que a da mãe diante da criança. A criança oferece o penico em que fez cocô e a mãe exclama: "Oh, obrigada! Que lindo! Como você cresceu! Como você é gentil, que lindo, como a mamãe te ama!". Outra categoria de artistas, da qual quero fazer parte, não está nessa fase anal e compreendeu a importância de dedicar um tempo a pesquisar, a compreender os códigos utilizados no mundo da arte. Aceitar o fato de que não se chega a uma ilha deserta que acabou de surgir, pois muitos outros artistas existiram antes, há muitos outros hoje e existe uma história da arte que deve ser apreendida, absorvida e entendida. Tentei fazer com que meus alunos e minhas alunas entendessem que é primordial compreender o que acontece no panorama atual da arte contemporânea para poder se situar. É muito importante se perguntar: "O que eu posso dizer e como, para expressar algo importante de nossa época, algo diferente? Com que materiais? Quais tecnologias? Sob que forma? O que posso oferecer de novo? De diferente?".

Eu queria que canalizassem sua energia criativa no lugar certo, concebessem que um trabalho de elaboração é fundamental e pode ser feito pela leitura de informações cruzadas e comparadas, com a visita a museus e galerias ou, ainda, a leitura de livros e revistas especializados para clarear e alimentar o processo de cert.o.a.s artistas.

Eles e elas deveriam ter consciência de estar constantemente em vigília, constantemente curiosos e curiosas, observando o que acontece nas outras áreas e práticas, nas ciências, na biologia, na medicina, no teatro, na dança, na poesia, na mecânica, nas novas tecnologias, na cultura popular...

Convidada para ir à escola do Fresnoy por seu diretor, o excelente artista Alain Fleischer, falei de todo o meu trabalho, mas, durante a conversa com o.a.s estudantes, falei principalmente de um filme que me marcou muito, *Idiocracia*, embora não seja um grande filme da "Nouvelle Vague"! Disse-lhes: "Vocês são a nova geração, o que estão esperando para criar asperezas sobre essa parede tão lisa, para que todos e todas possam se agarrar a alguma coisa e não cair na idiocracia, pois estamos realmente seguindo por esse caminho, estamos escorregando".

Contamos com vocês e com a cultura e com a arte.

Claro que sugeri que vissem o filme, que é muito engraçado, mas deram um sorriso amarelo, pois era possível ver nele a caricatura do que já somos.

Tudo o que nos cerca pode ser interrogado, revisitado, questionado. Parece-me igualmente importante ler jornais de diferentes linhas para entender os fenômenos sociais e nossos pensadores atuais. Eu adoro ler toda a imprensa no avião: *Libé, Le Figaro, La Croix, L'Humanité, Le Monde...* comparando os diferentes tratamentos dados a uma informação de um jornal para outro. É edificante!

É preciso aprender a falar de arte, falar de sua arte com toda sua sensibilidade, sua emoção e seu saber do momento com um distanciamento suficiente e necessário, uma distância crítica, sabendo responder à questão: "por quê?". E essa é a pergunta mais perturbadora de todas. Pergunte sempre "por quê?" a todas as afirmações que forem feitas diante de você. A maioria das pessoas só repete o que ouviu em algum lugar e precisa questionar suas certezas. Esse "por quê?" é indispensável e quase sempre fica sem resposta.

Às vezes meus alunos e minhas alunas da Escola Nacional Superior de Arte e de Design de Dijon me pediam receitas para vender e entrar em certas galerias, em certas redes. Eu era totalmente contra essa postura. Cert.o.a.s estudantes da Escola Superior de Artes de Paris-Cergy queriam ver meus extratos bancários para saber se eu ganhava mais do que eles ou elas e então decidir se era justificável eu lhes dar aulas! Chegaram a me dizer que meu belo discurso sobre arte já não fazia sentido e que o único interesse del.e.a.s era vender e ter uma galeria. E me pediam todos os meus contatos. Para eles, isso era ser uma boa professora. Essa postura cínica me deixava estarrecida... Eu não queria fabricar alun.o.s que fizessem "style art" para entrar numa rede ou numa galeria. Para mim, ser artista não é e não será jamais uma profissão que se aprende, como tantas outras.

Outr.o.a.s pensavam que uma atitude sincera e autêntica era suficiente para fazer arte, que bastava seguir seu instinto, suas vontades, e eu objetava: "Hitler também era muito sincero", ou: "Então, se você está com vontade de mijar, de cagar, você faz isso no chão imediatamente? Se está com vontade de comer uma garota que te excita, você a estupra?". Para mim, a vontade e a sinceridade não são justificativas válidas para nossas ações.

A sociedade atual favorece as pessoas que se soltam, gritam, dizem tudo e mais um pouco sem distanciamento, que usam álcool, drogas, que são do universo do futebol... eu admiro aquelas e aqueles que dominam a si mesm.o.a.s, que têm certa discrição. Acho que é preciso recortar as informações, analisá-las, fazer uma síntese para optar, com total conhecimento de causa, ou quase, para assumir uma posição, ações ou discursos.

Temos uma vida inteira para tentar controlar o monstro que vive em nós, e nem sempre conseguimos, esse era meu ensinamento.

A arte que me interessa pertence à resistência. Ela deve abalar nossos preconceitos, perturbar nossos pensamentos, é fora do comum. Ela não existe para nos acalentar, para refazer o que já conhecemos; ela deve assumir riscos, é intransigente com o risco de não ser aceita desde o início, é desviante e é por si só um projeto de sociedade.

Ainda que essa declaração seja super-romântica, até mesmo ingênua..., eu digo: a arte pode, a arte deve mudar o mundo, é sua única justificativa.

A arte não é uma decoração de apartamentos, pois para isso já temos os aquários, as plantas verdes, os guardanapos, as cortinas e os móveis...

Embora o ensino possa trazer muitas coisas positivas, fiquei muito surpresa com algumas das situações que vivi.

Por exemplo, fui assediada por uma aluna da Escola Nacional Superior de Arte e de Design de Dijon. Era uma jovem que me chamara a atenção e que insistia em marcar uma conversa comigo. Durante uma reunião de trabalho, ela me levou até um lugar meio sombrio embaixo da escada, onde havia uma máquina de bebidas. Ela tinha desmontado a parte da frente da máquina e colocado sob o plástico que a cobria uma quantidade impressionante de fotos pornográficas de mulheres com mulheres.

Vendo sua proposta, produzi, claro, um discurso de professora sobre o corpo, a máquina, a sociedade de consumo, a sexualidade, o dinheiro, o mercado... Não percebi em nenhum momento o pedido oculto por trás dessa obra.

Algum tempo depois, curiosamente encontrei essa mesma jovem no meu jardim de Ivry-sur-Seine, espionando a mim e ao meu marido.

Paralelamente a esse acontecimento perturbador, comecei a receber cartas, ora com declarações de amor, ora com ameaças ao meu marido ou a mim. Eu ficava muito aflita e consternada com essas missivas agressivas. Então decidi deixar de abrir as cartas dessa aluna cuja caligrafia eu já reconhecia. Percebendo isso, ela começou a pedir para outras pessoas escreverem meu endereço no envelope, para que eu não desconfiasse de que era ela a remetente dessas cartas contendo fotografias minhas, às vezes cortadas, queimadas ou rasgadas, o que era assustador.

Um dia, recebi o telefonema de um suposto psiquiatra afirmando ser o médico dessa aluna. Até hoje não sei se era golpe ou se ele era mesmo um profissional de saúde. Ele queria nos reunir em seu consultório, mas declinei imediatamente respondendo que não tinha nada a ver com essa história e que me recusava a alimentar as neuroses dela.

Alguns dias depois, ele me telefonou de novo para dizer que ela não passava de uma garota ingênua e sem amig.o.a.s, e insistiu para que eu participasse de uma das sessões. Recusei novamente o convite.

Pouco tempo depois, recebi em meu ateliê, que ficava em Ivry-sur-Seine, um pacote de trufas de chocolate e um bilhete com estas palavras: "Espero que você encha a boca com essas trufas que fiz com minhas próprias mãos e enrolei nas minhas coxas. Que você as coma e lamba os beiços assim como vou devorar teu sexo quando puder!". Era alucinante e quase engraçado, quando penso que o suposto psiquiatra a descreveu como uma garota inocente e pura que só queria um pouco da minha atenção...

Isso poderia ter sido realmente engraçado se ela não tivesse continuado a ameaçar a mim e ao meu marido sem parar, e a aparecer com frequência no meu jardim, onde ficava escondida. Mesmo depois que saí da Escola Nacional Superior de Arte e de Design de Dijon e do ateliê de Ivry, ela descobriu meu novo endereço e continuou me escrevendo, depois encontrou um jeito de me enviar cartas pelo intermediário de minha galeria na época, Michel Rein.

Isso nunca parou. Ela também descobriu meu endereço eletrônico e, durante um bom tempo, não parou de me enviar e-*mails*, uns mais preocupantes que os outros. Ela me escrevia usando o nome de uma pessoa que já tinha morrido. Acabei bloqueando o e-*mail* dela, mas tenho medo de que ela volte a aparecer na minha vida a qualquer minuto.

Durante quase trinta anos, a fixação dela não acabou e sempre pensei que ela podia ser perigosa, que mais dia menos dia eu poderia ter um problema sério com ela. Muitos me encorajaram a prestar queixa na polícia por assédio, mas não o fiz e o tempo acabou passando, então acho complicado tentar fazer isso agora... Até porque essa pessoa deve ter mais de cinquenta anos hoje.

Suponho que a loucura esteja atrelada à notoriedade. A cantora Björk, por exemplo, teve fãs loucos, inclusive um que lhe enviou um pacote contendo ácido. Em comparação com essa história, pode-se dizer que tive sorte! Inclusive, encontrei a Björk diversas vezes, o que foi um grande prazer. Ela gostava da minha obra e eu de sua música, sua voz e seu rosto tão singular. A primeira vez foi durante uma viagem profissional à Islândia, ela organizou um excelente jantar para mim na casa do seu compositor Sigurjón Birgir Sigurðsson, um excelente poeta islandês. Voltamos a nos ver diversas vezes, inclusive durante um almoço romântico do qual guardo uma excelente lembrança, no restaurante da estação ferroviária de Lyon, "Le train bleu", em Paris, quando ficamos assistindo à partida dos trens. Eu gostava muito de revê-la! Ela é formidável, excepcional.

Apesar desse pesadelo, tive momentos muito felizes em minha carreira de professora, e fui recompensada com uma promoção excepcional e, principalmente, pelo fato de ver muitos de meus antigos alunos e alunas terem sucesso no ambiente artístico e as mensagens de agradecimento que me enviaram.

Contudo, durante toda minha trajetória, atuei e me revoltei contra a postura sexista de alguns dos meus colegas, e contra frases do tipo "essa aí é gatinha, eu daria uns pegas nela no meu ateliê", tão frequentemente ouvidas durante as bancas de admissão das escolas. Tive grandes dificuldades para compor as bancas para o diploma nacional superior de artes plásticas (DNSAP) com artistas mulheres ou historiadoras. No entanto, na Escola Nacional Superior de Artes de Paris-Cergy, eu lecionava para turmas compostas por 75% de jovens mulheres, como mencionou Alexia Guggémos no *Huffington Post*. Todo mundo me desaconselhava. Os diretores, o.a.s amig.o.a.s artistas, o.a.s professor.e.a.s de quem eu gostava, me diziam "você não vai encontrar, isso vai prejudicar o.a.s alun.o.a.s, e elas vão se descabelar!".

Ouvi de tudo e, o que é pior, de pessoas sofisticadas e brilhantes. Era difícil para mim constatar que mesmo o.a.s melhores reiteravam o pior. Sem ter consciência do que estavam dizendo e causando. Finalmente, consegui compor uma banca formada exclusivamente por mulheres, contra tudo e contra todos, e foi um grande momento pedagógico que teria sido incrível e exemplar... se o Ministério da Cultura não tivesse me enviado um homem para presidir a banca! Sendo que, inversamente, quando há somente homens na banca, eles tendem a não escolher uma presidenta, mas um presidente, ou seja, mais um homem!

O SIMPÓSIO DE PERFORMANCE E DE VÍDEO (1979-1982)

"Quebrar uma noz não é exatamente uma arte, e ninguém jamais ousaria convocar um público para distraí-lo quebrando nozes. Mas se alguém o fizer e sua intenção for bem-sucedida, é porque no fundo isso vai além da simples quebra de nozes. Ou então, se é apenas uma quebra de nozes, é porque nunca tínhamos pensado nessa arte, pois a conhecíamos a fundo, e o novo quebrador de nozes nos revelou a verdadeira essência disso, e para isso é preciso que ele seja um pouco menos habilidoso que nós."

Franz Kafka, *Josefina, a cantora*, 1924.

Em 1979, criei o Simpósio Internacional de Performance e de Vídeo de Lyon, e ele "viveu" quatro anos. Eu sentia uma enorme necessidade de fazer com que a performance, essa arte tão pouco representada na França e difamada, se tornasse uma arte completa. Havia tantos detratores da performance na época... Todos clamavam em alto e bom som que não era arte, pois não havia potencial artístico na performance, já que não havia sublimação.

Eu queria demostrar que a performance se inscrevia na lista das outras práticas artísticas. Que se tratava de uma arte de verdade, tanto quanto a pintura, a escultura, a fotografia, o vídeo... Ainda hoje não consigo descrever corretamente a energia incomensurável que tive de empregar para conseguir realizar o evento em toda a cidade, e para organizá-lo sem dinheiro, ou quase. Era como se eu não tivesse escolha, pois ninguém fizera isso antes: eu precisava fazer isso, precisava apresentar a performance ao público francês. Ajudada por meu amigo-amante da época, Hubert Besacier, e a despeito dos inúmeros problemas de dinheiro que tive de enfrentar, o evento aconteceu, e foi memorável. O Goethe Institut pagou pelos artistas alemães, Helvetica pelos suíços, os serviços culturais da embaixada norte-americana pelos norte-americanos, e para os franceses não havia... nada. Eu não tinha um tostão! Mas era eu quem devia pagar no mínimo o transporte dessas pessoas, e me resolver com charmos.o.a.s amig.o.a.s para conseguir hospedagem.

Tive de enfrentar uma dificuldade a mais: organizar eventos em Lyon, não em Paris. O crítico René Deroudille faz essa observação em sua introdução do colóquio que organizamos em 30 de abril de 1982. Ele diz: "Eu gostaria, em primeiro lugar, de esclarecer a todos os que são estrangeiros à metrópole de Lyon o quanto é difícil, num país centralizado como o nosso, realizar manifestações artísticas fora de Paris". Trabalhei dia e noite para os outros artistas, com prazer e entusiasmo, sem nunca pensar na minha própria notoriedade. Lutei para convencer os locais de Lyon a confiar em nós, a aceitar assumir alguns artistas, a fazer uma pausa durante uma semana por ano. Talvez hoje seja difícil imaginar, mas sem a internet, sem as redes sociais, era extremamente trabalhoso organizar um evento dessa envergadura. Mas me parecia importante educar o público que não tinha informações sobre os avanços artísticos internacionais. Pensei esse simpósio como um espaço de demonstração, mas também de teorização da performance por meio da organização de colóquios reunindo crític.o.a.s, artistas, professor.e.a.s... Eu tinha um sentimento de urgência, de irremediabilidade, parecido com o que sinto ao descobrir um.a artista que adoro e o.a compartilho com meu entorno, fazendo com que seja ouvid.o.a, ou exibindo-o.a sem parar por semanas.

Se hoje a performance parece quase pertencer ao clássico, nossa preocupação na época era questionar as chances de sobrevivência ou de desaparecimento da performance.

Hubert Besacier não conhecia a performance, mas iniciou-se rapidamente nela, era bastante receptivo. Tive a grande surpresa, há pouco tempo, de constatar em seu *site* que ele se considera codiretor do nosso simpósio, sem nem ao menos citar meu nome! Todas as vezes em que trabalhei com um homem para elaborar alguma coisa, criar um evento, me descobri sendo a mosca do cocô do cavalo do bandido, mesmo quando eu era a promotora do projeto! Me lembro perfeitamente de uma entrevista que fizemos juntos para o simpósio na galeria Farideh Cadot, em Paris. Durante todo o encontro, a entrevistadora só se dirigiu a ele, sem interagir comigo, como se eu fosse transparente. Era como se eu fosse a esposa dele, boa apenas para costurar suas meias! Os homens estão sempre em primeiro lugar, e, além disso, são as mulheres que com frequência barram a passagem das outras mulheres. É uma constatação extremamente triste.

Para mim era importante revelar a verdadeira essência do ato performativo, além de ser primordial convidar mulheres artistas para participar dos simpósios. Mesmo que eu nunca tenha conseguido uma paridade, havia um bom número de mulheres, especialmente as norte-americanas Connie Beckley e Carolee Schneemann, as alemãs Barbara Heinisch e Ulrike Rosenbach, e também a holandesa Lydia Schouten...

É uma pena Gina Pane não ter participado dessa aventura (ainda que tenhamos exposto algumas de suas obras), pois ela era pioneira da área de "body art" na França. Nunca fomos muito próximas, nos conhecíamos por nossos respectivos trabalhos, e eu a admirava. Cruzei muitas vezes com ela, mas nunca nos falamos muito porque ela mantinha certa distância de mim. Encontrei-a de verdade em San Francisco, durante um colóquio para o qual ambas fomos convidadas. Eu era muito mais jovem do que ela, mas ela era menos conhecida do que eu nos Estados Unidos. Talvez ela tenha tido dificuldades para lidar com isso. Depois de sua morte, cruzei com sua companheira, Anne Marchand. Ela me contou que, em seu leito de morte, Gina Pane piscou para ela dizendo: "Dê esse recado à ORLAN", o que me deixou muito comovida.

Por outro lado, eu era próxima de Michel Journiac. Desde a primeira edição do simpósio, em 1979, ele foi um entusiasta da ideia de participar do meu projeto. Ele era muito receptivo e, evidentemente, eu admirava muito suas obras. Aliás, ele me deu uma delas de presente e isso me deixou muito feliz. Uma cueca embebida em tinta branca à qual ele atara uma grossa corrente de plástico branca, tudo colocado sobre um suporte preto. Adoro seu feminismo extraordinário, sua série *Vingt-quatre heures dans la vie d'une femme ordinaire* [Vinte e quatro horas na vida de uma mulher comum] e seu *boudin*[24] de sangue, muito pioneiro e realmente ousado para a época.

---

24. Espécie de linguiça típica da culinária francesa, que pode ser preparada com sangue e gordura de porco (*boudin noir*) ou com carne branca, leite, ovos, miolo de pão e nata (*boudin blanc*). [N.T.]

Meu amigo Jan Fabre também participou do simpósio, numa época em que não era tão conhecido como hoje. Tenho uma lembrança deslumbrante de uma performance extraordinária na qual ele e sua trupe seguravam pássaros presos em coleiras. Uma imagem bonita e angustiante.

Em 1980, na segunda edição do Simpósio da performance que eu organizava, aconteceu algo muito doloroso em minha vida. No primeiro dia do simpósio, tive uma gravidez extrauterina. Para não morrer, é preciso ser operada nos quarenta e oito minutos seguintes às primeiras dores, então tive que ser muito rápida. Do momento em que pedi para telefonarem para o hospital até a chegada de uma ambulância para me buscar, e depois o momento da cirurgia, o tempo foi muito apertado.

Ainda assim, enquanto esperava pela ambulância, tive tempo de enviar pessoas da minha equipe para filmar e fotografar minha cirurgia. Em seguida, as fitas de videocassete foram levadas uma a uma ao festival e minha cirurgia foi projetada na FNAC como se fosse uma performance programada. Sempre pensei na vida como um fenômeno estético recuperável, e aquilo foi uma evidência disso. Essa cirurgia foi determinante na minha trajetória. Na época, eu disse a mim mesma que no futuro criaria obras relacionadas à cirurgia. Era um momento tão intenso... Antes de ser anestesiada, tive tempo de ver todo o corpo médico se alvoroçar ao meu redor o mais rápida e profissionalmente possível. Assim como gosto dos refletores no teatro, gosto muito do sistema de iluminação dos centros cirúrgicos, e até reutilizei um enorme foco cirúrgico de três pontas e três *spots* de luz na instalação *Un peu de temps... et vous ne me verrez plus... encore un peu de temps... et vous me verrez...*[Um pouco de tempo... e você não me verá mais... mais um pouco de tempo... e você me verá...], exposta na Bienal de Arte Contemporânea de Lyon, em 1995, e mais tarde comprada por Thierry Raspail para a coleção do museu dessa cidade, do qual ele era então diretor.

Eu tinha cada vez mais sucesso em Lyon, e naquela época já tinha viajado várias vezes para Paris e Nova York. Minhas obras eram cada vez mais procuradas e o reconhecimento veio de forma progressiva. Mas, ainda nessa época, o aspecto comercial não me interessava. Para mim era primordial poder me expressar livremente, sem amarras, fora da curva, e com paixão, sem compromisso. Renovando-me sem cessar, sem jamais me preocupar em saber se algo venderia ou não, fazendo livremente coisas que ninguém ainda fizera. Pioneira ou precursora eu sempre fui, era essa minha recompensa, ter orgulho de "moi-m'aime".

Eu não tinha grana, precisava dela, mas sempre me virei sem ela. Para mim, o importante era provar que mesmo sem dinheiro eu conseguia sobreviver, eu podia aparecer.

Da mesma forma, eu era bonita, mas como Juliette Drouet respondia a Victor Hugo, "não sou bonita, sou pior". Eu queria ser essa espécie de "pior". Quando me olhava no espelho, eu via uma moça bonita, normal, que agradava aos homens. Era estranho, eu me sentia tão outra, tão diferente das outras: não gostava de todas as meninas que me cercavam, a maioria era enredada pelos códigos femininos, por todas as mímicas e frivolidades da sedução. Para mim a sedução física era manipulação e instrumentalização. Para agradar eu queria comprometer tudo o que eu era humanamente e intelectualmente, e, para disfarçar minha beleza, eu me vestia de um jeito inventivo, às vezes desconcertante, como a surpreendente Nina Hagen.

Mais tarde, quis reinventar minha diferença com as operações-cirúrgicas-performativas, mostrando-a claramente em minha pele, no meu rosto transformado em gestos artísticos de "arte carnal", por isso meu manifesto.

NEW YORK, NEW YORK (1980)

Quando comecei, eu não conhecia, ou conhecia bem pouco, outros artistas de performance. Convém lembrar que na época não havia internet, quase nenhuma revista, poucos lugares onde se podia ver arte contemporânea. Antes dos anos 1980, a arte contemporânea estava engatinhando, e isso era verdade especialmente na França, sobretudo fora de Paris.

Por exemplo, quando a artista performática VALIE EXPORT me convidou para ir a Berlim dar uma palestra na universidade em que lecionava, muito tempo depois do início da minha carreira, em 1996, ficamos muito surpresas ao perceber que havia muitas semelhanças entre algumas das nossas respectivas performances realizadas mais ou menos nas mesmas datas, e com o fato de que ambas escrevíamos nossos nomes com letra maiúscula. Entretanto, quando adotou essa grafia, ela não ouvira falar de mim, nem eu dela!

Mais tarde, viajei muito entre a França e Nova York, onde conheci Emily Harvey, Carolee Schneemann, Laurie Anderson, Nam June Paik (encontrei-o novamente em Locarno, durante um festival de vídeo organizado por Pierre Restany), Charlotte Moorman (que veio à minha casa, em Ivry, já bem doente e no fim da vida, acompanhada de John Hendricks, que lhe injetava morfina; foi muito difícil vê-la naquele estado, porque eu gostava muito dela), a extraordinária Alison Knowles, o atenciosíssimo John Cage, o generoso Ben Patterson, o caloroso Allan Kaprow, o simpaticíssimo La Monte Young, a extravagante Martha Wilson, a formidável Simone Forti, o poético John Giorno (cuja obra *Life Is a Killer* [A vida é uma assassina] está em minha casa), o doce e agradável Geoffrey Hendricks e seu irmão John Hendricks (que organizou encontros meus com os curadores do MoMA, onde ele trabalha nos arquivos do Fluxus[25] e para Yoko Ono)...

Eu adoraria nomear todos e todas e contar tudo o que me aconteceu de extraordinário junto de cada um.a deles e delas. Eles e elas me deram tanto e me ensinaram tanto, foram meus construtores e construtoras, meus formadores e formadoras, meus mentores e mentoras. Por exemplo, convidei Nam June Paik para participar de uma das obras que ele criou com o Minitel e minha revista *Art-Accès-Revue* [Arte-Acesso-Revista].

Tive uma belíssima história de amor com Charlemagne Palestine em Nova York e o convidei para meu simpósio sobre performance, em Lyon. Ele apresentou um concerto inesquecível, foi um grande momento, e me arrepio ao lembrar dele. Adoro sua música ao piano e suas maravilhosas improvisações vocais, era como se ele gritasse e chorasse cantando, e espero que em breve possamos dançar agarradinhos uma de suas músicas.

Houve também grandes figuras norte-americanas que conheci mais tarde, como Paul McCarthy, que também convidei para meu simpósio sobre performance em Lyon, ou ainda Bob Wilson, retratado na mesma galeria que eu, a Ace Gallery, em Los Angeles, e também Dennis Hopper, muito simpático. Também conheci a muito sutil e conceitual Mary Kelly, com seus aglomerados de poeira em Los Angeles, e a ótima Catherine Opie...

Uma das únicas formas de conhecer outr.o.a.s artistas e poder trocar com el.e.a.s era ir a uma grande capital, em particular Nova York. Lá era possível encontrar artistas, porque em Nova York todas as portas dos ateliês ficavam escancaradas, ia-se a algum lugar à noite e alguém dizia: "Ah, não! Você não vai embora, é muito perigoso, você vai dormir aqui!", e dormíamos no chão, no sofá ou em alguma cama que já estava ocupada! Havia sempre coisas para comer, especialmente sopa de legumes para todo mundo. Aliás, o grande artista Jean Dupuy organizava as famosas festas "Soup & Tart".

O.A.s artistas, mesmo o.a.s maiores, o.a.s mais conhecid.o.a.s, falavam com você como se você fosse um.a parceir.o.a com a mesma notoriedade e a mesma bagagem. Não havia essa distância que existe hoje entre as pessoas, sobretudo em Paris, onde reinam a arrogância e o desprezo.

---

25. Movimento artístico surgido na Lituânia, que existiu entre os anos 1960 e 1970, estendendo-se aos Estados Unidos, Europa e Japão. [N.T.]

Fosse você jovem, velho, muito rico ou muito pobre, conhecido ou não, de outra geração, qualquer que fosse seu gênero ou sua sexualidade e, claro, sua cor, preto, amarelo, branco ou verde!, era-lhe dado o direito de citar, o direito de falar, o direito de conversar com o outro, com os outros, o direito de receber atenção e, principalmente: o direito de ocupar um lugar. Você era questionado, ouvido, integrado no grupo e apresentado a todo mundo, sem exceção, e diziam-lhe de imediato o nome e a profissão de cada um.a, e geralmente até mais coisas. Na França, quando faço as mesmas perguntas a uma mulher, ela geralmente responde: "Não sou nada, não sou ninguém". Fico horrorizada com essa formatação ainda muito presente nas mulheres. E os homens costumam responder: "Eu vivo". Para não dizer nada, para encurtar a conversa e deixar claro que a pergunta é inoportuna, todo mundo, ou quase, constrói paredes de gelo e distância e se torna inatingível.

Tive minhas obras rapidamente expostas em galerias dos Estados Unidos: Penine Hart Gallery em Nova York, Chassis Post Gallery, Emily Harvey Gallery, Sandra Gering Gallery, Stux Gallery, Ace Gallery em Los Angeles... e mais recentemente na galeria Ceysson & Bénétière, na Madison Avenue, em Nova York.

Eu adorava e ainda adoro Nova York, os museus, as galerias, as ruas imensas que só acabam depois que já perdi a força nas pernas...

Lembro-me da euforia que tomou conta de mim quando soube da compra de diversas obras minhas pelo MoMA, por iniciativa do excelente Quentin Bajac, que já tive o prazer de encontrar quando ele era cocurador da exposição *elles@centrepompidou* ao lado de Camille Morineau, Emma Lavigne, Valérie Guillaume e Cécile Debray. Ele foi um grande apoiador dos artistas franceses junto ao MoMA, onde Roxana Marcoci é diretora do departamento de fotografia, e de forma mais geral das mulheres, o que acho admirável. Às vezes basta um encontro com uma pessoa, e as coisas mudam sua vida como artista. Os encontros com Glenn D. Lowry, em Paris ou em Nova York, foram igualmente fantásticos, é um homem admirável e "cool", muito aberto e atento.

Antes do confinamento, eu ia a Nova York e Los Angeles com a maior frequência possível, e vivi muitos anos nas duas cidades, um deles num *loft* absolutamente extraordinário, atravessado pela luz, na Bleecker Street, em Nova York. Ele era imenso e, de um lado, dava para o West Broadway e, do outro, para as árvores da Bleecker Street.

NEW YORK, NEW YORK (1980)

Dentro dele, a mobília se resumia a um piano quebrado, estragado, com um pé mais curto que o outro, o que lhe dava um ar pensativo. Ele era lindo, de um preto brilhante e muito bem desenhado, era gostoso olhar para ele e, ao mesmo tempo, às vezes ele me dava vontade de rir: esse piano de Pisa estava num estado lamentável!

Havia também uma cama *terrific*, *amazing*, fantástica, de baldaquino, com cortinas grossas de veludo vermelho para fechar toda a volta da cama. Ela ficava sobre rodinhas e eu adorava mudá-la de lugar, nunca dormir na mesma posição naquele *loft* habitado também por ratinhos minúsculos. Eles corriam tão rápido que mal dava para vê-los passar. Eram dois, eles se divertiam muito e acho que trepavam muito também! Eu os adorava. Quando não apareciam, eu ficava com saudade. Temia que tivessem sido comidos por um gato.

Toda Nova York passou por aquele *loft*! Era tão fácil fazer festas improvisadas nele, ou quase, com *finger food* e muito vinho! Em Nova York as pessoas chegam no horário, não ficam, mas são muito sociáveis. Elas conhecem todo mundo e todo mundo vem por curiosidade, todo mundo se fala e se apresenta rápido e logo vai te apresentando a amig.o.a.s. Eu ficava feliz com seu grande interesse pelas coisas, pelas pessoas, pelo que fazem e o que são, porque também consigo fazer tudo por curiosidade.

Meu maior sofrimento é pensar que minha curiosidade jamais será satisfeita, pois não saberei o que acontecerá daqui a cem, duzentos, trezentos ou mil anos. Tenho dificuldade em aceitar isso.

Em Nova York, eu podia fazer minhas fotocópias, ir ao laboratório fotográfico ou à farmácia no meio da noite, porque tudo fica aberto vinte e quatro horas por dia, mesmo aos sábados e domingos, e a cidade nunca está morta ou adormecida, nada pode parar seu trabalho ou seu impulso. Nova York é como uma droga potente para mim, e eu teria gostado de continuar a morar lá na época do Obama. Sem o Trump e a Barbie dele, é claro! Com o Joe Biden agora, mas sem pandemia! Para mim, que vivo e crio a maior parte do tempo durante a noite, Nova York oferece um ritmo de vida perfeito.

É uma cidade que vibra, que me dá energia, todo mundo anda depressa e as pessoas têm a mente aberta. Ao me ver, elas não hesitam em acenar com o dedão e dizer: "*Wonderful hair, beautiful look!*", ao passo que na França as pessoas me jogam na cara frases do tipo: "Não estamos no carnaval", ou dizem: "Quem ela acha que é?", ou riem quando passo por elas.

Em Nova York as pessoas conversam no elevador, em Paris elas olham pro sapato ou pro teto... Na França, se você fizer sucesso, tentam te derrubar do pedestal, quando nos Estados Unidos você é parabenizado, admirado, e todo mundo fica feliz por seu sucesso. Em Paris reinam o desprezo e a arrogância tipicamente parisienses, em Nova York, não. Porém, eu amo Paris e adoraria que o.a.s parisienses mudassem essa postura.

Durante minhas primeiras estadias nova-iorquinas, fiquei hospedada no grande *loft* do artista Ben Patterson, em Tribeca. Generosamente, ele me emprestava as chaves do seu antro abarrotado com um acúmulo impressionante de objetos de todo tipo; ele reciclava tudo em suas obras. Eu adorava aquilo! Minha curiosidade e meu imaginário eram acionados ao ver todos aqueles objetos empilhados, eu tentava imaginar o que ele faria com aquilo, e o que eu teria feito com aqueles materiais. Eu dormia numa pequena cama confortável e tinha a impressão de que tudo era possível em Nova York, e me sentia ainda mais artista do que na França.

Duas amigas minhas, a advogada Bernadette Beekman e a artista Suzanne Anker, cujo trabalho sobre biotecnologia me fascina, também me acolheram muitas vezes durante minhas viagens a Nova York, e eu ia ouvir jazz na casa do Alain Kirili, que organizava muitas exposições e muitos concertos em seu *loft*.

Em Nova York, muito tempo antes das operações-cirúrgicas-performativas, eu frequentava regularmente a casa de Nicola L., uma grande amiga com quem tive muitas trocas. Uma artista entre arte e design, atípica, interessante e com quem colaborei. Sua especialidade era fabricar capas, às vezes pequenas, para uma pessoa, às vezes imensas, em que o público podia enfiar as pernas e os braços. Eram capas para usar de forma coletiva, havia também algumas que podiam ser usadas individualmente. Participei da performance dela chamada *The Cape of Blues*, em Nova York, e também em Paris, durante a exposição *Les artistes cassent la baraque* [Os artistas quebram o barraco], em 2007, por iniciativa da minha amiga colecionadora e curadora Leïla Voight, que me convidou muitas vezes para participar do Festival A-part nos Alpilles, que ela organizou durante nove anos e suspendeu momentaneamente em 2020 devido ao confinamento. Ela programou shows solo para mim em Saint-Rémy-de-Provence e nas gigantescas pedreiras de Baux-de-Provence, das quais me apropriei totalmente com grandes e múltiplas projeções nas imensas Carrières de Lumières. Meu amigo Robert Combas também teve apresentações programadas com seu grupo de música Sans Pattes, com o qual criamos um *slow* do artista. Também participaram desse festival meus amig.o.a.s Miguel Chevalier, Marc Couturier, Gérard Fromanger, Jacques Villeglé, Michèle Sylvander, Philippe Ramette, Claude Viallat, Hervé Di Rosa, Jeanne Susplugas, mounir fatmi, Jean-Luc Parant, Ben, Roseline Delacour, Grimanesa Amorós, Ultra Violet. Foi incrível. O Festival A-part ofereceu uma das minhas obras da série *Self-hybridations africaines* ao museu de Düsseldorf quando meu amigo Jean-Hubert Martin era o curador.

A mesma capa foi performada na Muralha da China e em muitos outros lugares do mundo. As capas eram muito interessantes, pois abordavam noções de solidariedade, de comunidade artística, de abrigo. Eram também um trabalho de questionamento sobre a reciclagem e as pessoas desabrigadas. De outra forma, posteriormente minha amiga e muito boa artista Lucy Orta também fez coisas parecidas. Mas Nicola L. foi a primeira.

Nicola L. mudou-se para o hotel Chelsea de Nova York em 1979. Já não me lembro da história exata, mas sei que ela não pagava nada, ou bem pouco, ao proprietário do local. Ela estava entre os primeiros artistas que se hospedaram no Chelsea. Nicola L. era meu ponto de referência quando eu ia a Nova York. Ela era muito generosa, bondosa, muito esperta, e me hospedei diversas vezes em seu grande apartamento no Chelsea Hotel, repleto de suas criações de design (quando eu não estava no estúdio de Bernadette Beekman, ou no *loft* de Suzanne Anker). Ela também me deu um empurrãozinho com o diretor do hotel, convencendo-o a me hospedar por um mês no Chelsea durante a preparação da minha exposição na galeria Sandra Gering, assim como durante minha sétima operação-cirúrgica-performativa. Ele me emprestou um duplex enorme no qual pude criar *Omniprésence nº 2* [Onipresença nº 2], a maior peça das minhas performances cirúrgicas. A obra é composta por quarenta dípticos e oitenta fotografias coloridas em metal lacado. A instalação era apresentada como um *work in progress* e formava duas fileiras horizontais de imagens que se propagavam: na fileira inferior, quarenta autorretratos meus hibridados por uma aplicação de *morphing* com os de celebridades da história da arte, e na fileira superior, autorretratos testemunhando minha cicatrização, tirados toda manhã desde o dia seguinte à cirurgia. Uma placa metálica gravada com a data do dia trazia a inscrição "Entre-Deux" [Entre-Dois/Entre-Duas; Entremeio] e separava as duas fileiras.

Muitos cirurgiões se recusaram a fazer minha sétima operação-cirúrgica-performativa caso eu mostrasse o processo de cicatrização, pouco glamuroso, pelo qual o corpo passa depois de uma operação estética. A última imagem me apresenta com os cabelos bem penteados e o rosto maquiado, e é ela que marca o final desse projeto: a exposição constituía uma verdadeira quarentena do meu corpo, era esse o conceito da obra. Uma vez pronta, ela também se encerrava no quadragésimo primeiro dia.

Logo abaixo do Chelsea havia um restaurante espanhol pequeno e barato onde Nicola L. e eu íamos frequentemente degustar lagostas e lavagantes com um molho vermelho espanhol, por um preço bem em conta: isso nos deixava maravilhadas! Como ela era *habituée* desse restaurante, éramos sempre muito bem servidas, tínhamos nossa mesa preferida, era fabuloso. Eu aprecio a boa mesa e o bom vinho, ela também, e nossas noites eram memoráveis. Os lavagantes me inspiraram e os utilizei na minha quarta operação-cirúrgica-performativa, *Opération réussie* [Operação bem-sucedida]. Há muitas fotos engraçadas disso.

Também íamos ao restaurante francês do filho de François Morellet, no *meat market*. Era muito simpático, convivial, e sempre encontrávamos alguém, pois todo mundo papeava no bar. Nos últimos anos, meu amigo e artista Yann Toma nos acompanhava com frequência (e desde então ele foi o único artista a ter conseguido adentrar magistralmente na ONU, isso é incrível!).

Nicola L. organizava festas e jantares com muitas pessoas interessantes da cidade que nunca dorme.

Em Nova York, também fui acolhida pela grande e fantástica historiadora da arte Barbara Rose, apresentada por Gladys Fabre, que também me hospedou muitas vezes em seu estúdio. Ela escreveu um grande artigo sobre mim em *Art Forum*, falando das operações-cirúrgicas-performativas. A redatora-chefe dela não acreditou e pediu que ela lhe apresentasse vídeos como prova, para saber se era mesmo verdade. Ela então intitulou o artigo como: "Est-ce de l'art?" [Isso é arte?]. Porém, depois da *Fonte* de Marcel Duchamp, do *Branco sobre branco* de Malevich ou das pilhas de carvão de Bernar Venet... o meio artístico teve que admitir que muitos gestos, objetos, conceitos e atitudes eram arte. Acho que toquei um nervo sensível, sobretudo da elite do mundo da arte. Os medrosos sempre dizem que algo não é arte, então, algum tempo depois, isso se torna arte. Somente artistas que fazem arte sabem o que é arte.

Todo mundo me reconhecia na rua depois da minha participação na CBS News às 20h e depois do meu artigo na *Art America*. As pessoas queriam falar comigo, tirar foto, pedir autógrafo, como aconteceu depois de *Le Baiser de l'artiste* na França: o sucesso foi grande e se popularizou. Um

sucesso que ecoa a frase escrita pela filósofa economista Maria Bonnafous-
-Boucher no posfácio do livro *Ceci est mon corps... Ceci est mon logiciel*
[Este é meu corpo... Este é meu *software*]: "O que faz de ORLAN uma
estrela são as perguntas que ela faz a si mesma e que vão ao encontro das
nossas obsessões: ela é um livro aberto que separa o que é crucial do que
não é, o corpo de uma mulher é o centro disso". Essa amiga escreveu *La
Théorie des parties prenantes* [A teoria das partes envolvidas], um importante livro que aborda as questões sociais mais relevantes.

Sou reconhecida na rua, seja no Metropolitan, em Paris, Macau, Luçon,
Xangai ou Craponne-sur-Arzon. Às vezes é muito incômodo, mas Narcisa
não está ferida! E, quando tenho tempo, gosto de falar com as pessoas que
me abordam, que desejam tirar foto ou pedir um autógrafo, pois tenho
levantado tantas questões que preciso enfrentá-las, não posso sair pela
tangente e deixar de responder às perguntas que me fazem. Muitas pessoas, sobretudo mulheres, me reconhecem e conhecem minhas obras,
porque minha obra faz parte dos programas escolares, do ensino médio,
das universidades, das escolas de arte, mas também das formações em
arte, da escola do Louvre, das escolas de belas-artes ou de administração
de arte de muitos países. Fico feliz em perceber que hoje é difícil ignorar
meu trabalho quando se aborda o corpo, a performance, a hibridação, o
barroco, as biotecnologias ou a inteligência artificial e a robótica... Além
disso, no meio das artes plásticas não é nem um pouco comum que o.a.s
artistas sejam reconhecid.o.a.s como celebridades na rua. Isso me dá um
status especial, e alguns detratores obviamente me condenam por meu
lado popular, isso não é chique o bastante para eles. "A questão da visibilidade é central para ORLAN: a artista é uma celebridade, e suas ações têm,
consequentemente, uma espécie de imediatismo exemplar – ou infâmia,
de acordo com o exercício de inteligência que se põe em prática, ou, ao
contrário, é bloqueado", escreveu o crítico de arte Donatien Grau. Para
mim, no entanto, esse é o grande chique, a *finesse* total, porque não tenho
a arrogância e o desprezo parisiense. Gosto do fato de minha arte poder
falar com cada pessoa e a interpelar, suscitar a reflexão. O artista existe para
iniciar um diálogo com tod.o.a.s e com cada um.a. *A priori*, respeito e gosto
das pessoas de todas as origens, depois vejo como elas se comportam e
agem diante das situações.

OPERAÇÕES-CIRÚRGICAS-PERFORMATIVAS (1990-1993) OU *OUTREPORTAIT*

Minhas operações-cirúrgicas-performativas nos obrigam, tanto a mim quanto a você, a olhar imagens que quase sempre nos deixam cegos.

Nessa dificuldade de olhar para o corpo aberto, de olhar para dentro da máquina-corpo, meu trabalho se situa entre a loucura de ver e a impossibilidade de ver.

Poucos tipos de imagens nos obrigam a fechar os olhos: a morte, o sofrimento, a tortura, a abertura do corpo, certos aspectos da pornografia (para certas pessoas) ou o parto, para outras. Os olhos se transformam em buracos negros nos quais a imagem é absorvida por escolha ou à força; essas imagens se precipitam e batem diretamente onde dói, sem passar pelos filtros habituais, como se os olhos já não tivessem conexões com o cérebro.

Tentei decodificar imagens-modelo que nos são designadas, desmontar a imagem para depois reconstruí-la.

Mas a cirurgia tenta controlar a imagem, como o artista, e muitos cirurgiões temiam que minha obra lhes tirasse os clientes, pois se tornariam fabricantes de monstros.

No dia 30 de maio de 1990, em Newcastle, na Inglaterra, numa igreja dessacralizada chamada All Saints, anunciei publicamente minha decisão de realizar operações-cirúrgicas-performativas por meio de uma performance ironicamente ritualizada na qual, entre outras coisas, li meu manifesto "Art charnel".

Minhas operações-cirúrgicas-performativas são a sequência lógica dos meus trabalhos anteriores, mas sob uma forma muito mais radical.

Muitos tentaram me dissuadir. Minha psicanalista, a quem comuniquei o que faria, me disse com todas as letras: "Não faça isso", mas, se eu tivesse avisado sobre minha intenção de me suicidar, ela provavelmente teria respondido: "Amanhã tenho um horário livre, venha conversar comigo". Meu amigo psicanalista Daniel Sibony também me desaconselhou a fazer isso.

Mas tantas mulheres fazem a mesma coisa sem que ninguém ou quase ninguém as convença a desistir. Mas eu não; além disso, aquilo seria concebido como uma obra de arte. E provavelmente o inaceitável era isso.

Essa série de performances foi criada para colocar uma figura em meu rosto. Um trabalho entre figuração, desfiguração e refiguração num corpo que é ao mesmo tempo sujeito e objeto, ao mesmo tempo ter um corpo, ser esse corpo, e, brincando entre minha presença e minha apresentação, com uma espécie de *sfumato* entre apresentação e representação, até tentar se desinscrever da tradição para, ao mesmo tempo, tentar se desinscrever para se inscrever em relevo, em falso, numa sociedade que nos designa os modelos a assumir, quer sejam os da história da arte ou os das revistas ou da publicidade, a mulher que devemos ser, a arte que devemos fazer e o que devemos pensar.

A anatomia já não é o destino, mas um acessório voluntário da presença. A presença é a pornografia, o corpo contém a virtualidade de sua manifestação.

É possível ao menos oferecer imagens réplicas, que são respostas, que se instalam no outro prato da balança dos dados e que instauram um debate, um debate feminista, um debate sobre o corpo. Nosso corpo nos pertence? Do que um corpo é capaz?

Isso era, é claro, apenas uma tentativa de des-formatação: é difícil produzir imagens fora disso.

Essa série de performances tem dois títulos: o primeiro, *La réincarnation de SAINTE-ORLAN* [A reencarnação de SANTA-ORLAN], alude ao personagem criado pouco a pouco, endossando as imagens religiosas de madonas, de virgens e de santas.

O segundo título, *Image/Nouvelles images* [Imagem/Novas imagens], é uma piscadela para os deuses e deusas hindus que mudam de aparência para fazer novos trabalhos ou realizar novas explorações, o que eu faria depois das operações.

Esse título também faz alusão às chamadas novas imagens, ou seja, às novas tecnologias. Construí para mim mesma uma nova imagem em minha carne, "Arte carnal", para produzir novas imagens em minha obra.

O pensador e ensaísta Paul Virilio analisa esse gesto artístico da seguinte forma:

"Coloco o trabalho de ORLAN na sequência do autorretrato. É importante porque a história do autorretrato não terminou. O trabalho de ORLAN continua o autorretrato, é um ultrarretrato!" (publicado em "ORLAN, L'autoportrait comme œuvre d'altérité" ["ORLAN, o autorretrato como obra de alteridade"], *L'Une & L'Autre*).

Essa performance pode ser considerada uma performance de comando; os curadores ingleses Rob La Frenais e John Belew tinham assistido a uma das minhas performances no Centre Georges Pompidou durante uma manifestação sobre o "Fluxus et happening"; em junho de 1989, eles me convidaram para participar do festival, criando algo a partir do tema "A arte e a vida nos anos 90".

Encontrei nessa proposta o meio para falar em alto e bom som sobre tudo o que pensava de ruim da produção artística dos anos 1980. Então decidi criar uma performance contrária, que fosse um contraponto do que acontecia no panorama da arte contemporânea.

Naqueles anos, a maioria d.o.a.s artistas (e não falo de tod.o.a.s, é claro) estava totalmente adaptada à sociedade e superadaptada às leis do mercado. Na época, eu usara a cirurgia num simpósio de performance de que já falei.

O ato operatório não é frívolo, não é um ato superficial, e essa experiência foi muito intensa; tive a certeza de que, cedo ou tarde, de uma forma ou de outra, eu voltaria a trabalhar com cirurgia.

Tentei retomar os ingredientes do meu trabalho para elaborar uma performance sem trair a mim mesma, uma performance em continuidade com meus processos anteriores, uma performance direcionada para o futuro, usando técnicas de ponta; seguindo uma das minhas máximas prediletas: "Lembre-se do futuro". Uma performance radical para mim mesma, e além de "moi-m'aime"...

Foi lendo um texto de Eugénie Lemoine-Luccioni, uma psicanalista lacaniana, que fui atravessada por essa ideia de passar ao ato.

Como uma epígrafe a todas as minhas operações-cirúrgicas-performativas, li este trecho do livro *La Robe* [O vestido]:

"A pele é decepcionante [...], na vida temos somente nossa pele [...], mas há um equívoco nas relações humanas porque nunca somos o que temos [...]; tenho uma pele de anjo, mas sou um chacal, uma pele de crocodilo, mas sou um cãozinho, uma pele negra, mas sou branco, uma pele de mulher, mas sou homem; nunca tenho a pele daquilo que sou. Não há exceção à regra porque nunca sou o que tenho."

Lendo esse texto, pensei que na nossa época começávamos a ter meios para diminuir essa distância; sobretudo com o auxílio da cirurgia... Começava a ser possível restabelecer a imagem interna e a externa, e se apropriar de sua encarnação, a partir da ideia da escultura de si, da invenção de si.

Pensei também em Roland Barthes, abordando a diferença entre o travesti ocidental e o travesti asiático da seguinte forma: "O travesti oriental não copia a Mulher, ele a significa; ele não se agarra ao seu modelo, se afasta do seu significado; a Feminilidade é dada a ler, não a ver" (*O império dos signos*).

Muitas vezes falei que faço "um transexualismo mulher-mulher", agora digo que faço "um transgenerismo mulher-mulher", fazendo referência às pessoas transgênero: um indivíduo nascido no sexo masculino que se sente mulher quer que os outros o vejam como mulher, e reciprocamente.

Com mais frequência, ele quer ser "a mulher, toda a mulher, nada além da mulher", como dizia Jacques Lacan. Em vez de se alimentar de seu modelo, ele o envenena, como dizia Barthes.

Eu sou dupla: a mulher singular que sou, que posso ter vontade de representar, de interpretar, e a que a sociedade quer que eu seja. Durante toda a minha vida tentei ser uma "verdadeira" mulher, sem conseguir, a que ordenaram que eu fosse, e que eu tomasse todo o veneno, mas ele tinha um gosto tão ruim que o vomitei e revomitei, e graças a esse vômito, a essa rejeição, "por minha vela verde", como diria o Pai Ubu[26], escapei. Ufa! Um brinde!

Pode-se considerar meu trabalho como um trabalho clássico de autor-retrato; clássico, ainda que ele tenha sido inicialmente elaborado graças a computadores, mas o que se pode dizer quando se trata de inscrevê-lo na pele de forma permanente?

Poderíamos resumir isso dizendo que é um problema de comunicação, de cartão de visita.

Minhas obras estão misturadas à minha existência. A cada obra, é como refazer uma entrada, sua entrada, se reconsiderar usando a vida como um fenômeno estético recuperável; é também criar momentos de intensidade

---

26. Pai Ubu é o protagonista da peça *Ubu rei*, de Alfred Jarry, dramaturgo francês que propunha a desconstrução do real e sua reconstrução no absurdo. [N.E.]

para si mesmo e para o outro, considerando a vida como uma cena, como um teatro e/ou um filme.

Falo de uma "Arte carnal", entre outras, para me diferenciar da "arte corporal", a que, todavia, ela é frequentemente associada. O que posso entender, pois me sentia próxima de artistas de arte corporal, como Michel Journiac, Gina Pane, Hermann Nitsch, VALIE EXPORT, Günter Brus, Rudolf Schwarzkogler... Mas identifiquei o que nos separa, e ocupei minha posição em outro lugar.

Meu manifesto da "Art charnel" foi escrito em 1975, antes de realizar as operações-cirúrgicas-performativas, e se apresenta assim:

Definição:
A Arte carnal é um trabalho de autorretrato no sentido clássico, mas com meios tecnológicos de seu tempo. Ela oscila entre desfiguração e refiguração. Ela se inscreve na carne porque nossa época começa a nos dar essa possibilidade. O corpo se torna um "ready-made modificado", pois não é mais o ready-made ideal que basta assinar.

Distinção:
Ao contrário da "body art", da qual se diferencia, a Arte carnal não deseja a dor, não busca por ela como uma fonte de purificação, não a concebe como uma redenção. A Arte carnal não se interessa pelo resultado plástico final, mas pela operação-cirúrgica-performativa e pelo corpo modificado, transformado em espaço de debate público.

Ateísmo:
Claramente, a Arte carnal não é herdeira da tradição cristã contra a qual ela luta! Ela aponta sua negação do "corpo-prazer" e desnuda seus espaços de desmoronamento diante da descoberta científica.

A Arte carnal também não é herdeira de hagiografias atravessadas por degolações e outros martírios, ela acrescenta em vez de tirar, aumenta as faculdades em vez de reduzi-las, a Arte carnal não se quer automutilante.

A Arte carnal transforma o corpo em linguagem e reverte o princípio cristão do verbo que se faz carne em favor da carne transformada em verbo; somente a voz de ORLAN permanecerá inalterada, pois trabalho sobre a representação.

A Arte carnal julga anacrônico e ridículo o famoso "você vai dar à luz com dor", como Artaud quer acabar com o julgamento de Deus; agora temos a peridural e múltiplos anestésicos, além de analgésicos, viva a morfina!

Abaixo a dor...!

Percepção:

Agora posso ver meu próprio corpo aberto sem sofrer! Posso me ver até o fundo das minhas entranhas, novo estágio do espelho. "Posso ver o coração do meu amante e seu desenho esplêndido não tem nada a ver com as frivolidades simbólicas habitualmente desenhadas para representá-lo."

"Querida, gosto do seu baço, gosto do seu fígado, adoro seu pâncreas e a linha do seu fêmur me excita."

Liberdade:

A Arte carnal afirma a liberdade individual da artista e, nesse sentido, luta também contra os a priori, os ditados; é por essa razão que ela se inscreve no social, nas mídias (onde provoca escândalo porque desorganiza as ideias recebidas) e irá até o judiciário.

Foco:

A Arte carnal não é contra a cirurgia estética, mas contra os padrões que ela veicula e que estão particularmente inscritos nas carnes femininas, mas também nas masculinas. A Arte carnal é feminista, é necessária. A Arte carnal se interessa pela cirurgia estética, mas também pelas técnicas de ponta da medicina e da biologia, que questionam o status do corpo e suscitam problemas éticos.

Estilo:

A Arte carnal ama o barroco, a paródia, o grotesco e os estilos deixados-pra-trás, pois a Arte carnal se opõe às pressões sociais que são exercidas tanto no corpo humano quanto no corpo das obras de arte. A Arte carnal é antiformalista e anticonformista (já suspeitávamos disso). Trata-se, para mim, de levar a arte e a vida aos seus extremos.

Meu trabalho e suas ideias encarnadas em minha carne questionam o *status* do corpo em nossa sociedade e o que ele virá a ser nas gerações futuras via novas tecnologias e manipulações genéticas. Nossa época detesta a carne: olhem para as revistas cujas fotos nos mostram corpos e rostos superexpostos onde só subsistem os orifícios: bocas, olhos e narinas, numa demão de cores. "Para viver feliz, vise a superexposição!"[27]

27. A autora brinca com o provérbio francês "pour vivre heureux, vivons cachés" [para viver

A religião cristã rejeitou o corpo e, particularmente, o corpo-prazer. Quando se ocupa dele, é para supliciá-lo, cortá-lo, fazê-lo sangrar como se estivesse sob o efeito da cirurgia, ainda que a cirurgia abra cada vez menos o corpo.

Mudei de rosto, vendi meus beijos de artista e vendo minha carne sem que o céu tenha desabado sobre minha cabeça. Agi sem ter medo, sem me sentir de nenhuma forma influenciada ou ameaçada pelo medo coletivo e ancestral de tocar a integridade do corpo. Esse sentimento anacrônico nasce da ideia de que o corpo é sagrado e intocável, intransformável.

Meu corpo se tornou um lugar de debate público onde se fazem essas perguntas cruciais da nossa época. Cada operação constitui, antes de tudo, um processo de fabricação de algumas das minhas obras.

Como artista plástica, quis intervir na estética cirúrgica, fria e estereotipada, e trocar com outras, confrontá-la com as minhas: o cenário foi transformado, a equipe de cirurgia e minha equipe vestiram fantasias criadas por grandes costureiros, por mim mesma e por jovens estilistas como Charlotte Caldeberg, Paco Rabanne, Franck Sorbier, Issey Miyake ou ainda Lan Vu, estilista norte-americana, e sua equipe.

Para a sétima operação-cirúrgica-performativa, postei um anúncio no Fashion Institute of Technology para encontrar estilistas que aceitassem o desafio de desenhar fantasias para a minha equipe e para a equipe de cirurgia que iria me operar, e para mim mesma. Lan Vu, interessada no anúncio e com muita vontade de me conhecer e trabalhar para mim, me telefonou e marcamos um encontro no Chelsea Hotel, para tomarmos um aperitivo na companhia do meu ex-marido. Eu estava aliviada com sua capacidade de falar francês, e interessada em seu trabalho, muito inovador para a época. Eu precisava que ela compusesse uma equipe para costurar fantasias 100% algodão, pois elas teriam de ser esterilizadas antes da cirurgia, de cor amarelo fluorescente, verde-limão e preta. Partindo dessas duas restrições, eles teriam carta branca para me propor qualquer coisa, e trabalharam comigo, dia e noite, de forma beneficente, com sua equipe composta por John Yang, Sonny Park, John Bauerfeind, Dan Liu – todos norte-americanos de origem asiática (Vietnã, Coreia e Taiwan), jovens recém-formados, apaixonados pela própria profissão e com muita vontade de colaborar comigo; eu adoraria

felizes, vivamos escondidos], que significa justamente o oposto: que, se vivermos expondo nossa vida, deixaremos de lado a felicidade, porque viver exposto tem um preço alto. [N.T.]

revê-los para agradecer-lhes mais uma vez, no estúdio de Jysp Johnson, localizado no Meatpacking District que, como o nome indica, era tradicionalmente, ainda naquela época, o bairro de corte das carnes em Nova York.

Um dia, quando cheguei para visitar o estúdio, fiquei surpresa ao passar diante de grandes pedaços de carne crua antes de chegar no espaço de trabalho deles, onde se amontoavam manequins, tecidos e máquinas de costura.

Rapidamente simpatizei muito com Lan Vu e seus amigos e amigas que faziam de tudo para participar e contribuir com minha obra. El.e.a.s estavam apaixonad.o.a.s, ansios.o.a.s para fazer tudo bem-feito e cumprir o prazo, e se esforçaram ao máximo para que tudo estivesse pronto antes do dia D para ser esterilizado a tempo.

Fiquei comovida com a determinação de tod.o.a.s. Lan Vu é uma mulher muito atenciosa e me deixou à vontade, entendendo rapidamente o que eu queria e o que era importante para mim. Ela se preocupava com todos os detalhes e notou que eu sentia uma falta enorme do café parisiense. Então me deu de presente uma máquina de café, café com leite, e todos os ingredientes para preparar um café vietnamita, que se aproximava do café com leite francês!

No final, depois de muitas provas, eles decidiram ampliar minha silhueta e a dos membros da minha equipe cirúrgica com algodão na altura dos ombros, e usar cores neon e preto para criar um grande contraste.

No dia da operação, os estilistas vieram ajudar o doutor Cramer, que me operou, e toda a equipe a vestir as fantasias esterilizadas. A equipe cirúrgica estava um pouco incomodada com a roupa, pois eles não tinham o hábito de se vestir de forma diferente para exercer sua profissão.

Depois dessa colaboração, não voltei a ver Lan Vu até 2010, em Paris, quando nossos caminhos se cruzaram novamente por acaso no Museu da Vida Romântica, uma curiosa coincidência, e retomamos o contato desde então!

Muitos estilistas declaram ser influenciados por meu trabalho, principalmente Jérémie Scott, e W&LT Walter Van Beirendonck, que me fez muitas homenagens em seus desfiles, maquiando suas modelos com bossas, protuberâncias nas têmporas, como as minhas, para fazer referência à minha obra... Ele sempre disse meu nome em alto e bom som e reivindicou minha influência sobre seu trabalho, me homenageando publicamente em diversas ocasiões.

Muito tempo depois da sétima operação-cirúrgica-performativa, ele me convidou para performar numa de suas exposições em Rotterdam, no

Boijmans Museum, cuja curadoria era de responsabilidade de Chris Dercon, *Wild and Lethal Trash! Believe, Kiss the Future*. Disso resultou um belo livro no qual estou amplamente representada, *Believe*. O.A.s visitantes da exposição podiam aplicar protuberâncias iguais às minhas, mas de massa de modelar, e cheguei com minhas verdadeiras protuberâncias e um grande nariz falso que saía da testa, como o do rei maia Pacal, presente também numa das minhas *Self-hybridations précolombiennes*.

Percebi que tinha sido agarrada pela moda e decidi entrar no processo em vez de me opor a ele. Não sem antes me lembrar de uma *party* organizada em minha homenagem por um colecionador de San Francisco. No final dessa festa, fui apresentada, numa sala à parte, a uns vinte homossexuais ostentando um "uniforme" sadomaso. Um deles me disse: "Você é a artista que mais nos interessa e gostaríamos de homenageá-la. Vamos mandar trazer sua cirurgiã de Nova York. Você terá todos os meios de que precisar para realizar nossas operações cirúrgicas e todos vamos implantar as mesmas protuberâncias que você. Lançaremos uma moda, o *bumping*".

Eles não tinham entendido nada do meu trabalho. Eu nunca quis ser um modelo, ao contrário, minha obra denunciava a imitação de um modelo, a criação de um sinônimo de beleza.

Apesar de gostar muito de roupas, tenho uma relação conflituosa de atração e repulsa pela moda. Apenas alguns estilistas ficam fora disso: Jean-Paul Gaultier, Paco Rabanne, Issey Miyake, Rei Kawakubo em "Comme des Garçons", Martin Margiela, Walter Van Beirendonck, Alexander McQueen, Vivienne Westwood...

Cada operação tem seu estilo: isso vai do carnavalesco – que para mim não é um qualificativo pejorativo – a um estilo *high-tech*, passando pelo barroco... Para mim há tantas pressões sobre o corpo das mulheres quanto sobre o corpo, o físico, das obras de arte.

Nossa época detesta a carne. As obras de arte só podem entrar em certas redes, em certas galerias, em função de moldes, de expressões impostas. Leio textos pelo máximo de tempo possível durante a operação, mesmo quando é meu rosto que está sendo operado. O que, nas últimas operações, resultava na imagem de um cadáver autopsiado cuja fala ainda permanecia, como se estivesse descolada do corpo... Cada operação-cirúrgica-performativa foi construída a partir de um texto filosófico, psicanalítico ou literário, entre os quais os de Eugénie Lemoine-Luccioni, de Michel Serres, textos hindus em sânscrito, de Alphonse Allais, Antonin Artaud, Élisabeth Fiebig-Betuel, Raphaël Cuir, Julia Kristeva...

No início foi muito difícil achar um cirurgião. Depois de muitas recusas, encontrei um bastante sensato, o doutor Cherif Zaar, muito simpático e competente, que começou com pequenos retoques, o que me permitiu compreender – apesar da minha impaciência! – onde eu estava pisando, e avaliar o que era possível mexer na sala de cirurgia, quais eram os limites e os meus limites, como eu reagiria, como meu corpo, como a equipe médica reagiria, e então aprender a gerir a encenação do todo das operações cada vez melhor.

Diversos cirurgiões se recusaram a colaborar com essa performance, com diferentes argumentos: alguns sabiam melhor do que eu que tipo de intervenção eu deveria fazer, outros não queriam realizar uma operação que serviria à obra maior dessa performance, descrita mais acima, pois eu mostrava o que o corpo produz como imagem depois das operações, inchado, colorido do azul ao vermelho, passando pelo amarelo.

A sala de cirurgia se transformava em meu ateliê de artes, de onde eu tinha consciência de produzir imagens, realizar um filme, um vídeo, fazer fotos, desenhos com meu sangue e meus dedos, relicários com minha gordura e minha carne, espécies de "santos-sudários" realizados com meu sangue seco e gaze médica fruto da operação sobre a qual fiz transferências fotográficas, e objetos que em seguida foram expostos em museus e galerias.

Essas obras estão em diferentes níveis de autonomia e muitas vezes são totalmente diferentes da performance, como por exemplo os relicários com minha carne.

Procuro inscrever na matéria, novamente, as mesmas ideias que encabeçaram a elaboração das performances – de onde elas se originaram – para que a qualidade dessa materialidade revele a essência dessas ideias.

Portanto, trata-se menos de igualar a passagem ao ato e a violência desse ato do que de evidenciar os elementos de construção de um pensamento que se dá a liberdade dessa passagem ao ato tabu; ou seja, como qualquer artista, a partir de uma premissa, de um projeto de sociedade e/ou de uma problemática artística, pode ter uma solução plástica a ser encontrada e experimentada.

Assim, Donatien Grau me descreve como uma "produtora de liberdade, que paga pessoalmente o preço para que nós, membros do público, possamos nos beneficiar".

A sétima operação, a mais importante, tanto artística como cirurgicamente, e também a oitava e a nona foram praticadas por uma cirurgiã feminista, a doutora Marjorie Cramer, em Nova York. Ela aconteceu no dia 21 de novembro de 1993 e se baseou no conceito de "onipresença".

Na ocasião, fiquei em Nova York por um mês, no famoso Chelsea Hotel, onde minha amiga Nicola L. tinha negociado um grande duplex para mim.

Após a operação, eu não tinha mais onde dormir e tive que encontrar outra solução, e foi minha galeria que negociou um patrocínio com o Millenium, um hotel magnífico com a fachada totalmente preta, situado na frente das duas torres do World Trade Center, que hoje não existem mais. Meu quarto tinha vidros do chão ao teto, e durante todo o período de cicatrização pude fazer fotos minhas, do meu rosto e do rosto-paisagem de Nova York, tendo, de um lado, as Twin Towers e, do outro, o Three World Financial Center.

A operação-cirúrgica-performativa foi transmitida ao vivo via satélite à galeria Sandra Gering em Nova York, ao Centre Georges Pompidou, ao Centro McLuhan, em Toronto, ao Centro Multimídia de Banff e a uma dezena de outros lugares com os quais estávamos em contato por meios de transmissão interativos implementados por meu amigo Christian Vanderborght, morto recentemente pelo coronavírus. Os espectadores podiam assistir à operação, de diversos países do mundo, e, além disso, podiam fazer perguntas às quais eu respondia ao vivo assim que a operação permitia.

Os participantes da transmissão via satélite ao Centre Georges Pompidou eram numerosos. Entre os apresentadores figuravam Gladys Fabre, Jean-Paul Fargier, Christian Vanderborght e ainda François Barré, presidente do centro, que favoreceu essa performance e autorizou a transmissão via satélite quando muitos se opuseram a ela. Eu sou muito grata a ele por isso.

Aliás, junto à equipe médica e minha equipe havia uma mulher especialista em língua de sinais para surdos e ensurdecidos, e essa pessoa estava lá para nos lembrar que, em certos momentos, tod.o.a.s somos surdos e ensurdecidos. A presença dela na sala de cirurgia colocava em cena uma linguagem corporal. Havia também Raphaël Cuir e o videasta Tom Klinkowstein, que cuidou da transmissão por satélite. Minha amiga Sophie Thompson se encarregou de traduzir para o inglês o que a equipe de cirurgia e eu mesma dizíamos, e a famosa apresentadora-celebridade da época, Connie Chung, tinha pedido para estar na sala de cirurgia comigo e escreveu uma reportagem completa, difundida na CBS News no jornal das 20h, horário de grande audiência, numa época em que os artistas raramente apareciam! Ela quis me acompanhar em diferentes lugares, e chegou a participar e filmar meu casamento em Sologne, que aconteceu no dia 14 de julho, bem antes da operação!

Na galeria Sandra Gering, a instalação fotográfica se baseava em duas ideias: mostrar o que normalmente se mantém em segredo e estabelecer uma comparação entre o autorretrato feito pela máquina-computador e o autorretrato feito pela máquina-corpo. Para isso, distribuí pela galeria quarenta dípticos de metal lacado em vermelho-marrom, como sangue seco, que correspondiam a quarenta dias de exposição. Embaixo do díptico, a foto de uma tela mostrava a imagem de um rosto, feita com a ajuda de um *software* de *morphing*.

Coletei o "*entre-deux*" [entremeio], ou seja, a imagem exata do meio, concebida a partir do meu rosto hibridado a um retrato das minhas personagens de referência na história da arte, e sem fazer retoques. "A captura do *entre-deux* é também a captura do '*hors des deux*' [fora dos dois]. Um espaço intermediário flutuante, sempre aberto ao sentido e ao contrassenso", escreveu minha grande amiga filósofa e historiadora da arte Christine Buci-Glucksmann.

No topo, do outro lado do díptico, diariamente colocávamos, com ímãs, a imagem do dia, um autorretrato feito pela "máquina-corpo", de um rosto primeiro coberto por curativos, depois com cores: do azul ao amarelo, passando pelo vermelho; o conjunto bastante inchado. Entre essas duas imagens foi instalada uma placa de metal com estas palavras gravadas: *entre-deux*, e a data do dia.

No último dia, a instalação estava completa e, por isso mesmo, a exposição estava inteira e terminava.

Durante as três últimas operações, colocamos os maiores implantes possíveis para minha anatomia, menos um, que o corpo rejeitou, mais dois implantes (geralmente usados para levantar as maçãs do rosto) de cada lado da testa e nas têmporas, o que criou duas belas protuberâncias.

Às vezes me perguntam se fiquei com medo. Claro que não, pois eu agia como um operário especializado em fazer da melhor forma o trabalho na instalação e na utilização de meus acessórios e dos elementos técnicos. Minha única preocupação era que a obra existisse, dirigir a fotografia, o filme realizado na ocasião e o vídeo na sala de cirurgia, que todas as novas tecnologias funcionassem, em especial as transmissões via satélite, e que todos os meus acessórios fossem esterilizados e dispostos ao meu lado, e na ordem, para que eu pudesse usá-los facilmente.

Ao ver minhas protuberâncias no espelho, no dia seguinte à operação, achei aquilo normal. Com ou sem protuberâncias, quando nos olhamos no espelho há sempre o *uncanny*, o estranhamento. Sempre me senti muito estranha no meu corpo. Por outro lado, planejei tanto essa obra, essa operação, que tinha a impressão de já saber o resultado.

Nunca pensei em tirá-las, menos ainda em me arrepender! O lamentável é que meu corpo primeiro tentou expulsar minhas protuberâncias criando uma forma de inflamação que as deixou maiores durante pelo menos um ano, o que eu adorava. Depois ele tentou assimilá-las, então elas ficaram menos volumosas. Felizmente, pouco tempo antes do confinamento decorrente da epidemia de coronavírus, em 2020, consegui fazer com que elas fossem reposicionadas e dar-lhes volume graças ao meu amigo, o doutor Jacques Ohana.

O maior perigo que eu corro é de que essa performance super-radical, e sentida pelo público, na maior parte dos casos, como chocante, encubra todo o trabalho plástico resultante. Pior, que isso esconda o trabalho histórico e o trabalho pós-operatório.

Meu objetivo é também produzir e expor as obras resultantes das operações precedentes, trazendo à tona os processos de construção dessa performance e debatendo com um público o mais amplo possível as questões que estão por trás delas...

Eu teria gostado de organizar uma operação-cirúrgica-performativa em que o único objetivo seria abrir e fechar o corpo para produzir imagens do meu corpo aberto com meu rosto rindo, sorrindo, sereno e/ou lendo. Essa operação poderia acontecer na parte interna do braço, sob a axila. *Next time! Next life!*

Meu trabalho não se opõe à cirurgia estética, mas aos padrões de beleza, às imposições da ideologia dominante impressas cada vez mais nas carnes femininas... e masculinas, e em todas as formas possíveis.

Essa performance é feminista. A cirurgia estética constitui um dos lugares onde mais se pode inscrever o poder do homem sobre o corpo da mulher. Eu não teria conseguido dos cirurgiões o que consegui da minha cirurgiã; acho que eles queriam me manter "bonitinha".

Outros cirurgiões não queriam que eu mudasse a estética da sala de cirurgia. Outros ainda se recusavam a vestir outras roupas além das habituais. E alguns diziam que não havia indicação terapêutica para o meu caso, ainda que a cirurgia estética vá além do meu caso e ainda que ela continue sendo indicada. Também encontrei um cirurgião que dizia que o artista era ele, não eu!

Minha amiga artista australiana Stelarc pensa, como eu, que o corpo é obsoleto, que ele já não enfrenta a situação. Sofremos mutações com a velocidade das baratas, mas somos baratas que conservam suas memórias nos computadores, pilotam aviões, carros, e criamos, ainda que nossos corpos não tenham sido pensados para sua velocidade e que tudo siga cada vez mais rápido. Nós, mulheres, vivemos por cada vez mais tempo, mas não podemos fazer filhos de forma natural depois dos cinquenta anos, e a menopausa tenta insidiosamente nos afastar disso.

É estranho que muitas mulheres aceitem isso sem tomar hormônios para compensar, deixando que a natureza aja como bem entender.

"Life is a killer", como disse meu amigo John Giorno na obra de que falei anteriormente e que tenho na parede em frente do meu computador. Atualmente temos a possibilidade de colocar nossos óvulos jovens no *freezer* para poder estudar, viajar, mudar de parceiro, se desejarmos, ter uma profissão, adquirir experiência, e retomá-los na maturidade, quando nos sentirmos aptas a assumir o fato de criar e educar uma criança e lhe transmitir conhecimento e amor. Esperando diretamente que, a partir de nossas células, mulheres e homens possam procriar. O que provavelmente será possível daqui a algumas gerações? Espero que sim, sobretudo se for com moderação! E se os bebês também puderem ser gerados fora do corpo.

Estamos na encruzilhada de um mundo para o qual não estamos preparados, nem mentalmente, nem fisicamente.

A psicanálise e a religião concordam em dizer: "Não se deve combater o corpo", é preciso se aceitar. Esses pensamentos parecem primitivos, ancestrais, anacrônicos, estamos convencid.o.a.s de que o céu vai cair sobre nossas cabeças se tocarmos em nossos corpos?

Todavia, muitos rostos acidentados foram refeitos, muitas pessoas fizeram transplante de órgãos, e quantos narizes endireitados ou diminuídos respiram sem problemas, nem físicos nem psíquicos? Por outro lado, não hesitamos em modificar os dentes, em trocar uma rótula ou um quadril gasto por um pedaço de plástico ou de titânio que é bastante eficiente e dura mais tempo!

Ainda estamos convencid.o.a.s de que devemos nos curvar às decisões da natureza? Essa loteria de genes distribuídos arbitrariamente?

Meu trabalho luta contra o inato, o inexorável, o programado, a natureza, o DNA, que é nosso rival direto como artistas da representação.

Então podem chamar meu trabalho de blasfematório, se acreditarem em Deus. Mas não se esqueçam de ler *Ceci n'est pas un blasphème* [Isto não é uma blasfêmia], dos meus amigos Ariel Kyrou e mounir fatmi, esse excelente livro em que sou bastante citada.

Para mim, Deus não é uma hipótese de trabalho, nem de vida.

Eu procuro arrancar as barras da prisão, tentativa radical e desconfortável, mas é uma tentativa, comparável à de Ruwen Ogien em sua obra *La Liberté d'offenser. Le sexe, l'art et la morale* [A liberdade de ofender. O sexo, a arte e a moral]. Também adoro o livro – e não somente pelo título – *L'Influence de l'odeur des croissants chauds sur la bonté humaine* [A influência do cheiro de *croissants* quentinhos na bondade humana]. Aconselho a leitura dele com o mesmo calor que as guloseimas do título!

Baseei uma das minhas operações num texto de Antonin Artaud, que sonhava com um corpo sem órgãos.

Esse texto cita nomes de poetas de sua época, depois ele enumera quantas vezes esses poetas devem ter defecado, quantas vezes urinaram, quantas horas dormiram, por quanto tempo comeram, se lavaram... E conclui que isso é totalmente desproporcional em relação a algumas cinquenta páginas infelizes de produção mágica (como ele chama a criação)...

Em relação à dor, meu primeiro pedido ao cirurgião foi "sem dor, nem durante, nem depois". Estou tentando fazer com que esse trabalho seja o menos masoquista possível, mas há um preço a pagar: as picadas das anestesias não são nada agradáveis, mas só duram alguns segundos. Prefiro beber champanhe ou um bom vinho com amig.o.a.s a ser operada! Porém, todo mundo conhece isso: é como no dentista, fazemos careta por alguns segundos... No meu caso, há necessariamente diversas picadas, então faço diversas caretas... Mas como não paguei meu tributo à natureza conhecendo a dor do parto, me considero feliz!

Depois das operações, é mais ou menos desconfortável e mais ou menos dolorido, então, como todo mundo faria, tomo os analgésicos mais fortes possíveis e soníferos, desde que aceitem prescrevê-los para mim.

Nos Estados Unidos isso não é um problema, mas na França é outra história. É claro que tenho consciência de que não sinto a dor, mas que meu corpo está sofrendo. Nos Estados Unidos, nunca senti dor, pois os médicos administram analgésicos superfortes em seus pacientes, mas na França as equipes médicas não o fazem sempre, ou ficam hesitantes.

Como diria Juan d'Oultremont: "A arte é um trabalho sujo, mas alguém precisa fazer!", retomado por Ben Vautier e por mim mesma.

Na verdade, é principalmente meu público que sente dor ao ver as imagens, e eu quando faço a montagem das imagens de vídeo.

Um sentimento que persiste quando muitos corpos foram e são continuamente transformados. Para todos, um corpo aberto é equiparado à tortura, aos suplícios, à doença, à guerra, à morte.

Uma operação cirúrgica, estética ou não, sempre vai contra a natureza, assim como não é natural tomar antibióticos para não morrer de uma infecção. A anatomia não é mais o destino, mas um acessório voluntário da presença.

Não podemos perder o rosto, ficar desfigurados, pois o transplante de um rosto acaba de ser realizado com sucesso, o que coloca minha abordagem em perspectiva.

Eu me comparo a um atleta de alto nível: ele tem o treino, o momento da performance, em que é preciso ultrapassar seus limites, o que não se faz sem esforço (nem sem dores), e depois vem a recuperação...

Tal como um atleta que atravessa sozinho o Atlântico, costumamos fazer coisas loucas sem ser necessariamente loucos.

"Entreguei meu corpo à arte", pois quando eu morrer ele não será dado à ciência, mas colocado num museu, mumificado e/ou mergulhado em resina, ele será a peça-mãe de uma instalação com vídeo interativo – se eu conseguir! Mas provavelmente não vou conseguir, a não ser que possa criar meu museu, minha fundação. Aguardemos os próximos capítulos...

Uma vez terminadas as operações, eu planejava recorrer a uma agência de publicidade à qual pediria para elaborar um *briefing*, para me propor um sobrenome, um nome, um nome artístico e um logotipo. Depois escolheria meu nome entre os propostos, e então pediria a um advogado para solicitar ao procurador da República a aceitação de minhas novas identidades com meu novo rosto.

Na França, mudar de nome é particularmente difícil, mesmo para as pessoas transgênero, então talvez eu tivesse de mudar de nacionalidade.

É uma performance que pretendia se inscrever no tecido social, uma performance que deveria chegar até o judiciário, a tentativa e o apelo do advogado fariam parte do trabalho. Isso se mostrou impossível e não teve resultado... mas não faz mal, nem todas as obras se realizam.

Eu não desejo uma identidade definida e definitiva.

Minha obra não é um trabalho iconoclasta, é uma abertura para todas as imagens possíveis, fortalecendo as identidades mutáveis, mutantes, nômades.

No *Manifeste féministe* [Manifesto feminista] de Laure Adler, Olivier Py é citado de forma muito justa, dizendo: "Detesto as identidades. Num mesmo dia podemos ser *gay*, padre, homem casado, mulher inspirada...". Gosto muito quando ele diz isso.

Para construir a sexta operação-cirúrgica-performativa, li *O terceiro instruído*, de Michel Serres, do qual usei um trecho para fabricar uma série de relicários.

A ideia dessa série era produzir a maior quantidade de relicários possível, feitos em vidro de banco antirroubo, com uma estrutura metálica soldada de 1,10 m × 0,75 m × 0,15 m se apresentando sempre do mesmo modo e sempre com o mesmo texto, mas cada vez com uma tradução diferente até o esgotamento do corpo; cada vez numa língua diferente até eu não ter mais carne para incrustar no centro do relicário, colocando em evidência uma relação entre "a Carne e o Verbo"...

O primeiro trecho que me interessou muito na obra de Michel Serres foi este:

O que poderia nos mostrar agora o monstro comum tatuado, ambidestro, hermafrodita e mestiço sob a própria pele? Sim, o sangue e a carne. A ciência fala de órgãos, de funções, de células e de moléculas, para finalmente admitir que há um bom tempo já não se fala de vida nos laboratórios, mas ela nunca se refere à carne, que designa, num dado lugar do corpo, aqui e agora, precisamente a mistura de músculos e de sangue, de pele e de pelos, de ossos, de nervos, e de funções diversas, que mescla aquilo que o saber pertinente analisa.

Um segundo trecho não foi aproveitado para os relicários, mas foi igualmente lido durante a operação e usado num vídeo:

Há muito tempo, numerosos espectadores já tinham deixado a sala, cansados dos golpes de teatro frustrados, irritados com essa guinada da comédia para a tragédia, tendo chegado para rir, decepcionando-se por terem que pensar; alguns até, especialistas eruditos sem dúvida, tinham entendido, por si mesmos, que cada porção de seu saber se parece também com o manto de arlequim, pois cada uma trabalha na intersecção ou na interferência de diversas outras ciências, e quase de todas. Então, sua academia ou enciclopédia se aproximava formalmente da *commedia dell'arte*...

Platão separou o corpo da alma. As ideias são superiores a todo o resto. Tudo o que é do domínio da carne está condenado ao declínio.

Eu queria produzir uma obra, uma forma de arte que se inspirasse no conceitual, mas que fosse carnal – não apenas na cor e na forma, mas na carne e através da carne, e que permitisse a presença do próprio artista dentro da obra. O conceito é o esqueleto, a carne é a qualidade da materialidade que nos revela o sentido da ideia – um corpo que se torna linguagem, invertendo o princípio cristão do Verbo que se faz Carne em favor da Carne que se faz Verbo.

Não estamos na era da reprodutibilidade das imagens? Não chegaremos, em breve, à era da reprodutibilidade da carne, e do ser humano à sua imagem, ou talvez sem sua imagem, num outro tipo de aparência?

Nessa série de relicários, o corpo e a carne estão presentes, prontos para serem vendidos como uma obra de arte que compromete o tabu da venda do corpo, que é proibida. O texto original está em francês, as traduções fazem referência a um texto cuja tradução é sua representação, o corpo do texto, o corpo das letras... A carne está presente, capaz de se submeter a uma análise de DNA, correndo o risco de ser utilizada posteriormente... e na fabricação de um corpo, de uma réplica, de um clone.

Um dia esse relicário vai ficar velho, vai pertencer ao passado e poderá, por sua vez, se transformar num brinquedo, numa renovação, ganhar outra representação.

Diante desse relicário, o historiador da arte será como o historiador descrito por Walter Benjamin – "uma criança brincando com fragmentos do tempo" –, e talvez o.a.s cientistas brincarão com os restos da minha carne, com meus genes.

Focillon comparou o artista a um centauro (*Elogio da mão*). Poderíamos falar também de um mediador indeciso, hesitando entre uma "futura-Palavra e uma futura-Carne".

Quando voltei de Nova York com as protuberâncias nas têmporas, um amigo, colecionador e curador, Jacques Ranc, com quem já trabalhei diversas vezes, inclusive na fantástica exposição *Post-humain* [Pós-humano], que ele criou na galeria Enrico Navara, me propôs organizar uma grande festa em minha honra no Palace, em Paris, um lugar que eu adorava e onde dancei em muitas festas. Jacques Ranc era um homem das noites e das festas, mas também um colecionador, historiador da arte e curador. Ele queria apresentar ao mundo meu novo rosto, projetar vídeos da sétima operação-cirúrgica-performativa, com a condição de que eu aceitasse dar uma entrevista para que parassem de uma vez por todas de contar coisas inexatas sobre meu trabalho. Me vi então diante de uns sessenta jornalistas da imprensa internacional e francesa a quem mostrei vídeos e falei da minha obra, explicando que o importante para mim tinha sido desviar os implantes habitualmente usados para realçar as maças do rosto para criar protuberâncias em minhas têmporas. Um gesto cirúrgico que não se destinava a trazer beleza.

Um pequeno deslocamento, um pequeno desajuste que derramou muita tinta e criou muitas narrativas e *"fake news"*.

Se me descrevem como uma mulher com duas protuberâncias temporais, é possível imaginar que sou um monstro indesejável. Se me encontram, isso pode mudar. Nem sempre, é claro, mas isso pode mudar, porque essas duas protuberâncias se tornaram órgãos de sedução. São meu carro conversível!

Nessa entrevista com a imprensa esclareci que não se tratava de me parecer com uma modelo atual ou pertencente à história da arte, mas de me reinventar para além da opressão da sociedade. Fui muito clara sobre minhas intenções em convocar o que se chama de feiura, e não a beleza. Disse: "Vocês estão vendo meu rosto? Então parem de dizer que quero ser a mais bela das mulheres, que quero ter o rosto da Monalisa ou me parecer com a Vênus do Botticelli, que é um padrão de beleza que eu combato". Também enfatizei que todas as operações tinham sido realizadas sem dor, com anestesia local.

Qual não foi minha surpresa, nos dias seguintes, ao ver aproximadamente 50% dos artigos intitulados: "Ela quer ser a beleza ideal, ela quer o nariz de Psiquê...", quando eu tinha declarado, na mesma entrevista, que queria ter o nariz do rei maia Pacal, um nariz que parte do centro da testa, um nariz muito comprido e arqueado e que parece postiço.

"ORLAN, a grande masoquista." Evidentemente, esses títulos ficaram grudados na minha pele e essa entrevista obteve pouco ou muito pouco o efeito desejado. É muito difícil controlar os efeitos midiáticos e aprendi isso rapidamente à minha custa. Na maior parte do tempo, a imprensa disse o contrário do que eu queria fazer, então tenho duas obras muito diferentes: a minha e a que foi orquestrada pela mídia. Às vezes isso me diverte, e outras vezes é muito nocivo porque serve aos meus detratores. Nesses momentos, me lembro das palavras de René Char: "Imponha sua sorte, agarre sua felicidade e vá em direção ao seu RISCO. Ao olhar para você, eles vão se acostumar"[28].

Não tenho apenas más lembranças da mídia. Já participei de inúmeros programas de televisão, entre os quais um, memorável, com a cantora Madonna, muito amável comigo e a quem ofereci uma bijuteria feita de resina contendo alguns miligramas da minha carne. Ela a colocou e disse: "É muito bonita, parece caviar!". Também ofereci uma bijuteria similar com minha carne a Jean-Jacques Aillagon, então ministro da Cultura, durante a entrega da minha medalha de Artes e Letras. Durante a cerimônia, ele fez um discurso muito bonito retraçando toda a minha carreira, e no final me beijou no rosto dizendo o quanto se sentia honrado por receber um "beijo da artista".

Acho que o deixei vermelho ao ter a impertinência de observar que ele conhecia muito bem minha obra e sabia que, evidentemente, "o beijo da artista" não é um beijinho infantil, mas um beijo de adulto, um verdadeiro *French kiss*, de língua! Claro que me abstive de beijá-lo, em público e sob os ouros da República, para não o desestabilizar ainda mais. Rimos muito dessa pequena performance e também entreguei a ele uma medalha, uma bijuteria, criada a partir de um belíssimo objeto, um clipe que os pintores prendem em suas paletas para colocar essência de terebintina ou óleo. Esse objeto tem uma tampinha de metal brilhante e cromado que é rosqueada para que o líquido não vaze, e dentro dele também inseri alguns miligramas da minha carne. O objeto normalmente é preso a uma paleta de pintura, mas funciona muito bem no colarinho dos ternos masculinos, dando um belo efeito.

Condecorei quem me condecorou, e isso nunca tinha acontecido antes, foi um dia histórico para mim e para Jean-Jacques Aillagon, a quem admiro muito.

---

28. No original: "Impose ta chance, serre ton bonheur et va vers ton RISQUE. A te regarder, ils s'habitueront". René Char (1907-88) foi um dos mais importantes poetas franceses do século XX, inicialmente ligado ao surrealismo. [N.T.]

SELF-HIBRIDAÇÕES (1998-2015)

É possível ler a história das minhas obras em três grandes capítulos.

O primeiro é uma interrogação sobre minha própria cultura, a cultura judeu-cristã, e, portanto, é arte ocidental.

O segundo capítulo é o das operações-cirúrgicas-performativas, em que coloco em jogo minha imagem, recrio uma nova imagem para mim, para produzir novas imagens na minha obra.

Essas operações constituem a sequência carnal da minha obra, a que precede as obras pós-operatórias.

O terceiro capítulo da minha obra, o das *Self-hybridations* [Self-hibridações], foi uma oportunidade que tive de questionar as culturas não ocidentais: pré-colombianas, africanas, ameríndias e chinesas...

Donatien Grau diz de forma muito justa que "hibridar é criar o novo a partir do distinto. Não se trata apenas de um primeiro ou segundo elemento colocados juntos, trata-se, na realidade, do terceiro elemento criado plenamente – o híbrido". Ele compara esse mecanismo com a figura do andrógino no mito de Aristófanes, exposto no *Banquete* de Platão; andrógino "mais completo que as metades, a mulher e o homem: é um ser plenamente acabado pelo próprio fato da relação".

Cada civilização quis fabricar os corpos e formatar os pensamentos, e durante toda minha vida tentei derrubar as paredes de gelo entre as cores da pele, os sexos, as gerações, entre os que acreditam e os que não acreditam, e entre as práticas artísticas...

Maria Bonnafous-Boucher evoca minhas hibridações, minha muda, em "Anthropologie et féminisme" [Antropologia e feminismo], como resposta à minha conferência magistral e inaugural na Royale Académie de Bruxelas, graças ao convite do diretor da época, Marc Partouche! Ela escreveu que tais hibridações "fazem pensar sobre o que são para ela, e também para nós, marcadores de nosso tempo: o lugar da antropologia na sua obra é testemunha desses marcadores".

Em 1998, depois das minhas viagens de estudo ao México e, em particular, do meu encontro com a equipe extraordinária do Museu de Antropologia da Cidade do México, onde aprendi muito graças aos especialistas em crânios deformados e às culturas maia, asteca e olmeca, criei a série pós--operação usando minha nova imagem para fazer novas imagens de *Self--hybridation précolombienne*. A série é composta de mais de trinta obras, e algumas foram inspiradas pelas deformações de crânios encontrados entre os pré-colombianos, africanos, egípcios ou ainda os merovíngios! *A virgem com o menino*, de Rabastens, atesta isso mostrando a Virgem e a criança com o crânio deformado, esticado. Claro que ela me fez pensar na *Virgem com o menino* de Jean Fouquet.

Decidi ir ao México seguindo os passos de Antonin Artaud que, em 1936, escreveu em "O que vim fazer no México": "Fui ao México para fugir da civilização europeia". De minha parte, em minha obra, decidi me livrar das referências ocidentais e de seus estereótipos de beleza, realizando essa primeira série com a ajuda da fotografia digital e de instalações 3D interativas em vídeo, a partir de deformações do crânio, estrabismos, narizes postiços conhecidos pelos maias e olmecas, e de representações do deus Xipe Totec, no qual me inspirei, entre outros, para criar *La Liberté en écorchée*. Fiquei interessada na cultura mexicana desde minha primeira viagem ao México, durante a exposição numa feira de arte contemporânea de Guadalajara, na galeria de Yvonamor Palix, que me representava na ocasião e tinha uma bela galeria na Cidade do México, e uma em Paris, mas também devido ao lugar da mulher nessa cultura, que pode ser resumido num ditado retomado por Octavio Paz em sua obra *Labirinto da solidão*: "A mulher em casa, a pata quebrada".

Um ano depois, continuei minha reflexão sobre os padrões de beleza não ocidentais criando a série *Self-hybridations africaines* em memória de todas as apaixonantes viagens de estudo pela África, que tanto marcaram minha juventude. Essa série é composta por uma série de fotografias em preto e branco (pois minha referência era a etnofotografia, as primeiras fotos em que vamos fotografar o Outro) e outras coloridas, assim como esculturas em resina de personagens mutantes, expostas especialmente na Bienal de Arte Contemporânea de Lyon em 1999. O curador dessa exposição, *Partage d'exotismes* [Partilha de exotismos], era meu amigo Jean-Hubert Martin. Tenho muita admiração por ele. Como pioneiro, com essa excelente exposição, ele suportou muitas controvérsias e, na sequência, foi atacado várias vezes, publicamente e de forma violenta. Eu o defendi em diversas ocasiões, e ele também defendeu meu trabalho, inclusive expondo-o.

Inaugurei minha terceira série explorando os modelos não ocidentais em 2005, inspirada pelos quadros de George Catlin, que conheci durante minha residência no ISCP (International Studio and Curatorial Program) de Nova York, durante uma visita ao Smithsonian Museum.

A figura de George Catlin me deixou imediatamente apaixonada, pois ele foi a tribos ameríndias pintar os chefes das tribos colocando sua fortuna em jogo. Seus diários de viagem são apaixonantes! Ele pintou os indígenas com respeito, numa época em que tod.o.a.s os consideravam selvagens sujos e sem cultura. Ele os pintou com magnificência, com suas vestimentas cerimoniais, com suas joias e suas penas maravilhosas.

Claro que transgredi a lei deles, pois era impossível uma mulher ser chefe, mas eu apareço como chefe em minhas obras e uso as joias proibidas às mulheres, sobretudo as feitas com unhas de ursos.

Meu amigo escritor Marc Partouche fala sobre minhas *Self-hybridations*: "O mutante e o híbrido são reis e desenham as fronteiras de um universo no qual [eu] faço uma demonstração magistral sobre a relatividade de nossos padrões estéticos e sobre a beleza do artificial, quando o corpo é trabalhado como uma escultura". É uma frase que me agrada, pois resume bem meu objetivo ao abrir essa parte de minha carreira. Ele escreveu diversas obras, incluindo *Marcel Duchamp. Sa vie, même* [Marcel Duchamp. Sua vida, mesmo], e uma pela qual me apaixonei: *La Lignée oubliée* [A linhagem esquecida].

Também decidi me hibridar em seguida, com as máscaras da Ópera de Pequim, pois as mulheres eram igualmente proscritas e os homens interpretavam o papel delas. Escaneei meu corpo e em seguida o articulei, tornando-o capaz de praticar todas as acrobacias possíveis e imagináveis da Ópera de Pequim e de muitas outras! Com um corpo digitalmente artificial, todas as distorções se tornam possíveis, com um corpo biológico elas são impossíveis. "Vesti" meu avatar e acrescentei tatuagens que representam os temas da obra fotográfica hibridada. Cada obra tem um avatar diferente que sai do quadro da obra se a baixamos com o aplicativo Augment e escaneamos a obra de arte com ele. Meu avatar aparece fazendo malabarismos com as máscaras, realizando todas as acrobacias que podem ser vistas na Ópera de Pequim... É possível também se fotografar com o.a.s amig.o.a.s e o avatar e enviar as fotos para qualquer lugar do mundo via internet, como qualquer *selfie*. O.A colecionador.a que a compra tem não apenas uma obra normal e tranquila na parede, mas também pode dizer "tenho, ainda, a performance de ORLAN em realidade aumentada" e fazer a demonstração disso para sua família e amig.o.a.s, que poderão se fotografar com o avatar e minha obra.

Essas não são as únicas *self*-hibridações que criei. Algumas vezes me hibridei com pessoas que encontrei, como Serge Gainsbourg. Cert.o.a.s colecionador.e.a.s que querem comprar minhas obras de *self*-hibridação às vezes me pedem para criar hibridações delas e deles e de mim. Criei, por exemplo, uma obra com o rosto da minha amiga estilista Agatha Ruiz de la Prada, com quem também hibridei meu guarda-roupa. Durante toda minha vida, guardei conscienciosamente cada uma das minhas roupas e criei obras com elas. Hibridei meu guarda-roupa seguindo um mesmo protocolo com David Delfin, Maroussia Rebecq e Agatha Ruiz de la Prada, pedindo-lhes que encontrassem um jeito de juntar duas das minhas diferentes roupas para aproximar tempos, materiais, estilos e momentos da minha história. Maroussia Rebecq cortou duas roupas e colocou um pequeno laço amarelo fluorescente para uni-las; David Delfin colocou fitas cheias de grampos, permitindo que elas se desamarrassem e se prendessem a outras roupas, criando assim uma hibridação, ou uma combinação temporária, e também hibridações múltiplas e móveis. Ele entendeu muito bem o conceito das minhas obras.

Já Agatha Ruiz de la Prada propôs uma solução mais radical. Ela selecionou cuidadosamente em seu museu lindos vestidos, cortou-os em dois e cindiu minhas roupas em dois a partir da cintura para juntá-las às dela. Assim, cada vestido era refeito com uma metade do vestido de Agatha Ruiz de la Prada e uma metade dos meus vestidos, cujo estilista nem sempre conheço. As duas partes eram presas com uma fita confeccionada por nós, como uma nova marca: "Le Baiser de l'artiste".

Pode-se ler praticamente toda minha obra pelo prisma do vestido, do terno ou do travestismo. A roupa sempre me pareceu uma interface melhor do que a pele. Não escolhemos nossa pele, mas graças à roupa podemos criar uma segunda pele, um cartão de visita mais próximo do que somos, da imagem que queremos produzir, de nossa cultura, de nossos gostos. Podemos colocar cor ou não, e então falar sobre coisas, sobre o humor do dia.

Há um livro que explica minha relação com o têxtil, com as roupas: *ORLAN + david delfin*, publicado em 2008 para a minha exposição, com curadoria de Isabel Tejeda, em Múrcia. A obra é pontuada por imagens de minhas esculturas dobradas, de meus travestimentos em madona, em virgem branca ou preta, de minhas esculturas em mármore, de minhas operações-cirúrgicas-performativas. Em todas essas imagens, meu rosto e meu corpo foram "apagados", deixando visível apenas a roupa, então são também vestidos sem corpos. Isso funciona muito bem, do meu ponto de vista, em esculturas dobradas, e evidencia meu grande interesse pelas roupas. Mas tenho uma relação conflituosa com a moda, porque as roupas, "a segunda pele", me fascinam, mas ao mesmo tempo não posso aderir aos estereótipos de corpos famélicos sem carne, propostos como bons modelos, à ausência de sorriso e aos passos dados literalmente com um pé na frente do outro, de forma mecânica, resultando numa passada que só vemos nas passarelas. Tenho uma relação muito particular com a roupa, que considero um objeto quase mágico. Se estou muito cansada antes de sair para uma festa à qual não tenho vontade de ir, mas encontro a roupa certa, sinto a energia necessária para sair e logo me sinto pronta para representar, enfrentar o olhar dos outros: essa roupa me dá asas e elimina qualquer tipo de cansaço.

É como quando eu danço. Mesmo extremamente cansada, se começo a dançar, o cansaço desaparece completamente, sobretudo se tenho uma roupa com a qual me sinto extraordinária. A roupa, garanto, é o melhor dos remédios e meu antidepressivo favorito!

Por exemplo, tenho um casaco de veludo estampado com grandes crânios pretos e brancos, comprado em Veneza, no San Stefano: assim que o visto, sinto asas nascerem em mim. Me sinto pronta, pronta para todos os desafios!

NEM TECNÓFILA, NEM TECNÓFOBA (1982-2020) DO MINITEL À INTELIGÊNCIA ARTIFICIAL, PASSANDO PELA REALIDADE AUMENTADA

Não sou e nunca fui tecnófila, nem tecnófoba. Sempre gostei de viver intensamente a minha época, questioná-la e usar as invenções, as inovações e as outras tecnologias, mas, é claro, com uma distância crítica.

A partir de 1977, criei a obra *Tête à claques, jeu de massacre* [Figura antipática, jogo de derrubar objetos], que hoje considero um testemunho do meu interesse pela interatividade entre obras e público, prefigurando meu uso das novas tecnologias. Tratava-se de uma instalação com fotografias do meu rosto, distorcidas e coladas em madeira. Acho que fui a primeira artista a usar a fotografia desse jeito.

O público era convidado a jogar uma bola de tecido nas cabeças para derrubá-las. Elas caíam fazendo barulho e voltavam a subir fazendo outro barulho, como num parque de diversões. Da mesma forma, *Déshabillage, habillage, rhabillage, libres et changeants* [Despir, vestir, revestir, livres e mutáveis], numa instalação de 1997, convidava o público a girar pedaços de fotografia do meu corpo, colados em madeira, para a cada vez me vestir de madona ou me despir, colocando no lugar uma imagem minha e imagens desconstruídas intermediárias muito surpreendentes.

As imagens construídas produziam séries sucessivas, um conjunto de fotografias muito desordenadas e interessantes visualmente, expostas na minha retrospectiva na Casa Europeia da Fotografia por Jérôme Neutres em 2017, *ORLAN EN CAPITALES* [ORLAN EM MAIÚSCULAS]. Jean-Luc

Monterosso, na época diretor do espaço, comprou muitas obras minhas para sua coleção.

Em 1980, o Minitel, antecessor da internet, chegou à França. Cada residência recebia um. Achei esse objeto incrível no mesmo instante em que ouvi falar dele! Era como uma torneira aberta na casa de cada um.a pelas telecomunicações, sem que as pessoas soubessem como e com o que seriam alimentadas. As informações consultáveis nesse Minitel me pareciam realmente irrisórias e baratas: anuário, receitas de cozinha, horóscopo, os horários dos trens... Unicamente coisas eficientes e práticas, e mais tarde um *site* de encontros chamado "Minitel rose", nada de interessante, de intelectualmente enriquecedor, nada de criativo e menos ainda de representativo da época que testemunhávamos. Eu precisava me apoderar daquilo, questionar e fazer outro uso dele com a arte e com artistas capazes de questioná-lo e lhe destinar uma visão interessante.

Na época, eu vivia com o poeta Frédéric Develay e decidi me apropriar do Minitel junto com ele e propor a artistas que fizessem a mesma coisa através da primeira revista de arte contemporânea no Minitel: *Art-Accès-Revue*.

Imaginamos essa revista como um verdadeiro espaço de criação para o.a.s artistas; a ideia não era criar uma revista sobre atualidades do mundo da arte contemporânea.

Frédéric Develay cuidava da gestão da parte poética e técnica, eu era a curadora, encarregada de convencer o maior número de amig.o.a.s artistas plástic.o.a.s do mundo inteiro a produzir gratuitamente as obras para a revista, respondendo à questão: o que fazer com grandes *pixels* em oito degradês de cinza? Era tudo, menos atraente visualmente, e era difícil imaginar o Minitel do ponto de vista das artes plásticas.

Porém, muitos artistas responderam positivamente e criaram obras extraordinárias: Daniel Buren, Jochen Gerz, Nam June Paik, Bernar Venet, Vera Molnar, Ben, François Morellet, John Cage, Paul-Armand Gette e também Léa Lublin...

Alguns músicos deram respostas bem interessantes ao meu convite. Michel Redolfi, por exemplo, criou um concerto a partir desse suporte. O Minitel dava início a cada instrumento, por meio de um desenho, e o tempo de exibição de cada um correspondia ao tempo de uso desse instrumento musical. Era uma espécie de intermediário entre o regente e a partitura, algo muito inovador!

Noite e dia, trabalhamos incansavelmente para pôr em prática esses diferentes projetos. Nossa aventura não se limitou ao suporte do Minitel; a revista, por exemplo, organizou um evento em Lille com Daniel Buren, que incluiu a rua e todas as traseiras dos ônibus da cidade numa operação de *teasing*. No início não conhecíamos as bandas de Buren, que só apareciam no final da intervenção.

Jean-François Lyotard tinha gostado muito da nossa revista de arte sobre o Minitel e apresentou-a em sua exposição *Les Immatériaux* [Os imateriais], no Centre Georges Pompidou, em 1985. Exposição maravilhosa e muito inovadora.

Desde então nunca mais parei de me apoderar das inovações tecnológicas. Criei inúmeras obras interrogando as tecnologias, sempre com o desejo de ser uma pioneira, de questionar essas novas possibilidades que me eram oferecidas.

Realizei "copy art" com a fotocopiadora ou ainda com o fax para responder, com outr.o.a.s amig.o.a.s artistas, à invenção do meu amigo Joël Raffier na Índia, e a seu projeto Artfax com o Minitel, depois passei do Minitel para o Graph9, do vídeo ao vídeo 3D, da realidade aumentada ao *videogame* e do *videogame* à IA, à robótica e aos geradores de textos e de movimentos aleatórios.

Em 2009, por exemplo, criei a *Bumpload*, uma escultura extraída do primeiro painel do meu *videogame* intitulado *Expérimentale mise en jeu* [Experimental posta em jogo], desenvolvido por PTYX com a colaboração de Bruno Millas e Arnaud Cauly. Criei essa escultura especificamente para uma exposição muito importante para mim e da qual guardo uma boa lembrança, *Unions mixtes, Mariages libres et Noces barbares* [Uniões mistas, Casamentos livres e Núpcias bárbaras], no Centro de Arte da abadia de Maubuisson, um belo local campestre no subúrbio parisiense. Eu tinha – pelo menos desta vez! – um orçamento muito bom para criar novas obras, e a colaboração com a equipe local foi muito produtiva. Naquele imenso espaço, pude criar um percurso com a ajuda de diversas obras e instalações com uma enorme limusine inflável, um *drive-in* transmitindo um filme no qual eu fazia minhas células dançarem um *pasodoble*! *ORLAN REMIX: Romain Gary, Costa-Gavras, Deleuze et Guattari*, e a escultura interativa e luminosa *Bumpload*. Para mim, através dessa escultura hibridada entre meu corpo e o de uma mulher africana, o importante era falar da periculosidade do solo africano.

Com fibra ótica, representei, na escultura e em seu pedestal, átomos de coltan, um minério muito difícil de extrair, muito caro e não renovável, usado em todos os nossos computadores e *smartphones*. O que ninguém conta é que muitos horrores acontecem na África Central em decorrência do coltan. As tribos entram em guerra e os militares realizam tráficos enormes em troca de armas no mundo todo.

A escultura ficava posicionada sobre uma espécie de tapete e um pedestal luminoso de fibra ótica. Essa obra era luminosa e interativa, a programação luminosa mudava completamente segundo o número de espectadores e a posição deles no espaço.

No meu *videogame Expérimentale mise en jeu*, Bumpload é a heroína em forma humanoide imitando meus traços, que tenta salvar o patrimônio cultural das ruínas da nossa sociedade.

Para essa exposição, eu quis criar um catálogo que seria ele mesmo um manifesto, ilustrando o conceito de "núpcias bárbaras" de Deleuze e Guattari. Coloquei lado a lado no catálogo dois conceitos antinômicos: Raoul Vaneigem, último situacionista vivo, que escreveu um texto muito bonito intitulado "Il n'y a pas de société libre sans liberté de corps" [Não existe sociedade livre sem a liberdade do corpo], e Raphaël Enthoven, que me convidara para um de seus programas de filosofia na televisão para falar sobre o tema da hibridação. Ele é realmente um homem da mídia.

Atualmente, estou lendo seu livro *Le Temps gagné* [O tempo ganho], cujo título certamente faz referência a Marcel Proust e a *Em busca do tempo perdido*.

Quando me debrucei sobre os *videogames* para poder me posicionar e decidir o que ia criar, fui parar em salas de jogos repletas de adolescentes que gritavam "matei ele! matei ele! matei ele!", "eu mato ele! eu mato ele!", "matei mais que você!", com uma euforia histérica e muito angustiante para mim. A partir disso, decidi criar um jogo no qual matar não é jogar, ao contrário: a personagem principal, com a imagem de Bumpload, que começa como escultura, se transforma progressivamente num robô, depois num humano se conseguimos reconstruir obras quebradas, destruídas: o objetivo de *Expérimentale mise en jeu* (2014) era reencontrar a humanidade e reconstituir a paisagem em ruínas, e não desconstruir ou matar.

Em 2018, criei ORLANoïde, um humanoide semelhante a mim e dotado de inteligência artificial que mixei com inteligência coletiva e social. Não consegui usar a inteligência social que coletei com o questionário de Marcel Proust em meu *site*, pois as respostas recebidas eram tão vazias e inadequadas ou idiotas que fui obrigada a deixá-las de lado.

Para citar Umberto Eco: "As redes sociais deram o direito à fala a legiões de imbecis que antes só falavam no bar e não causavam nenhum mal à coletividade. Faziam-nos calar a boca imediatamente. Hoje eles têm o mesmo direito de falar que um prêmio Nobel".

ORLANoïde é uma obra *"in progress"* atualmente na Science Gallery do Trinity College de Dublin, onde é desenvolvida por pesquisador.e.a.s e especialistas em inteligência artificial para passar a outras etapas e se tornar cada vez mais reativa e inteligente. É uma obra que não existe apenas a partir do meu corpo, sobre meu corpo ou no meu corpo, mas uma obra inteiramente fora do meu corpo, um *alter ego* que me representa, que sou eu sem ser inteiramente eu. A obra foi pensada como um todo, como um *work in progress*, concebida para evoluir em função das inovações tecnológicas.

A instalação foi criada especialmente para a exposição *Artistes et Robots* [Artistas e Robôs], em 2018, no Grand Palais, em Paris, e os curadores e curadoras eram Laurence Bertrand Dorléac e Jérôme Neutres, e o conselheiro científico era meu grande amigo, o excelente artista digital Miguel Chevalier. Ele criou, na ocasião, uma instalação interativa deslumbrante com imensas flores generativas que ocupavam todo o espaço.

A obra me foi encomendada especificamente para a exposição, mas a RMN não podia produzi-la e tive que buscar sozinha todo o orçamento da produção! Primeiro tentei convencer algum produtor, mas muitos recusaram... um deles me disse sim, depois se retratou ao ver a nota: mais de 115 mil euros, não é pouca coisa!

Também era preciso dinheiro para publicar um belo catálogo. Tentei conseguir financiamentos de todas as formas possíveis, sem sucesso, estressada pelo tempo que corria e nos deixava cada vez mais perto da exposição. Dez meses antes da data de entrega da obra, quando eu já não tinha escolha a não ser lançar a fabricação de um robô e pagar eu mesma o depósito, tive a ideia de sacrificar uma das séries de que gosto muito, as *Self-hybridations africaines*, para financiar o ORLANoïde.

Propus à minha galeria da época, Michel Rein, vendê-la pela metade do preço aos meus colecionadores. Eu o convenci a abrir mão de sua porcentagem habitual sobre minhas obras, e as cedi pela metade do preço a amig.o.a.s colecionador.e.a.s. Além de fazer um bom negócio, eles e elas podiam se sentir orgulhos.o.a.s e felizes por financiar minha nova criação.

Era assustadoramente longo e angustiante, pois tinha que entrar em contato com cada um.a, convencê-l.o.a.s, esperar que se decidissem, que fizessem o depósito... e o tempo passava, passava, era assustadoramente estressante. Finalmente consegui, graças ao apoio de dez coleciona-dor.e.a.s, a quem agradeço calorosamente mais uma vez: Delphine André, Jean-Patrice Bernard, Jean-Michel Beurdeley, Olivier Brachat, Raphaël Gatel, Sandra Hegedus, Catherine e Bertrand Julien-Laferrière e três outros que preferem ficar no anonimato.

O catálogo continuava sendo indispensável, com o nome *ORLAN-oïde ROBOT HYBRIDE* [ORLAN-oide ROBÔ HÍBRIDO], com a inteligência arti-ficial e coletiva editada por Skira, que não teria existido sem a ajuda da minha amiga Gladys Fabre (mais uma vez!) e que retraça todas as etapas do projeto. Primeiro encontrei um fabricante na Flórida, que constrói as "Dolly sex": você pode encomendar uma mulher de plástico parecida com sua ex-namorada, mas com seios maiores se gostar disso... Quando ela chega, você aperta um botão e ela fala: "Olá! Como você se chama?", e se você responder: "Me chamo Édouard", na próxima vez que você a colocar para funcionar, ela vai dizer: "Olá, Édouard! Como você está, Édouard? Édouard, o que você quer fazer hoje?".

Acabei optando por trabalhar com uma empresa de Ivry-sur-Seine. Ela estava começando na robótica, mas fazia muitos autômatos, em particular para o Puy-du-Fou: era quase o mesmo preço, mas eu não precisava ir até a Flórida e ficar um tempo lá, e eu não queria um robô *sextoy*, senão só falariam disso e meu conceito não era um questionamento sobre a sexua-lidade com robôs.

No fim das contas, toda essa história da ORLANoïde foi uma bela aven-tura solidária e me deu a energia necessária para trabalhar noite e dia na realização e na instalação do meu robô, durante oito meses, sem nenhum fim de semana livre, num estresse pavoroso e sem um único instante para respirar.

Naquele momento eu vivia sozinha, e ainda bem, senão não teria con-seguido produzir essa obra. A arte exige uma concentração total, sem nenhuma distração, como um parceiro exigente. Não é possível fazer duas coisas ao mesmo tempo. A arte é muito despótica, muito exclusiva. Eu também não teria conseguido finalizar essa obra com criancinhas à minha volta exigindo atenção.

A instalação era composta por um robô e duas grandes telas de LED onde passavam vídeos que eu preparei para a ocasião. Num deles, eu construía um teatro do *"deep learning"*, outros momentos consistiam em performances filmadas questionando nossa época. Um vídeo tinha como título *"J'ai faim, j'ai soif, et ça pourrait être pire* [Tenho fome, tenho sede, e isso poderia ser pior], um outro, *No Baby no, où sont les écolos?* [*No Baby no,* onde estão os ecologistas?], e ainda um outro, *Pétition contre la mort* [Petição contra a morte]. Os textos são importantes. Aqui estão eles:

PETIÇÃO CONTRA A MORTE, 2018

DEMAIS É DEMAIS
ENOUGH IS ENOUGH
ISSO JÁ DURA TEMPO DEMAIS
DEMAIS É DEMAIS!
ENOUGH
ISSO DURA MILÊNIOS E NINGUÉM NOS
PEDE NOSSA OPINIÃO
ISSO TEM QUE PARAR
IT MUST STOP
DEMAIS É DEMAIS!
NÃO CONCORDO, NÃO QUERO MORRER
I DON'T AGREE, I DON'T WANT TO DIE
NÃO QUERO QUE MEUS AMORES MORRAM
NÃO QUERO QUE MINHA FAMÍLIA MORRA
É HORA DE REAGIR CONTRA A MORTE
NÃO CONCORDO, NÃO QUERO MORRER
MORRER NÃO É FUN
TO DIE IS NOT FUNNY
MORRER NÃO É FUN
SE VOCÊ É COMO EU
SE PENSAMOS A MESMA COISA
DEVEMOS REAGIR
IF YOU ARE LIKE ME
IF WE HAVE THE SAME MIND
WE MUST REACT
TENTEMOS TODOS JUNTOS
TEMOS UMA CHANCE DE TER UMA CHANCE
TERMOS UMA CHANCE JUNTOS
JUNTOS, JUNTOS

SE DISSERMOS: NÃO!
NÃO, NÃO, NÃO, NÃO!
É DEMAIS IT'S ENOUGH
SE VOCÊ DIZ AQUI E AGORA: NÃO
JUNTOS, SEM EXCEÇÃO
A VIDA NÃO SERÁ MAIS UMA ASSASSINA
VIVA A VIDA COMO UMA FESTA PERMANENTE
UMA FESTA SEM FIM
O TEMPO TODO
PODEMOS PEGAR O TEMPO

TENHO FOME, TENHO SEDE, E ISSO PODERIA SER PIOR, 2018

TEMOS A ETERNIDADE PARA SER ESQUELÉTICO TICO TICO
NÃO SOMOS ANORÉXICOS
TENHO FOME
TENHO SEDE

E PODERIA SER PIOR
TENHO FOME TENHO SEDE
COMO COELHINHOS
COMO CORDEIROS, PORCOS, CENOURAS
COMO CASTANHAS
COMO BROWNIES
COMO CHOCOLATE
BEBO LEITE
COMO CEBOLAS CEBOLINHAS E ALHO
BEBO VINHO, ÓTIMO VINHO
COMO BERINJELAS
COMO ABÓBORAS
COMO MUFFINS
COMO QUEIJO
COMO MORANGOS
BEBO CERVEJA
BEBO LIMONCELLO
COMO PERAS
COMO FRANGO, GALO E TOMATES
BEBO CAFÉ, CHÁ VERDE E MACCHIATO

COMO NABOS,
SOPA E BATATAS
TENHO FOME
TENHO SEDE I EAT I DRINK
E PODERIA SER PIOR
FOME
FOME
COMO CRUMBLES
BEBO ÁGUA SEM GÁS
BEBO ÁGUA COM GÁS
BEBO CHAMPANHE
COMO LAGOSTA
COMO OSTRAS
COMO PASTA DE AMENDOIM
COMO CAVIAR
BEBO O NÉCTAR DOS DEUSES
COMO AÇÚCAR
COMO GULOSEIMAS
COMO LARANJAS E TANGERINAS
COMO PROFITEROLES
COMO BALAS
COMO SORVETE
COMO MAÇÃS
E BANANAS
COMO FRITAS
E PIZZAS
COMO PÊSSEGOS
E ABACATES
COMO TORTILHAS
E NACHOS
COMO SALSICHAS
E BACON
COMO MELÕES
COMO CANELA
TENHO FOME
TENHO SEDE
E PODERIA SER PIOR
COMO SALADA

BROTOS, ESPINAFRES
COMO ALCACHOFRAS, ALHO-PORÓ, SALSA
COMO GELEIA E MEL
BEBO UÍSQUE
COMO GUISADO DE VITELA
COMO BIFE BORGONHESA
COMO MACARRÃO
E SUSHIS
COMO ARROZ
E SASHIMIS
E QUANDO É ORGÂNICO,
É BOM E BONITO
NÃO É VENENO
TENHO FOME TENHO SEDE
E PODERIA SER PIOR
COMO ABOBRINHAS
COMO LARANJAS
E LIMÃO
COMO MASSAS
E ESPAGUETES
COMO PATO
SARDINHAS, E SALMÃO
BEBO GRAPA
E QUANDO É ORGÂNICO, É B
OM E BONITO
TALVEZ NÃO SEJA VENENO!

NO BABY NO, ONDE ESTÃO OS ECOLOGISTAS?

NO BABY NO
ONDE ESTÃO OS ECOLOGISTAS?
STOP STOP STOP
A TERRA ESTÁ SUPERPOVOADA, SUPERPOLUÍDA
BABY NO, BABY NO NO
CHEGA DE FRALDAS
CHEGA! É DEMAIS
CHEGA DE PLÁSTICO
CHEGA DE FRANGOS

CHEGA DE VACAS, DE PORCOS
A CRIAR, A FAZER SOFRER, A MATAR
E DEJETOS, DEJETOS, DEJETOS
KNOWLEDGE
THE FIRST ÉCOLO MESURE
A PRIMEIRA REGRA/MESURE ÉCOLO EST
NO BABY NO SEM BEBÊS
É RESPONSABILIDADE DE CADA PESSOA
NÃO TEM ÁGUA SUFICIENTE
NÃO TEM COMIDA
NÃO TEM ELETRICIDADE, GÁS, PETRÓLEO
E NÃO QUERO PERICULOSIDADE
KNOWLEDGE
POLUIÇÃO DEMAIS
MISÉRIA DEMAIS
POUCA EDUCAÇÃO
VIOLÊNCIA DEMAIS
NO BABY NO BABY NO
VIVA OS PRESERVATIVOS
VIVA OS PRESERVATIVOS
VIVA A PÍLULA
VIVA O DIU
VIVA A PÍLULA DO DIA SEGUINTE
VIVA O ABORTO LONG LIVE ABORTION
NO BABY NO BABY NO
NÃO TEM TRABALHO SUFICIENTE
DESEMPREGO, DESEMPREGO
GENTIL BEBÊ FUTURO DELINQUENTE
VIOLÊNCIA
NÃO TEM CASA SUFICIENTE
A TERRA, A SOCIEDADE É EXANGUE
OS RECURSOS ESTÃO ESGOTADOS
LOGO NÃO HAVERÁ MAIS ÁGUA
227.000 DE HABITANTES A MAIS NO PLANETA
CADA DIA EM TODOS OS PAÍSES QUENTES
400.000 NASCIMENTOS A CADA DIA
173.000 MORTES A CADA DIA
7368476000

SOMOS BILHÕES SOBRE ESTA TERRA
NO BABY NO BABY NO
NO BABY NO BABY NO
NO BABY NO BABY NO
ONDE ESTÃO OS ECOLOGISTAS?

O robô, munido de um gerador de textos e de um gerador de movimentos, fala com minha voz, pois gravei vinte e duas mil palavras que depois foram colocadas separadas em aparelhos de MP3.

Trabalhei em parceria com Jean-Pierre Balpe, um verdadeiro pioneiro que colocou em seu *site* um gerador de texto em *open source*. A criação da instalação técnica no Grand Palais, com as duas telas enormes, a câmera e o jogo de espelhos, foi magistralmente fornecida por Nicolas Gaudelet (Voxels Productions).

Encontrar dinheiro, criar e produzir o catálogo e desenvolver não apenas o robô, mas toda a instalação foi de fato um teste físico e psicológico, apesar de um cronograma de trabalho bastante prudente: todo mundo estava atrasado e no limite de suas energias. Minhas estagiárias não aguentavam mais, todas as equipes começavam a falar e fazer bobagens. Todo mundo desabava e brigava ou arrastava os pés de tanto cansaço, era muito difícil para mim também aguentar o tranco. Eu estava com *burnout* e nesse estado às quatro da manhã, descabelada, com uma cara horrível. Tive que improvisar totalmente minhas performances para que elas fossem filmadas a tempo. As incrustações não funcionavam, eu não tinha *teleprompter*, a iluminação não era boa e eu me achava incapaz de improvisar, de encontrar energia para as performances filmadas em que eu ia atuar, mas, por um milagre de SANTA-ORLAN, eu consegui!

Aconteceram muitos problemas de montagem, mas no fim o resultado estava lá, e não foi tão ruim! Em outras condições, teria sido mil vezes melhor, mas ficou estranhamente aceitável... apesar de um cabelo péssimo, uma iluminação ruim, uma maquiagem ruim e um cansaço extremo, mais os habituais *O cuidado de si*, de Michel Foucault, e *La Fatigue d'être soi* [O cansaço de ser você mesmo], de Alain Ehrenberg.

Os bastidores da façanha às vezes são terríveis e cansativos, uma verdadeira confusão, mas no fim ninguém vê isso. Naquela época eu tinha três estagiárias que viveram acontecimentos muito intensos, Anaïs Docteur, Jeanne Bekas, Constance Henrot-Tardivier.

Essa obra está inscrita na linhagem do meu trabalho, ela é o desenvolvimento dele tanto pelo projeto escultural como por sua interatividade. As novas tecnologias nos proporcionam a reconstrução do corpo e essa é uma realidade que combina perfeitamente com o que sempre tentei fazer com o meu.

É uma obra que comprova meu interesse pelo hibridismo, pelo corpo-máquina, pela escultura, pela interatividade. É como uma obra total na qual vêm se concretizar diversos focos da minha obra.

Eu sou um corpo, inteiramente um corpo, nada além de um corpo, todo um corpo, e é meu corpo que pensa. Pode-se dizer que é uma máquina sofisticada, mas de carne, o que faz toda a diferença em relação aos robôs de metal ou plástico.

Eu me reapropriei do meu corpo diversas vezes sem necessariamente recorrer às novas tecnologias, pois o que me interessa não são os materiais ou as tecnologias, mas a ideia que podemos transmitir graças a este ou àquele material ou tecnologia. Então eu uso um ou outro material para produzir sentido e me adequar mais ao conceito que desejo desenvolver numa obra.

Essa obra se une à reflexão feita em *Pétition contre la mort*, outra peça minha. Penso como Laurent Alexandre, autor de *A morte da morte*. A morte é uma doença inscrita em nosso relógio biológico e poderá ser modificada no futuro.

Algumas espécies de baleias vivem até 320 anos, os tubarões da Groenlândia até 400 anos, algumas sequoias gigantes, até 3 mil anos, ou até 3,5 mil anos ou 4 mil anos, e muitas outras espécies vivem mais tempo que os seres humanos: as tartarugas, as lagostas, alguns tubarões do Alasca, alguns vermes são quase imortais... A humanidade levou a pior. Por esse motivo, acredito que a prática do *biohacking* vai ser cada vez mais usada... E acho isso natural. Não falo de pós-humano, mas de alter-humano.

Podemos nos repensar, nos recriar, nos reinventar, nos desenvolver. É natural, pois está inscrito em nossa natureza. Podemos chegar lá, isso faz parte do nosso *savoir-faire*.

Todos esses medos e todas essas resistências quando falamos de modificações do corpo me parecem extremamente dramatizados, exagerados, irracionais, pois, assim como o riso é próprio do humano, sua capacidade de inovar com a ajuda da medicina e das novas tecnologias é o que o distingue dos animais e do conjunto do universo vivo. Eu acharia muito contraproducente impedir que isso aconteça, seja na medicina, na genética, na biologia; entravar sua capacidade de curar doenças e deficiências, reduzir as limitações corporais e as dores. Para mim, são medos ancestrais, obscuros, que são prejudiciais e anacrônicos, que tentam nos parar quando já fomos bastante modificados, aumentados, transformados: contraceptivos, DIU, vasectomia, manipulações genéticas, próteses de rótulas e de quadris, marcapassos, implantes dentários, capilares, aparelhos auditivos, óculos, lentes, transplantes de órgãos, transplantes de rosto, transplantes de pele...

Joël de Rosnay fala de *cybionte*, ou seja, de cibernética mais do que de biologia. E fala também de supra-humano e de transumano em *O homem simbiótico*, livro de que gostei muito. Não falo em termos de pós-humano, mas de alter-humano. O humano simbiótico combina a tecnologia e o ecossistema. Não se trata de criar um novo ser humano artificial, mas de completar o que é falho e conservar o que somos, nossa humanidade, num planeta com limites agora visíveis. Ele chama a atenção para a inteligência humana e sua capacidade de sempre inventar e inovar, sem pôr em risco nossos avanços e nossa sobrevivência. Nosso planeta está em apuros, nossa faculdade de adaptação, nossa criatividade, podem salvá-lo. O humano tem talentos diferentes dos animais. Temos a capacidade natural, inata, de imaginar novas tecnologias para transformar e adaptar nosso mundo, nosso corpo, a novos desafios. Sou contra a decadência, pois ela nos obrigaria a nos censurar, a nos inibir, a não respeitar o que somos, ou seja, nossa capacidade absolutamente natural de nos reinventar, e nos impediria de inovar. Isso seria negar o que somos. Uma sociedade construída dessa forma, sem criatividade, sem invenção, societal e/ou tecnológica, estaria fadada ao fracasso, à resignação, à depressão. Mas somos obrigados a nos repensar, levando em conta as consequências.

Como já apontei, atualmente o robô está nas mãos da Science Gallery, em Dublin, e pesquisadores em inteligência artificial o estão fazendo transpor diversas etapas: reatividade tátil, reação quando uma pessoa está presente, movimentos mais fluidos do corpo e dos olhos, tradução simultânea francês-inglês, espanhol, alemão, chinês, com o som da minha voz adaptado a essas línguas, impressão instantânea em papel do diálogo e compartilhamento das interações nas redes sociais... Ele será capaz de assinar meu nome em meu lugar, e de desenhar, fazer o seu e o meu autorretrato, e cantar.

Estou impaciente para encontrá-lo assim que a pandemia de Covid permitir. Atualmente, eu precisaria ficar catorze dias fechada num quarto de hotel na Irlanda, sem sair.

O desenvolvimento do meu ORLANoïde acontecerá, provavelmente, no próximo outono.

Jean-François ORLAN Sarah
TADDEI WILSON

CATHARSIS
UN FILM DE DAVID CRONENBERG

scénario **serge grünberg** production **christian bernet** coproduction **espace expansion**
dialogues **isabelle godefroy, frédérique mehdi** direction artistique **eric roux-fontaine**
et **lydiane ferreri** directeur de la photographie **claude allemand-cosneau**
costumes **arlette couturier** décors **marc couturier**

ADMINISTRAR MEU IMAGINÁRIO (1993-2018)

Administrar a vida profissional como artista não é simples, temos à nossa volta muit.o.a.s superior.e.a.s hierárquico.a.s que fazem chover e sair sol, a notoriedade, o conforto financeiro que nos permitirá ou não gerenciar nosso imaginário. Colecionador.e.a.s, produtor.e.a.s, investidor.e.a.s, galeristas, historiador.e.a.s da arte, crític.o.a.s, editor.e.a.s, diretor.e.a.s de museus, curador.e.a.s, empresas, Ministério da Cultura (e os contratos públicos), todos se colocam acima d.o.a.s artistas hierarquicamente, e, é claro, o Eliseu[29]...

Além disso, somos todas e todos poltronas ejetáveis, a não ser que caiamos nas graças de todas e todos ess.e.a.s superior.e.a.s hierárquic.o.a.s para chegar ao grande mercado e, como todos sabem, há poucas mulheres que ultrapassam esse telhado de vidro. Marc Partouche diz: "O artista é forçado, mais do que nunca, a andar na linha: nenhum conforto é permitido".

Eu falo: me deem zeros, deem 00000000, zeros, zeros!

Nas exposições coletivas, há outro problema: os cartazes de divulgação muitas vezes são produzidos sem o nome d.o.a.s artistas, quando, de certa forma, nós patrocinamos a exposição, que não existiria sem nossas obras, nosso investimento e nosso trabalho. Junto com outr.o.a.s artistas, estamos tentando mudar as coisas, pois, até agora, quase sempre não éramos remunerad.o.a.s. Isso é inadmissível porque, para uma exposição, muitas vezes

---

29. Palácio do Eliseu, residência oficial do presidente da República francesa. [N.T.]

dedicamos dois anos de trabalho e atenção: as despesas se multiplicam para produzir as obras, mas também para montar a exposição, coordená-la e se deslocar. É preciso contar com uma equipe remunerada, um ateliê e um depósito para as obras. Tudo isso gera custos enormes, e, no entanto, pedir um cachê compensatório ainda parece espantoso. Agora temos o prazer de ver nosso trabalho ser respeitado e reconhecido pelo Ministério da Cultura, que finalmente decidiu que deveríamos receber uma remuneração. Isso ainda não foi totalmente assimilado nem processado na mente daqueles e daquelas que nos usam, nem necessariamente posto em prática. É absolutamente necessário: nosso trabalho precisa ser reconhecido, e isso para além das vendas e do mercado aleatório.

Atualmente, é preciso estar nas redes sociais, e isso toma muito tempo. É indispensável ser recebid.o.a nos lugares certos como VIP, e também precisamos receber por isso, o que custa muito caro, sobretudo se querem nos receber com Ruinart, com pompas, e com excelentes vinhos para que seus convidados e convidadas voltem! Porque tod.o.a.s são muito requisitad.o.a.s e *blasé.e.s*.

De todo modo, prefiro não beber a beber vinho barato. Gosto de bons vinhos e, à medida que envelheço, percebo que gosto dos grandes vinhos! É devastador, ruinoso! Gosto tanto disso que em 2016 criei meu próprio rótulo de garrafa de vinho onde se lê "L'élan d'ORLAN" [O *élan* de ORLAN], "ORLAN escolheu um vinho de Bordeaux, o Élan, 'para todas as bocas que têm algo a dizer', sem esquecer aquelas que têm algo a fazer, como beijar ou comer, e, sobretudo, sem esquecer as bocas que, perto ou longe, não têm nada para comer e/ou beber e só podem beijar". Também criei uma grande taça em que se pode ver o vinho através das letras jateadas: "CECI EST MON CORPS... CECI EST MON LOGICIEL" [ESTE É MEU CORPO... ESTE É MEU *SOFTWARE*], edição produzida por minha amiga Leïla Voight para o Festival A-part. São grandes taças de formato tulipa com a base jateada à mão por uma mulher vidraceira de Alpilles. A missão não era fácil, porque as letras deviam girar, rodopiar, em diagonal, englobando todo o contorno da taça. Depois de fazer o *tour* dos grandes vidraceiros e sopradores da Europa, foi localmente que encontramos a pessoa certa capaz de executar meu pedido! Uma mulher discreta, especialista em gravura, que jateou magistralmente o recipiente, deixando como um oco os traços das palavras "CECI EST MON CORPS... CECI EST MON LOGICIEL", para que as letras maiúsculas pudessem ser lidas com a taça cheia.

Também precisamos ser classificados no "Art Index", cujos dados são fornecidos pela empresa alemã Artfacts. Se não estivermos na lista, isso se torna problemático, e há somente cem artistas listados... Felizmente, estou lá... Ufa! E não ocupo uma classificação ruim, pois fiz 245 exposições em países estrangeiros, e 30% das exposições da França em 2019 (entre as que foram listadas).

Isso é muito cansativo e estressante! E não se pode regredir nessa classificação! Como fazer quando estamos confinados e as exposições são constantemente adiadas e/ou canceladas?

Há também a competição entre artistas, e muitos se colocam no seu caminho e/ou te copiam! Os impedimentos, os obstáculos estão sempre presentes. Felizmente, há amig.o.a.s de verdade, e muito champanhe cujas bolhas funcionam como antidepressivo, principalmente os bons! Muit.o.a.s artistas não estão nem no Ruinart, nem no bom vinho, nem no "Art Index", então tenho muita sorte, obrigada a meus e minhas superior.e.a.s hierárqui-co.a.s. E esse é também um milagre da Madame de SANTA-ORLAN.

Pour tous miracles consultez mes tarifs [Para outros milagres, consulte minhas tarifas], e *Pour les indulgences consultez directement SAINTE-OR-LAN!* [Para as indulgências, consulte diretamente SANTA-ORLAN!]. É uma obra que criei durante meu período barroco, e que renovo frequentemente.

Mas há também encontros magníficos, cheios de pessoas que te ajudam, há amizades e leituras da minha obra que permitem curar as feridas provocadas pelas vicissitudes da vida de artista, e isso proporciona a energia necessária para continuar a criar, para se superar.

Donatien Grau faz parte das grandes amizades que são importantes para mim. Meu encontro com ele foi deslumbrante! Nunca tinha encontrado alguém tão brilhante e tão generoso. Durante nossa primeira conversa, ele me disse que achava uma pena o fato de Homi K. Bhabha nunca ter escrito a respeito do meu trabalho. Respondi que ele escrevera um texto sobre a minha obra, mas que ninguém conseguira traduzir a escrita dele para mim, de tão sofisticada que ela era. Num ímpeto, ele me pediu imediatamente o texto e começou a traduzi-lo numa velocidade inacreditável, gravando a leitura para que eu pudesse guardar vestígios desse momento. O texto era longo, então isso durou bastante tempo. Além disso, ele quis reler a gravação e corrigir sua tradução depois que a transcrição ficou pronta. Foi maravilhoso.

Nunca conheci ninguém que se doasse tanto a alguém que pouco conhecia, e de forma tão espontânea. Fiquei fascinada por esse gesto e fui definitivamente conquistada por nossa amizade emergente e desde então indefectível.

Depois ele escreveu textos maravilhosamente interessantes sobre minha obra e foi um fantástico intercessor junto a personalidades que gostei muito de conhecer, como Azzedine Alaïa, Fernando Arrabal (que eu já encontrara várias vezes em Nova York), minha queridíssima Pascale Montandon-Jodorowsky, Alejandro Jodorowsky, seres humanos e artistas excepcionais, e muit.o.a.s outr.o.a.s... Fui convidada para a estreia do filme de Alejandro Jodorowsky, *Poesia sem fim*. Esse filme me levou às lágrimas e fui tocada por suas afirmações muito livres e por suas invenções plásticas magníficas. Você precisa assisti-lo. É uma obra-prima.

Donatien Grau me fez participar de diversas publicações, incluindo uma para a qual criei obras a partir dos meus crânios, intitulada *Après la crise. États contemporains de la photographie* [Após a crise. Estados contemporâneos da fotografia], da editora Diaphanes, e outra sobre Paul McCarthy: *Paul in Paris*. Em relação às galerias, muitas expuseram minhas obras, e cada vez é uma nova aventura cheia de esperanças, mas com muitos imprevistos de todos os tipos e não raro com grandes decepções.

Muitas galerias que ficaram com minhas obras não me pagaram pelas que foram vendidas, mas felizmente há as que são íntegras e com as quais é um prazer trabalhar! De todo modo, quando um galerista diz "gosto muito do seu trabalho e gostaria de expô-lo", sinto um grande prazer narcisista que me enche de energia.

No exterior, tudo começou com a galeria Penine Hart de Nova York, depois com a Chassis Post Gallery, agora situada em Atlanta, e a Stux Galerie no Chelsea. Depois, em 1993, uma galeria muito importante na época, a Sandra Gering Gallery, em Nova York, confiou em mim. Ela se mostrou entusiasmada e me ofereceu apoio na orquestração da exposição e de minha performance cirúrgica *Omniprésence*. Tive dificuldade em criar essa grande obra, pois tive de encontrar um cirurgião ou uma cirurgiã que me autorizasse a revelar ao público os bastidores dessa operação, aceitando vestir fantasias, que eu decorasse a sala de cirurgia e que a CBS News filmasse a intervenção!

E foi preciso encontrar os meios práticos e financeiros!

Sandra Gering me sugeriu dois cirurgiões e uma cirurgiã. Decidi trabalhar com a cirurgiã feminista Marjorie Cramer, que entendeu meu projeto e o rumo que eu queria tomar. Ela entendeu que eu não queria necessariamente ficar "*cute*" e simpatizamos muito uma com a outra.

Muitas das minhas obras foram vendidas por intermédio da galeria milanesa BND, de Tomaso Renoldi Bracco, mas essa história acabou muito mal.

Quando comecei a trabalhar com Tomaso Renoldi Bracco, no final dos anos 1990, eu gostava muito da nossa relação de trabalho, bastante proveitosa, energizante e frutífera, pois ele vendia muitas obras minhas. Eu estava convencida de que finalmente encontrara a galeria que eu merecia e de que poderia atravessar uma barreira graças a ele. Ele participava muito de feiras e era um prazer vê-lo em seu estande, radiante e muito bonito, vestindo roupas modernas de grandes marcas, da última moda, repetindo as mesmas informações de novo e de novo a todas as pessoas que passavam, colecionadoras ou não! Sem nunca se cansar dessa tarefa repetitiva, ele colocava nisso sempre o mesmo entusiasmo. Seu grande prazer era vender. Cada vez que ele vendia uma obra, vinha me ver se vangloriando e me oferecia champanhe e/ou enormes buquês de rosas, tão grandes que era impossível encontrar um vaso adequado.

Pouco a pouco, ele começou a ter cada vez mais obras minhas em suas reservas, sobretudo porque ele as havia produzido. Um dia, quando estávamos na Fundação Golinelli, durante a Bienal de Veneza, porque ela comprara obras minhas, ele assinou uma dúzia de cheques diante de várias testemunhas. Eu deveria compensar um por mês ao longo do ano. Aqueles cheques destinavam-se a me pagar por todas as obras que ele vendera. Compensei três, e no quarto o banco contestou. Surpresa, procurei meu gerente, que entrou em contato com o banco italiano para perguntar o que acontecera. Este último afirmou que a assinatura dos cheques restantes não era idêntica à dos que eu compensara até então! O que era, obviamente, falso, absolutamente falso, como as testemunhas presentes no dia da assinatura dos cheques podiam afirmar! Alguns dias antes, Tomaso tinha sugerido me pagar 15 mil euros por mês se eu assinasse um contrato estipulando, entre outras coisas, que eu não tinha o direito de expor meu trabalho num centro de arte, em outra galeria ou num museu sem o acordo prévio dele por escrito, sob pena de ter que lhe pagar uma multa! E de ter nosso contrato rompido.

Pedi que excluísse aquela cláusula inadmissível, pois muitas das minhas obras pertencem a coleções particulares ou públicas e circulam em museus e centros de artes sem que eu seja informada a respeito. Então ele ficou muito irritado e me disse que isso era indiscutível, que eu tinha de aceitar todas as cláusulas para que ele se tornasse meu galerista exclusivo.

Concluí que, furioso, ele provavelmente convenceu seu banco a contestar os cheques que ele assinara em Veneza... para pagar minhas obras que ele vendeu! Fui obrigada a contratar um advogado italiano, movi um processo que ganhei, pois tinha todas as provas, mas, quando os oficiais de justiça foram à galeria, encontraram o local vazio. Meu advogado não conseguiu recuperar nada porque Tomaso se recusava a dizer onde ficava o depósito, e a galeria estava no nome de outra pessoa. Muito tempo depois, quando eu achava que nunca mais ouviria falar dessa história, o advogado me telefonou para avisar que conseguira um cheque da tia de Bracco para mim. Ele a procurou em seu local de trabalho, um laboratório farmacêutico que tinha seu nome e que ela administrava, e a convencera a lhe entregar um cheque, o que ela fez para evitar o vexame de um escândalo diante de seus funcionários e funcionárias.

Tive também uma galerista em Milão, a Fiorella Lattuada. Eu gostava muito da Fiorella, mas era uma bagunça, e sempre que ela dizia que ia "sistemar" eu ficava com medo, porque essas "combinações" eram umas mais loucas que as outras. Ela já faleceu. Sinto saudades. Eu nutria um grande afeto por ela. Seu filho, Flavio, ainda tem muitas obras minhas. Fiorella queria que eu fizesse uma exposição com eles para apresentar todas as obras que eles tinham pegado emprestadas! ou não? Veremos como as coisas vão se desenrolar!... Estou pessimista em relação a essa exposição sem a Fiorella.

Depois, uma galeria do sul da Itália, a Martina Franca, veio a Paris comprar obras minhas e me propor uma exposição.

Mandei muitas obras para essa exposição e nunca mais as vi. A galeria disse que ficaria com elas por um ano, mas esse ano já passou e, como costuma acontecer, eles preferiram ficar com as minhas obras sem me comunicar... uma chateação, e não respondem mais aos meus *e-mails*.

Dois ou três anos depois, tentei lhes telefonar e dizer em alto e bom som que queria minhas obras de volta, mas o número de telefone já não funcionava. Perguntei e descobri que a galeria não existe mais. Nunca soube o que foi feito das minhas obras, nem onde essas pessoas foram parar... Depois desses dois negócios catastróficos, fui categórica: nunca mais trabalhar com uma galeria italiana! Muitas delas me fizeram propostas tentadoras que sempre recusei; até Eugenio Viola, um curador jovem que fez um doutorado sobre minha obra e apoiou muito meu trabalho. Ele tinha acabado de expor minhas obras barrocas no Madre Museum, em Nápoles, e me recomendou trabalhar com a Prometeo Gallery, onde desejava organizar exposições. Cedi, pois é uma boa galeria com uma ótima programação, com a ressalva de que ela comprasse todas as obras que quisesse expor. Assim foi feito e tive belas exposições sem nenhuma preocupação ou medo de perder minhas obras. Que prazer!

O Ben fala que sempre que exponho sou dominada por uma paranoia. Será que vão me devolver minhas obras?

Nós, artistas, nos entendemos!

Também foi um prazer expor com minha amiga Stéphanie Miscetti em Roma, mas, apesar dos seus esforços, ela vendia pouco. Expus também com Roberto Peccolo em Livorno. Ele expôs um conjunto de fotografias da minha performance no Palazzo Grassi, em Veneza, assim como lindas e grandes fotografias de estudos de drapeados. Eu já trabalhara com ele quando era muito jovem, e guardava uma boa lembrança dessa experiência. Na época, fiz uma exposição dos meus vestidos de pregas feitos com os lençóis do meu enxoval, e criei uma instalação com uma das minhas esculturas de mármore carrara. Ou seja, nem todos os galeristas italianos são iguais!...

Os prazeres são diversos na vida de um.a artista... Depois fui representada pela Ace Gallery, durante muito tempo uma das grandes galerias de Los Angeles, mas cujo proprietário, Douglas Chrismas, teve sérios problemas com a justiça. Ele chegou a ser preso diversas vezes. Era um extremista da arte, projetava exposições extraordinárias em lugares gigantescos, e todos ou quase todos os grandes artistas estadunidenses trabalharam com ele, pois ele adorava as obras de arte e sabia se conectar a elas. Mas ele gostava tanto do dinheiro e das obras que ficava com ambos e raramente pagava os artistas!

Muitos o processaram, como Robert Rauschenberg, Sol LeWitt, Ken Feingold e ainda Jannis Kounellis, entre muitos outros.

Há mais ou menos três anos, ele voltou a ser preso, e a galeria, que faliu, foi fechada. Ele ficou com doze obras minhas e duas das obras vendidas para a Fundação Weisman não me foram pagas! Graças à gentileza do meu amigo Paul McCarthy, que foi salvá-las e guardou as doze obras num local seguro do seu *storage*, consegui recuperá-las por intermédio da minha nova galeria, Ceysson & Bénétière, e agora elas estão em seu *storage* de Nova York.

Estes não foram os únicos inconvenientes das minhas relações com as galerias. Também tive um grande problema com a galeria Séjul, de Seul. No início eu achava nossa colaboração muito agradável, principalmente porque um de meus alunos artistas da Escola Nacional Superior de Arte de Dijon, Kyungho Lee, trabalhava lá na época. Gosto muito do trabalho dele e de sua personalidade. Inclusive o contratei para trabalhar numa das minhas performances no Centre Georges Pompidou. A galeria era muito bonita, um espaço imenso e bastante iluminado que ocupava três andares. Eles organizaram diversas exposições para minhas obras, em particular para as *Self-hybridations* e para meus vídeos. Depois fiz diversas outras exposições em Seul e na Coreia, e sobretudo uma retrospectiva muito relevante no museu Sungkok, para o qual a galeria Séjul emprestara algumas obras para minha retrospectiva.

Desde essa retrospectiva, é impossível recuperar minhas obras e o dinheiro que me devem. Provavelmente já foram parcialmente vendidas? A galeria Séjul, de ano em ano, passa o tempo todo dizendo que vai me devolver as obras no Natal seguinte, e apesar da intervenção da embaixada da França e dos serviços culturais, ainda não consegui tê-las de volta. Não sei em que condições elas estão, se todas foram vendidas ou não, se eles realmente vão me devolver, como dizem. Mas quando? Não acredito mais nisso. Certamente vai ser preciso abrir um processo por roubo.

Tive o mesmo problema com obras expostas em uma pequena galeria nova-iorquina, a Elga Wimmer. Trabalhei uma vez com ela, expondo *L'Origine de la guerre* [A origem da guerra]. Ela era encarregada pela curadoria da exposição *Body and Soul* [Corpo e alma], no Palazzo Pisani, onde havia também obras de VALIE EXPORT, Nicola L. e Carolee Schneemann. Era um evento anexo à Bienal de Veneza – ela nos dava seu selo e nós estávamos no catálogo da Bienal – durante o qual criei diversas performances, mas expus, sobretudo, obras da série *Masques de l'Opéra de Pékin, facing designs et réalité augmentée* [Máscaras da Ópera de Pequim, *facing designs* e realidade aumentada], e também *Le Baiser de l'artiste* e *Mise en scène pour un grand FIAT*. Nem VALIE EXPORT, nem Nicola L., nem Carolee Schneemann, nem eu conseguimos pegar nossas obras de volta, porque o patrocinador que deveria pagar pela locação do espaço nunca quitou a fatura e alguém do Palazzo Pisani se achou no direito de ficar com as obras dos artistas para se ressarcir do prejuízo, o que é ilegal. Diversas pessoas intervieram, e eu mesma tentei fazer alguma coisa para resolver o problema. Pedi a Elga Wimmer que me prestasse contas, mas ela me disse o tempo todo para não me preocupar, que as coisas se resolveriam... Isso já deve fazer mais de quatro anos e eu ainda não recebi nenhuma notícia! O que fazer, abrir um processo por roubo? Na Itália? Na Coreia?

Fala-se muito do problema da remuneração dos artistas, mas bem pouco do roubo de obras que, entretanto, é uma prática recorrente... Precisaríamos de um advogado permanente ao nosso lado. Praticamente todos os artistas à minha volta viveram histórias como essas.

Algumas galerias se recusaram a me representar, sob o pretexto de que minha obra era muito difícil de ser vendida... Porém, para algumas, em alguns períodos, as vendas funcionam muito bem. Tudo depende da galeria que expõe as obras e da publicidade feita em torno das exposições. Uma mesma obra terá mais sucesso se for exposta na Gagosian do que se for apresentada em uma pequena galeria pouco conhecida ou se for exposta somente no ateliê. Isso muda tudo!

Várias vezes na vida, achei que tudo mudaria para mim financeiramente, que eu finalmente ia respirar e poder empreender e produzir mais obras importantes e em grande formato, incluindo esculturas. Mas ainda enfrento as mesmas dificuldades. Meu objetivo nunca foi ficar rica, mas poder gerenciar meu imaginário. Nunca tenho dinheiro suficiente para fazer as obras da envergadura que desejaria, e com as dimensões e os materiais que escolhesse. É muito difícil viver, e está ficando cada vez mais difícil. Sobretudo porque esse período de confinamento impactou demais o meio da arte, e porque a inteligência artificial, os robôs, as novas tecnologias custam caríssimo. Eu deveria mergulhar na aquarela ou no giz pastel!

As Guerilla Girls dizem:

"Ser uma mulher artista é fantástico! pois nossa carreira pode explodir... a partir dos oitenta anos!"

Já percorri boa parte do caminho, então estou bem otimista quanto ao meu futuro!

Trabalhei com a galeria de Yvonamor Palix, de quem gostava muito. Ela vendeu, entre outras, minhas peças de *Self-hybridations* a François Pinault e a Jacques Kerchache, e organizou belos *solo shows* para minha obra na FIAC e no México. Mas um dia Yvonamor Palix fechou a galeria e foi viver e trabalhar nos Estados Unidos.

Muito antes disso, minhas obras eram representadas pela galeria J & J Donguy e pela galeria NRA, na rua du Jour, em Paris, que tinha outra galeria em Mâcon, onde também expus. Também tive uma galeria muito boa em Tel-Aviv, a Chelouche Gallery, e a excelente galeria de Hélène Lamarque em Miami, mas infelizmente ela fechou e ainda não revi as obras expostas... Espero que ela as devolva um dia! Aguardemos os próximos capítulos!

As galerias se sucedem, mas não são iguais...

Minha passagem pela galeria J & J Donguy foi incrível. Essa galeria era administrada por dois irmãos, Jean, responsável pela parte administrativa, e Jacques, que supervisionava a programação d.o.a.s artistas. Ele é um historiador da arte e grande especialista em poesia concreta, sonora, visual e eletrônica. Uma enciclopédia sobre esses assuntos. Recentemente ele também produziu publicações como *Celebrity Cafe*, além de escrever diversos livros.

Um personagem bastante introvertido, introspectivo, que tinha muita dificuldade para se comunicar e, inevitavelmente, para ser galerista. Todavia, ele tinha um programa muito afiado, fantástico, mas muito elitista, e a galeria, espaçosa e iluminada, era também muito fechada em si mesma.

Não posso deixar de contar um caso para vocês. Jacques Donguy morava parcialmente com uma psicanalista em um *loft* no térreo, muito perto do meu em Ivry-sur-Seine, na Manufacture des œillets. Um dia saí de casa para tomar meu chá verde no grande jardim compartilhado e dei de cara com o imenso artista estadunidense La Monte Young. Estupefata, falei para ele: "Mas o que você está fazendo aqui?" Ele me disse: "E você?" Respondi: "Ora, eu moro aqui! E você mora em Nova York." Ele me respondeu: "Sabia que esta noite vou expor na galeria Donguy?" Nessa época era a galeria Donguy que me representava, eu vivia do lado de Jacques Donguy e ele sabia muito bem que éramos amigos, mas não fui avisada por nenhum meio de que havia uma exposição de La Monte Young e Marian Zazeela na galeria! Então fui ao vernissage graças a La Monte Young. A instalação estava incrível, magnífica, muito profissional, mas não havia ninguém na galeria, ou praticamente ninguém. Os galeristas provavelmente não tinham enviado nenhum convite, ou talvez apenas cinco ou seis, para personalidades do Ministério da Cultura. Depois do vernissage, La Monte Young me disse: "Vai ter um coquetel na casa de uma amiga do Jacques Donguy, do lado da sua casa". Graças a essa indicação, pude ir a essa festa.

O *loft* era imenso, sem móveis, sem nada, apenas uma mesa e algumas cadeiras, e lá também não havia quase ninguém, só cinco, seis pessoas, talvez sete! E não havia quase nada para beber nem para comer. Era de chorar. Esse grande artista norte-americano, tão extraordinário, tinha vindo expor em Paris, isso poderia ter sido um evento enorme e *so* parisiense!

Mas como sempre Jacques Donguy não tinha avisado ninguém. Seu grande prazer teria sido me encontrar no jardim no dia seguinte e eu dizer:

"O que você tem feito atualmente?". E me responderia com um sorrisinho malicioso e mexendo a cabeça: "Ontem aconteceu o vernissage de La Monte Young na galeria". Galeria em que estavam lado a lado Thierry Agullo, Pierre Molinier, Tolsty, Michel Journiac, Yvon Messac, Jean-Luc Moulène, Esther Ferrer, Charles Dreyfus, Julien Blaine, Jean-François Bory, Bernard Heidsieck, Françoise Janicot, John Giorno.

Ele teria gostado do fato de eu perder o vernissage para ele poder me contar depois, demonstrando como sua programação era extraordinária. Mas ele queria desfrutar disso sozinho. Com isso poderia exercer seu pequeno poder; completamente contraproducente para as vendas e a reputação da galeria, mas para ele também.

Também tive uma passagem pela galeria Guy Pieters. Gosto muito dele e também da sua esposa, Linda. Amo essas duas pessoas que têm a coragem de viver tão intensamente, que percorrem o mapa da vida a toda velocidade, apesar de terem passado por uma tragédia terrível com a morte do filho, que tanto os abalou.

Guy Pieters sempre me honrou e me tratou como uma rainha. Assim como todos os seus outros artistas. Foi uma passagem breve, mas sempre agradável, com festas enormes, e dançávamos muito. Guy Pieters se atirava sobre as pessoas que dançavam, para que o pegassem e o carregassem nos braços, era uma loucura! E energizante... os colecionadores flamengos adoravam. Eu também jogava bocha na pracinha de Saint-Paul-de-Vence com eles e Guy Pieters, todos de bermuda!

Tive também uma passagem breve pela galeria de Jacqueline Rabouan Moussion. Ela era muito simpática, esperta e tinha sempre estandes extremamente bonitos nas feiras. Lembro de um momento memorável na galeria, durante o vernissage de Otto Muehl: ela tinha ficado nua sobre uma mesa para participar da performance do artista e todo mundo vinha tocá-la, acariciá-la, beijá-la. Lembro-me de ter beijado suas delicadas nádegas. Ela é uma mulher livre, inventiva, criativa, e eu gostava disso. Eu gostava disso, mas não gostava muito de seu artista, o guru lascivo da seita, Otto Muehl.

Desde 2018, tenho o prazer de ser representada pela galeria Ceysson & Bénétière, cujo fundador, Bernard Ceysson, é um personagem importante do cenário artístico francês e de Saint-Étienne, assim como Maurice

Allemand. Ele era diretor do Museu da Arte e da Indústria de 1947 a 1966, o único museu da cidade na época. Ele é responsável pela coleção de arte moderna do primeiro museu de Arte moderna da região, o Museu de Arte Moderna e Contemporânea, fundado em 1987.

Bernard Ceysson, depois de ter sido curador do Centre Georges Pompidou, foi encarregado, por uma proposta de M. Guichard, proprietário e diretor das lojas Casino, da direção do novo Museu de Arte Moderna de Saint-Étienne. Ele contribuiu imensamente para o enriquecimento da coleção permanente, para a qual mandou comprar peças importantes de muitos artistas, a maior parte estadunidenses pouco conhecidos na França, como Donald Judd, Sol LeWitt e vários outros... É a segunda ou terceira maior coleção francesa de arte contemporânea.

Quando eu morava em Saint-Étienne, os jornais me chamavam de poetisa, pois eu fazia performances de rua com amig.o.a.s declamando meus textos em alto e bom som. Eu estava no meio da arte e convivia com artistas de Saint-Étienne, como o pintor Giraudon e o artista Didi, ou ainda o poeta Henri-Simon Faure e a pintora Lell Boehm, a quem convidei para participar da minha obra *Prosésies écrites*, redigindo os prefácios, mas também com muitas personalidades da Comédia de Saint-Étienne, como Jean Dasté, além de Marcel Maréchal e Patrice Chéreau...

Eu cruzava com Bernard Ceysson nos vernissages, mas na época ele nunca me perguntou nada sobre minhas diversas práticas artísticas. A poesia provavelmente prevalecia. É uma pena, mas é ótimo que tenhamos nos encontrado muito tempo depois, em 2008, durante a exposição *Sk-interfaces*, no Casino Luxembourg, cujo curador era meu amigo Jens Hauser, pesquisador de biotecnologia. Foi nessa ocasião que visitei a bela galeria de Bernard Ceysson e Loïc Bénétière. Na época, muitos o condenavam por ter passado do setor público para o privado, mas sempre achei que ele tinha competência para isso! Foi maravilhoso vê-lo viver a arte de diferentes perspectivas, arriscando-se como galerista, e não apenas qualquer galerista, mas um que apoia a arte e os artistas franceses do movimento Supports/Surfaces.

Ele já tinha colaborado comigo uma vez em 1990, escrevendo um texto muito bonito intitulado "ORLAN ultime chef d'oeuvre" [ORLAN obra-prima definitiva] para o catálogo de uma das minhas exposições, *Les Vingt Ans de pub & de ciné de SAINTE-ORLAN* [Os vinte anos de publicidade & cinema de SAINTE-ORLAN], o primeiro catálogo que mencionava as operações-cirúrgicas-performativas que eu começaria mais tarde.

A galeria Michel Rein, em Paris, representou meu trabalho de 2004 a 2018. Michel Rein me foi apresentado por Alain Julien-Laferrière, diretor do Centro de Criação Contemporânea de Tours, e Jean-Noël Flammarion, um colecionador que adoro e que comprou muitas obras minhas. No início tudo correu muito bem! Michel Rein tem visão, é cativante e apoiou muito o meu trabalho. Ele tinha excelentes artistas, mas havia alguns anos deixara de vender muitas obras minhas, interpretava com exagero os anti-heróis, o que no início me fazia gargalhar, mas não me dava muita energia.

É um galerista que respeito muito, mas era hora de encontrar outro ambiente. É indispensável para poder conhecer outr.o.a.s colecionar.e.a.s e obter uma nova energia.

Eu sempre encontrava Alain Quemin, grande sociólogo e amante da arte. Ele tinha uma relação afetiva com meu trabalho, pois eu era sua primeira lembrança de arte contemporânea. Aos nove anos, ele viu uma reportagem sobre Le Baiser de l'artiste na TV, e aquela sequência o intrigou e marcou profundamente. Ele quis me apresentar à galeria Ceysson & Bénétière dizendo que era excelente, jovem e dinâmica e poderia trabalhar bem comigo, e que, com suas quatro galerias e as dezenas de feiras de que participavam, meu trabalho ganharia mais visibilidade. Assim como eu, eles também eram de Saint-Étienne. Bernard Ceysson e eu participamos ativamente do nascimento da arte contemporânea na França, e a galeria representava os pintores franceses mais importantes da minha geração. Com o tempo, eu trouxe para essa geração outros tipos de práticas... e uma presença feminina que faltava até então! No início, fiquei muito surpresa, pois a galeria Ceysson & Bénétière é reconhecida por apoiar os artistas do Supports/Surfaces, que respeito e admiro por serem inovadores, e, portanto, os pintores, mas aceitei conhecê-los e os convidei para visitar meu ateliê.

Em julho de 2018, toda a equipe fez a viagem e eles se mostraram muito impressionados com o que viam nas paredes. Eles não tinham imaginado isso, não conheciam a dimensão do meu trabalho. Fiquei muito feliz em reencontrar Bernard Ceysson depois de tê-lo perdido de vista, e também em conhecer François Ceysson, seu filho, bonito, misterioso, simpático e muito discreto, assim como Loïc Bénétière, casado com a curadora Anne Favier. Eu já a conhecia, pois ela havia participado da minha performance para o vernissage de minha retrospectiva no Museu de Arte Moderna em 2007. A outra galeria de Paris é dirigida por Loïc Garrier, e Maelle Ebelle é atualmente diretora da galeria em Luxemburgo. Foi divertido porque toda a equipe era da minha cidade: eu, que não gosto de voltar às origens, estava bem servida!

Depois disso, tudo aconteceu muito rápido. Após visitar meu ateliê, eles imediatamente me propuseram que trabalhasse com a galeria deles. Fiquei muito entusiasmada com essa ideia, que vinha a calhar, e estava contente não apenas porque eles tinham uma galeria em Paris, mas também uma em Nova York, uma grande em Saint-Étienne com uma editora, uma impressionante em Luxemburgo e uma bem pequena em Genebra. Também fiquei encantada com as inúmeras participações deles em feiras de arte contemporânea. Dezenas delas (antes do confinamento). Eu realmente mudaria de patamar ao ser representada por essa galeria, pois eles também estavam passando por uma nova fase ao começar a trabalhar com artistas como Aurélie Pétrel, mounir fatmi, cujo trabalho admiro muito, além de Lionel Sabatté, Daniel Firman e meu amigo e grande artista Bernar Venet. Adoro sua obra, sua generosidade e sua maravilhosa fundação, um imenso parque de esculturas extraordinárias, um dos mais belos e dos melhores que já conheci. Também gosto muito de Diane Venet, sua esposa, que tem uma magnífica coleção de joias de artistas. Aliás, ela também produziu joias para mim, que são a sequência lógica de algumas das minhas obras, e me incluiu em sua magnífica exposição *De Calder à Koons. Bijoux d'artistes*, em 2018, no Museu de Artes Decorativas de Paris.

Para mim, a joia é como uma escultura monumental móvel, que todo mundo pode ver sem precisar entrar num museu, encontrando-a em seu caminho. Uma joia cria um apelo, temos vontade de vê-la de perto, por curiosidade nos aproximamos da pessoa, de seu corpo, e assim também podemos sentir seu perfume.

Foi no final de julho e eles me propuseram expor minhas obras em outubro na galeria deles de Nova York, e depois em Luxemburgo. Nos despedimos com essa proposta.

Eles voltaram alguns dias depois dizendo: "Na verdade, podemos fazer algo melhor: se você se sentir capaz, podemos fazer essa exposição na galeria de Paris durante a FIAC".

Então, estávamos no final de julho e a exposição era para o começo de outubro! Eu disse a eles que me sentia absolutamente capaz de trabalhar durante todo o verão para montar a exposição a tempo. No entanto, para mim era impensável expor obras sem que a editora deles imprimisse um catálogo, pois as obras que eu queria expor nunca tinham sido catalogadas, e perguntei se eles seriam então capazes de editá-lo em tão pouco tempo.

Foi algo inédito! Normalmente as galerias sempre pedem para o artista expor uma série nova, mas eles me deixaram livre para apresentar o que eu quisesse, pois queriam reler toda minha obra por um prisma histórico. Eles aceitaram meu pedido do catálogo, dizendo: "Vai ser difícil, já que ninguém trabalha em agosto, mas vamos em frente, vai dar certo, vamos conseguir!". E eles conseguiram! Eles foram extremamente ágeis. Dois dias depois, já tinham encontrado duas autoras: uma norte-americana, Eli Hill, e uma francesa, Léa Chauvel-Lévy, para escrever sobre minha obra, e Bernard Ceysson sugeriu a escrita de um breve prefácio, de mil e quinhentos caracteres, mas acabou entregando quinze mil, mas no último minuto. Foi formidável! Eles publicaram dois catálogos esplêndidos, um em francês e outro em inglês, com capas diferentes apresentando obras que só foram expostas uma vez, numa exposição nos arredores de Saint-Étienne, nos anos 1970, antes de eu as armazenar. Elas estavam num estado lastimável, era impossível exibi-las e impossível restaurá-las. Assim, foi preciso refazer tudo, mas essas obras se impunham para essa primeira exposição na galeria, pois eu tinha certeza de surpreender a todos com essa série inédita. Eu queria zombar dos que desejam me reduzir à condição de artista de performance, quando minha obra abrange muitos outros meios, tradicionais ou não, como a pintura, a escultura, o desenho, a fotografia, o vídeo, a robótica...

Como muitos outros artistas, comecei com desenho e pintura, e volto frequentemente a eles. Na época em que produzi essas obras pintadas, eu não queria criar pinturas piegas nem usar pincéis, uma ferramenta que me parecia tão comum, tão tradicional!

Decidi pintar com uma pistola emprestada de um mecânico vizinho, e ele me ensinou como usá-la. Acho que ele ficou encantado comigo! Eu o convenci a me emprestar, fora do horário do expediente, um espaço para trabalhar em paz, longe do pó.

Primeiro fiz pesquisas, esboços e desenhos, depois criei obras abstratas que pintei com a pistola sobre laminado branco com sistemas de reservas. Estraguei alguns! A pintura se infiltrava sob os pedaços de fita adesiva, mas persisti até obter o acabamento perfeito. Isso resultou em obras extremamente brilhantes, envernizadas como um espelho no qual a pessoa consegue se ver. É uma pintura abstrata geométrica, quase industrial, sem o menor vestígio de corpo, mas é o observador quem faz a obra! Ao passar e observar a pintura, ao mesmo tempo ele pode se ver dentro dela. O corpo está ali, os espectadores estão na obra de arte! A obra de arte é o reflexo deles no espelho.

Mais tarde, a representação do corpo e sua condição assumiram um lugar cada vez mais preponderante em meu trabalho.

Essa primeira exposição na Ceysson & Bénétière foi intitulada *ORLAN avant ORLAN* [ORLAN antes de ORLAN], e teve excelente repercussão. Em especial, podia-se ver, pendurada perto do teto e em frente à porta de entrada, na parede que pedi para pintar de preto, uma obra em acrílico sobre tela de três metros por dois, emprestada para a ocasião por Sylvie Froux, diretora do FRAC da Normandia. Era um de meus cartazes de cinema da série *Plan du film* [Plano do filme]. Os galeristas foram incríveis nessa exposição. Eles ocuparam uma página inteira de publicidade na *Artforum*, publicaram os dois catálogos e organizaram um grande e delicioso jantar para duzentas e cinquenta pessoas escolhidas a dedo. Para agradar o.a.s convidad.o.a.s, colecionador.e.a.s e galeristas, e apesar de estar exausta, criei uma grande performance com as minhas efígies coladas em madeira e recortadas, as mesmas que apareciam no cartaz de cinema de *ORLAN avant ORLAN*. Convidei uma amiga, cantora lírica dona de uma voz maravilhosa e performática, Loré Lixenberg – já tínhamos trabalhado juntas em Berlim, na exposição do La Plaque Tournante, organizada por seu parceiro e nosso amigo em comum, o historiador da arte, colecionador e compositor de música eletrônica Frédéric Acquaviva –, para cantar, "vocalizar" em várias línguas uma frase de Nietzsche que adoro: "Temos a arte para não morrer da verdade", durante toda a minha performance.

Existe um vídeo muito bonito dessa performance, no fim da qual convidei todos os espectadores a tirarem fotos com minhas efígies de corpos nus, incluindo as do *MesuRAGE* e de mim como madona, entre outras... Isso criou um clima muito bom, uma interatividade e uma conexão com o público que sempre busquei em minha obra. Gosto de estabelecer uma relação agradável, amigável e divertida com o.a.s espectador.e.a.s, que assim se tornam participantes, atores e atrizes, se quiserem.

Em *ORLAN avant ORLAN*, também expusemos colagens antigas. Assim que descobri a fotocopiadora, me apressei em fazer cópias de uma placa de mármore e criar um falso mármore em papéis coloridos, que depois recortei em forma geométrica e colei em papelão. Também usei fotocópias coladas e recortadas da época barroca, que depois realcei com pastel, tinta ou ainda folhagens, flores de plástico ou penas.

Alain Sayag, então curador do departamento de fotografia do Centre Pompidou, me incluiu na primeira exposição de "copy art" que organizou.

Graças à minha galeria de Valência e Madri, na Espanha, pude recuperar essas colagens que não via desde que Pierre Restany, que gostava delas, as expôs ao lado de obras de Léa Lublin num evento acompanhado por um belo catálogo que ele escreveu com sua pena magnífica. Mira Bernabeu, diretor da Galeria Espaivisor, leu esse catálogo de Pierre Restany, que tinha duas capas – uma dizia: "Léa Lublin – ORLAN", a outra: "ORLAN – Léa Lublin". Ele queria refazer uma exposição com essas obras na FIAC e depois em sua galeria. Ele me pediu para encontrá-las, mas procurei muito, sem resultado, e já estava conformada com a perda. Mas ele não parou de me pressionar e um dia procuramos tod.o.a.s junt.o.a.s, inclusive o.a.s assistentes, e, de tanto revirar tudo no meu porão, encontrei a pasta com o desenho debaixo de outras pastas, bem escondida pelo "caos" do espaço.

Assim que o avisei, ele pulou num avião para vir vê-las e escolher aquelas que queria restaurar, emoldurar e expor. Ele montou um estande muito bom na FIAC, onde vendeu muita coisa. Essas obras tinham sumido completamente da minha mente, o que não surpreende muito depois de mais de trinta anos sem vê-las! Muitas das minhas obras foram expostas uma única vez e depois se perderam ou adormeceram em meu estoque e na memória coletiva. O mesmo aconteceu com as serigrafias da época, que a galeria reeditou e exibiu nessa exposição que fez muito sucesso.

Depois expus na galeria deles na Madison Avenue, em Nova York, onde a exposição, muito bonita, retraçou minha história. Uma vez mais, eles me dedicaram uma página inteira na *Art Forum*. O vernissage aconteceu no dia 12 de setembro e a exposição apresentava fotos das minhas operações-cirúrgicas-performativas criadas em Nova York em 1993, incluindo a famosa *Refiguration d'ORLAN et défiguration de New York* [Refiguração de ORLAN e desfiguração de Nova York], na qual poso após a cirurgia no meu quarto no Millenium, diante das janelas de onde se viam as Torres Gêmeas, agora desaparecidas. Essa obra comemorativa do 11 de Setembro foi muito apreciada e rapidamente vendida em Nova York.

No entanto, um amigo de Michel Rein, que trabalhava na área de comunicação, nos disse que nunca mais deveríamos falar e/ou mostrar minhas obras das operações-cirúrgicas-performativas! se não quiséssemos afastar o.a.s colecionador.e.a.s.

A VITÓRIA DE SAMOTRÁCIA (2007)

O Museu de Arte Contemporânea de Saint-Étienne, minha cidade natal, organizou uma grande retrospectiva de minha obra em 2007, com Lóránd Hegyi, assistido por Eugenio Viola, que apoia meu trabalho há muito tempo, para celebrar meu sexagésimo aniversário. O título da monografia é *Le récit* [A narrativa], e ela foi publicada pelas edições Charta para a ocasião, reunindo textos escritos por Lóránd Hegyi, Peggy Phelan, Eugenio Viola, Joerg Bader, Donald Kuspit e Marcela Iacub.

Bernar Venet comprou uma obra minha para participar da produção da publicação, porque o museu não tinha o orçamento completo para um catálogo tão grande como esse, e eu também não. Obrigada, Bernar.

É um acontecimento importante, porque admiro muito a coleção do museu, fundada e concebida em grande parte por Bernard Ceysson. Minha retrospectiva pretendia ser exaustiva, ou quase, e Lóránd Hegyi colocou à minha disposição 2 mil metros quadrados, retirando todas as peças da coleção permanente, oferecendo-me assim a oportunidade de mostrar a grande diversidade das minhas obras plásticas e demonstrar que criei muitas obras, não apenas atos efêmeros. Eu estava muito feliz por poder expor uma grande quantidade de peças que comunicam toda a extensão do meu trabalho e finalmente me livrar dessa etiqueta de artista da performance que sempre me colocaram à força. Lóránd Hegyi mostrou minhas esculturas, minhas instalações e as grandes telas do *Plan du film*.

Sou uma artista que não se interessa pelos materiais, pela técnica ou pelas tecnologias novas ou antigas. O que me interessa é o conceito, coluna vertebral da obra, e a materialidade é sua carne. Ela sempre intervém num segundo momento, e está presente para revelar a essência da ideia, é a melhor maneira de dizer o que quero dizer, mas não ocupa o primeiro lugar, não é um objetivo.

Eu me considero uma artista conceitual que ama a carne e a cor. Sempre fico surpresa quando falam da simplicidade, da beleza, da pureza das pedras das igrejas, quando quase todas as igrejas ocidentais e as construções antigas, asiáticas, ameríndias... foram pintadas com cores vivas que hoje seriam consideradas bregas, espalhafatosas, extravagantes, sarapintadas e de mau gosto!

Todo nosso pretenso bom gosto está baseado numa ideia falsa, pois a maioria das igrejas não conservou vestígios de policromia e não foram restauradas. Apenas o teto, ou quase, como o da igreja de Saint-Germain, foi refeito com suas mesmas cores. Mas ninguém quer restaurar as pinturas policrômicas da mesma forma, achando que é de mau gosto, que é brega. Berrante, dizem eles com ar de desgosto.

Até essa exposição de 2007, eu não tinha voltado a Saint-Étienne desde a morte da minha mãe, em 1991, de câncer no intestino. Meu pai tinha falecido de câncer no estômago. Não gosto de voltar para trás, gosto de viver e ver outras coisas, coisas novas, seguir em frente.

Um dia, enquanto dirigia para o MAMC+ para trabalhar na exposição, me perdi. Não peguei a saída correta da estrada e, surpresa, me vi num bairro que me parecia familiar. Levei um bom tempo para reagir e entender onde estava. De repente me dei conta de que estava em Tardy, o bairro da minha infância, com sua igrejinha pavorosa na qual nunca pus os pés, mas que eu podia ver da minha janela, com a estrada de ferro abaixo, que tinha sido completamente bombardeada pelos alemães durante a guerra.

Diante dessa descoberta desconcertante, diminuí a velocidade, revisitei algumas ruas, depois parei o carro diante do meu jardim de infância, que fica bem em frente da casa onde morei, do outro lado da linha do trem. O jardim de infância também foi totalmente destruído durante a guerra e muitas crianças morreram sufocadas em seus porões. Aliás, minha irmã, Yvonne, quase foi uma dessas crianças, mas por sorte nessa época ela estava em Chasseur, no campo, com meus pais.

Desci do carro e observei por um bom tempo aquele prédio reconstruído rapidamente da forma mais banal e menos onerosa possível, com muros rebocados de cinza-claro. De repente, vi uma espécie de nicho no alto, abrigando uma reprodução da *Vitória de Samotrácia*, único vestígio do antigo edifício. Ao observar aquela pequena cópia, entendi que ela estava impressa em meus circuitos, que era um fóssil dentro de mim. Todas as obras que criei, ou quase todas, com drapeados parecem ter vindo dessa *Vitória de Samotrácia*. Para mim, ela é um exemplo extraordinário de força e de dinamismo, e eu gostaria que todas as mulheres tivessem essa vivacidade. Ela é fabulosa, decidida, altiva, obstinada, mesmo tendo perdido a cabeça. Ela tem objetivos, metas, caminha na direção de alguma coisa e seus drapeados são magníficos, conduzidos pelo movimento.

Talvez seja por ela não ter cabeça que me identifiquei, imaginando meu rosto no lugar do dela, ausente.

Durante o confinamento, finalmente consegui criar uma obra fotográfica na qual meu rosto substitui a cabeça ausente na estátua. Eu deveria ter feito isso há muito tempo e gostaria de produzi-la em mármore. Aguardemos as cenas dos próximos capítulos...

CHICKS ON SPEED (2012)

Em 2012, minha magnífica e singular amiga Diane Pernet, que sempre usa óculos escuros e se veste com um longo vestido preto e uma grande e alta mantilha presa por duas joias em forma de aranha, me deu o papel de mestra de cerimônias e presidenta do júri do seu festival A Shaded View on Fashion Film (ASVOFF), no Centre Georges Pompidou. Um belo evento do qual Jean-Paul Gaultier participou como convidado de honra.

Ao final de uma projeção, duas mulheres me procuraram para me dizer que eram minhas fãs e adoravam meu trabalho. Conversamos brevemente e descobri que, desde 1997, elas formavam um grupo musical chamado Chicks on Speed. Elas me disseram rapidamente que desejavam que trabalhássemos juntas e que eu precisava ir ao show delas dali a alguns dias, ainda como parte do festival ASVOFF de Diane Pernet, criadora de tendências. Fiquei com muita vontade de ir e, apesar de uma agenda muito cheia, foi o que fiz, pois elas insistiram muito para que eu fosse e, como sempre, eu estava curiosa.

Então aconteceu uma coisa muito engraçada: infelizmente, eu estava muito atrasada e pensei em entrar na sala pelos fundos, para poder me infiltrar no espaço o mais discretamente possível, mas abri uma porta que praticamente dava para o palco! Elas imediatamente vieram me buscar e me levaram para o centro. Eu não esperava por isso e não tinha preparado nada, então não foi um exercício fácil para mim. Por sorte, naquele dia eu estava usando um cachecol laranja fluorescente bem comprido, com o qual brinquei com elas no palco durante bastante tempo. Dançamos, improvisamos e até repeti algumas palavras das músicas que elas estavam cantando! Demos tanta liga que prometemos trabalhar juntas na primeira oportunidade.

Essa oportunidade surgiu cinco anos depois, em 2017, quando fui convidada pelos proprietários do Silencio para participar da programação da outra boate deles, que agora se chama Salò (antes era o Social Club). O projeto deles consistia em propor a artistas conhecidos a criação e exposição de um programa de cinco dias para o estabelecimento deles. Eles convidaram Larry Clark, Michel Gondry, Olivier Py, Arielle Dombasle, Julien Dossena, Blanca Li, Asia Argento, Christophe Honoré, e também Xavier Boussiron, Charlie Le Mindu e eu.

Aceitei com prazer esse convite que me dava carta branca para convidar outros artistas de que gosto e colocá-los em evidência. Decidi reunir apenas mulheres, como Circé Deslandes, que me deu um CD seu dizendo ser fã da minha obra e que tinha *L'Origine de la guerre* [A origem da guerra] no seu quarto, bem na frente da sua cama. Respondi que desejava que muitas pessoas passassem por seu quarto! Ela cantava com uma voz muito suave e agradável um texto tórrido intitulado "Ta bite" [Tua pica]. Coloquei-a de pé, bem reta, sobre o balcão para cantar. Era preciso haver pelo menos um pau, já que a noite toda girava em torno da vulva! Para o *Slow de l'artiste* [*Slow* da artista], compus "Ma chatte" ["Minha buceta"], depois "Mon clitoris" ["Meu clitóris"], depois "Mon vagin" ["Minha vagina"], pensando que ela poderia cantar "Ta bite" enquanto eu cantava os outros textos num dueto.

Nos vãos da minha mão
Como uma frágil ave
Eu a aperto, a seguro
Ofereço-lhe uma cave

Para abrigar seu corpo
De voadora indócil
Ela me implora
Se faz de difícil

Suas asas se abrem
Para o céu perfurar

Ela explode de felicidade
E o sol vai beijar

Descobrir seus raios
Suas pétalas atípicas
Orgulhosa como um pavão
Tua pica

Tua pica
Tua pica
Me habita

Tua pica reina
E eu sou a servente
Em poses obscenas
De virgem decadente

Dou-lhe como trono
Todos os meus vales
Vê como é grandiosa
Nos seios da minha face

Ela vem como uma onda
Me dar sua espuma
Encalha na costa
Dos amores se perfuma

Na minha mão se abriga
Nos vãos se contrai
E sutilmente se esvai
Tua pica

Tua pica
Tua pica
Me habita

Escondida em sua folhagem
Como num ninho aconchegante

CHICKS ON SPEED (2012)

Minha passarinha selvagem
De pele crispante

De repente como a Fênix
Das cinzas renascida
Eis a tua pica
De súbito altiva

Tua pica
Tua pica
Me habita.

Circé Deslandes, "Ta bite", 2015

Claro que aproveitei essa carta branca para trazer o Chicks on Speed, um grupo composto por duas cantoras e musicistas extraordinárias, Alex Murray-Leslie e Anat Ben David. Escrevi as letras das músicas e fizemos nosso primeiro show juntas. Também convidei QUEER para participar do evento – é outra cantora com um *look* original que adoro –, e também MADMOIZEL, outra cantora maravilhosa, e convidei mulheres DJ, como Piu Piu e TGAF. Também teria convidado os Twin Twin, porque fizemos um clipe juntos no qual eles me convidaram para fazer a SUPER ORLAN com cinco cabeças, ou os Tétines noires, ou os Sans Pattes, ou o duo de Robert Combas, que adoro, mas preferi reservar minha carta branca às mulheres. Espero poder trabalhar com eles num futuro próximo, num *Slow de l'artiste*.

Ao chegar à boate, as pessoas recebiam uma máscara com a impressão da minha vulva, um relançamento de uma obra criada há muito tempo no vídeo *Mise en scène pour um grand Fiat* (1984), projetada num telão naquela noite. Também imprimi a mesma foto da minha vulva ampliada, recortei-a em tiras para que as pessoas passassem e repassassem por essa foto do meu sexo à medida que se deslocavam pelo Salò. Isso resultou em fotos maravilhosas! E fazê-lo sem se preocupar com a censura... Fiquei radiante.

Gostei muito de expor minha vulva dessa forma, de confrontá-la com o olhar do outro, verificar se a frase de Freud fazia sentido: "Ao ver a vulva, até o diabo foge". Uma das minhas performances, *La Tête de Méduse* [A cabeça de Medusa], realizada em 1978 no Sammlung Ludwig em Aix-la-Chapelle, evoca esse texto do psicanalista austríaco.

Perante o público que avançava em fila única num espaço estreito composto por duas grandes paredes de madeira pintadas de preto, dispostas em forma de triângulo, mostrei meu sexo diante de uma grande lupa durante minha menstruação. De um lado, meus pelos pubianos estavam pintados de azul, do outro, estavam com a cor natural. Dois monitores de vídeo foram instalados na entrada, um mostrava a reação de quem observava minha vulva, outro mostrava a de quem iria vê-la. O texto de Freud, "A cabeça de Medusa", foi distribuído ao público na saída. Aqui está um trecho:

"A visão da cabeça de Medusa enrijece de medo, transforma o espectador em pedra. A mesma origem derivada do complexo de castração e a mesma mudança afetiva. Pois enrijecer significa ereção, então, na situação original, o consolo dado ao espectador. Ele ainda tem um pênis e se assegura disso tornando-se ele mesmo rígido".

E de fato a maioria dos espectadores ficou rígida! E aturdida.

Durante a noite no Salò também expus em várias salas minhas obras da série *Masques de l'Opéra de Pékin, facing designs et reálité augmentée*. Todo mundo tirava fotos com meus avatares. Também foram projetados vários de meus vídeos.

O show com as Chicks on Speed é uma lembrança memorável para mim. Improvisamos juntas no palco com base nas músicas que escrevi para a ocasião, como *No baby no, où sont les écolos?*, *J'ai faim, j'ai soif et ça pourrait être pire* e também *Pétition contre la mort*.

É claro que tudo foi muito improvisado, era nossa primeira colaboração de verdade, sem ensaios, mas foi uma experiência incrível da qual infelizmente só ficaram umas fotos ruins, pois o engenheiro de som ficou doente e seu substituto perdeu a gravação: uma tragédia para nós! Usei um vestido de plástico com olhos de diferentes tamanhos colados por dentro, criados por Alex num *workshop* com estudantes estilistas, e usamos maquiagens fluorescentes.

Em seguida, tivemos o projeto de gravar um vinil, mas acabou não dando certo porque o Soho Studio House de Berlim, que tínhamos reservado, fechou alguns dias antes da nossa residência e da gravação por problemas de segurança. Não perdemos a esperança de fazer isso um dia. Se você conhece alguém que conhece alguém que conhece alguém... que possa gravar nosso primeiro vinil, avise!

CHICKS ON SPEED (2012)

Você terá certeza do eterno reconhecimento de Alex Murray-Leslie, Anat Ben David e meu! Aguardemos cenas dos próximos capítulos...

Essas duas artistas e novas amigas são extraordinárias, assim como a voz e a música delas. Ouça-as. Alex Murray-Leslie também é designer techno e criou um instrumento musical com seus sapatos tecnológicos, e Anat Ben David compõe músicas electro-tecno-trip-hop com uma voz formidável, além de criar óperas.

E recentemente uma das fundadoras do grupo Melissa veio me gravar. Fiz uma improvisação com efeitos de voz bem diversos:

I am me,
Eu, eu, eu, eu...
Me, me, me, me me, me...
Me is a fiction, Me is a fiction
Me, me, me, me, me, me...
Eu, eu, eu, eu, eu...
Avatar, tarde, tarde, tarde, tarde
Art, Art, Art, Art, Art,
I am meu robô,
Robô, robô,
Sophisticated, Sophisti titi, Sophisti titi,
Robô,
We flesh, flesh, flesh
A carne, carne, carne, carne

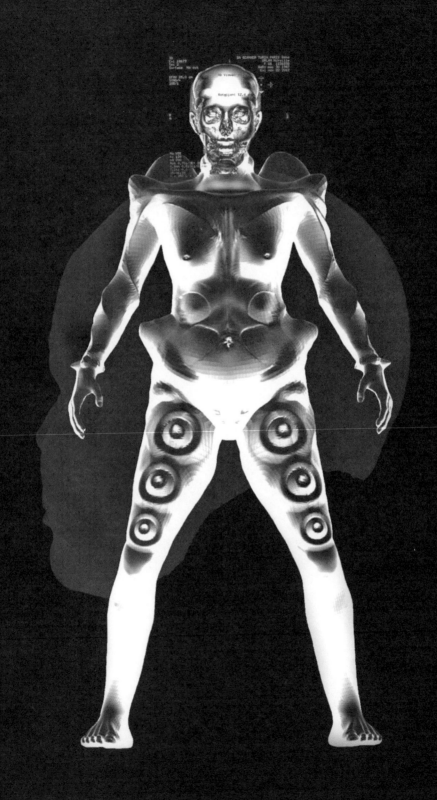

A DESCOBERTA DAS CÉLULAS HELA (2016)

Estou constantemente em alerta, em busca de novos conhecimentos com a leitura de livros e a escuta de palestras... no campo da arte, mas não apenas, pois acredito que um.a artista deve se interessar por todas as áreas da sociedade. Sempre tive o desejo de descobrir coisas novas, de beber de outras fontes fora dos meus campos habituais, para sair da minha zona de conforto.

Tudo mudou e ganhou uma nova perspectiva quando ouvi falar das células HeLa: minhas percepções do *status* do corpo vivo e do corpo morto, do que é o corpo de fato, da matéria do corpo, do que o constitui e de sua função na sociedade, tudo isso colocado em perspectiva com as experiências realizadas pelos cientistas nos corpos.

As células HeLa são células cancerígenas que podem se dividir indefinidamente, podendo-se dizer que são imortais. Elas foram descobertas numa amostra de tumor de uma paciente com câncer de colo do útero. Essa paciente se chamava Henrietta Lacks e faleceu em decorrência desse câncer em 4 de outubro de 1951.

Desde então, suas células HeLa – contração do nome de sua hospedeira – continuam a ser disseminadas, multiplicadas, cultivadas e adquiridas por laboratórios do mundo todo. A partir da amostra original, obtida sem o consentimento de Henrietta Lacks, há hoje dezenas de toneladas de células que continuam a se propagar pelo mundo e ao longo do tempo, na história.

Células patológicas de um corpo morto, cujo volume não para de aumentar desde sua morte, permanecendo bem vivas.

Muitas das minhas obras têm sua origem atrelada à minha descoberta das células HeLa. Minha performance *Tangible strip-tease en nano séquences* [*Strip-tease* tangível em nanossequências], por exemplo, durante a qual, entre outras coisas, coloquei minhas bactérias, minha flora bucal, minha flora intestinal e minha flora vaginal em cultura, antes de colocá-las no congelador do Supbiotech, com o qual eu colaborava, para cultivar meu microbiota a -80 °C ao lado de células HeLa com as quais esse laboratório trabalha.

Essa obra foi um novo autorretrato em forma de performance biotecnológica, em colaboração com o artista Maël Le Mée, um espetáculo que elaboramos juntos e apresentamos diversas vezes, seguindo sempre o mesmo protocolo. Na plateia, o público vestia macacões brancos de proteção para laboratório. As pessoas usavam também uma máscara e observavam imagens projetadas do meu próprio microbiota.

Durante toda a performance, o público segurava grandes placas de petri quadradas, onde eram cultivadas as bactérias da minha flora. Em seguida, eu realizava uma coleta de sangue em público. Meu sangue era tingido para se tornar fluorescente e circulava num tubo de setenta metros por toda a sala, sob luz negra, entre os espectadores presentes. Era meu corpo se expandindo pela sala de mão em mão, de corpo em corpo.

Criei autorretratos sem cessar, mas me sinto irrepresentável, infigurável. Toda imagem minha é pseudo, seja ela uma presença carnal ou verbal, médica, científica ou biológica. Toda representação é insuficiente, mas deixar de produzi-la seria pior, seria não ter um rosto. Sem imagem. Sem representação. Ao longo de toda minha obra, há uma multiplicidade de imagens minhas, uma miríade de fotos, um fluxo, uma explosão, uma hemorragia, uma carnificina... uma disenteria de imagens! Assim como Adão nascido do lodo e do barro, assim como Lilith. Como tantos começos, provas de minha encarnação nascida desse barro que prefiro chamar de nossa "sopa primordial".

Hoje o retrato, o autorretrato e a autobiografia continuam, desenvolvendo-se com essa "representa" condicionada ao que não podemos ver – mas que conhecemos intelectualmente – a não ser através de análises ao microscópio e de imagens médicas. Essa imagética impele nossos olhos a ver o que não vemos, o que não desejamos ver, o que nossos olhos nos impedem de ver, essa flora bucal, intestinal, vaginal, esse microbiota que nos habita e do qual somos os veículos recentemente conscientes disso, pois há alguns anos as pesquisas nos falam a esse respeito. O que nos abala e questiona nossa soberania. Pois habitamos espaços, cidades e países. Sentimo-nos em casa, quando na verdade somos completamente habitados e é graças a esses hóspedes que vivemos, que nossos humores flutuam e que nossas bactérias, no melhor dos casos, mantêm nossa saúde em equilíbrio.

Temos dificuldades para imaginar o infinitamente pequeno e o infinitamente grande. Estamos nessa espécie de "eu somos", nessa fusão e nessa complexidade. Acostumar-se a isso é colocar diante dos nossos olhos as palavras e os nomes do que vive em nós e conosco. Do que nos escapa. Tentei contornar isso pela análise e diagnóstico e pela imagem, mostrando ao público a matéria corpo como um material artístico primordial.

O corpo como material, um material entre os materiais e entre os imateriais. Aproximá-lo, apreendê-lo de todas as maneiras possíveis, como se ele quisesse se transformar num simples objeto de estudo, quando é um corpo implicado em seu próprio estudo. Um estudo influenciado e sob a influência dos espectadores, que também são corpos cobertos e habitados, corpos atarracados que, como eu, talvez queiram ver e poder levantar os véus sucessivos, pesá-los, identificá-los, compreender seus papéis, e, para isso, precisam do nanometrável. Um autorretrato com o qual bilhões de seres vivos contribuem.

Meu autorretrato não poderia ser produzido sem a máquina-corpo e o computador, a imagética médica, o microscópio eletrônico, que são sempre utilizados com o intuito de ver, de apresentar a olho visto e não a olho nu.

Há uma metalepse, ou seja, a intrusão e a contaminação de diferentes níveis de narração, há discursos e narrativas possíveis que se misturam ao ambiente diante de um público que também se transforma em ator.

A partir da minha descoberta das células HeLa, eu, que em toda a minha obra trabalhei com autorretrato, visível para as pessoas e para mim mesma, quis trabalhar com o invisível que nos constitui.

Já em 1992, após uma das minhas operações-cirúrgicas-performativas, criei um tríptico intitulado *Séduction contre Séduction* [Sedução contra Sedução] a partir de duas fotografias espelhadas das operações-cirúrgicas-performativas, às quais o desenho de uma cruz se sobrepunha de ponta a ponta. Em cada ângulo, inseri sobreposições de imagens de minhas células, assim como no vídeo criado a partir delas. As duas fotografias coloridas foram emolduradas e no centro do tríptico se colocou uma fotografia minha em preto e branco, sem moldura, posando depois da operação em atitudes ridículas, geralmente com flores e todos os curativos no rosto, sem esquecer dos hematomas...

Depois usei o DNA como material artístico, em 1997, em Copenhague, no Centro de Arte Contemporânea Nikolaj, durante uma exposição intitulada *Exogène* [Exógeno], com curadoria de Bruno Guigonti e Morten Salling.

Era o início do uso do DNA pela polícia científica nos casos criminais. Então montamos uma ficção com todas as peças, com a cumplicidade da diretora do centro de arte. Ela foi à delegacia de polícia com um relicário contendo carne e um curativo impregnado com meu sangue, juntamente com um santo sudário que ela disse ter encontrado nos depósitos do centro de arte. Ela lhes pediu que verificassem se as três obras tinham sido realizadas pel.o.a mesm.o.a artista, analisando e sequenciando o sangue e a carne que estavam no relicário. Eles confirmaram que havia DNAs semelhantes nas obras. Em seguida, ela lhes apresentou um crânio, dizendo que eu tinha desaparecido e que desejava saber se aquele crânio poderia ser o meu. E afixou por toda a cidade retratos meus com a inscrição: "Você viu ORLAN?".

Meu trabalho era andar pela cidade para que os transeuntes pudessem eventualmente me reconhecer e ligar para o serviço de emergência divulgado nos cartazes, informando onde tinham me visto. Como resultado, houve na exposição uma série de autorretratos com meu crânio em sobreposição e obras criadas a partir de imagens do meu DNA e das minhas impressões digitais. Em seguida, os participantes foram convidados para um evento em que me descreveriam com suas próprias palavras. Foi engraçado porque as diferenças de descrição eram realmente significativas.

Mais tarde, criei diversas outras instalações e obras a partir da imagem das minhas células, e também uma imagética macroscópica de vírus, como o HIV.

Em 2007, por exemplo, fui convidada pela SymbioticA para uma residência de três meses no laboratório de ciência e de arte que eles criaram na Universidade Ocidental da Austrália, em Perth, no departamento de biologia humana e anatomia. Na ocasião, criamos culturas de minhas próprias células depois de encenar uma biópsia para que eu pudesse cultivá--las. Também produzi uma grande instalação, mais tarde apresentada na exposição *Sk-interfaces*, organizada por Jens Hauser, renomado teórico das biotecnologias, no Casino Luxembourg. Nessa instalação, desenhei e mandei produzir um biorreator, uma máquina semelhante às geladeiras dos laboratórios.

Em minha obra, esse biorreator ocupava o lugar da cabeça do Arlequim. Ele foi produzido em metal e vidro transparente para que os polímeros em que minhas células e outras células animais e humanas estavam suspensas pudessem ficar visíveis, assim como o líquido vermelho, indispensável para alimentar minhas células em cultura. Havia também um manto de Arlequim feito de acrílico fluorescente com placas de petri. Essa instalação do manto de Arlequim também foi exposta em Liverpool, na Inglaterra, na FACT (Foundation for Art and Creative Technology) e no Casino Luxembourg, em Luxemburgo.

Maria Bonnafous-Boucher disse a respeito dessa obra: "ORLAN usa a figura do Arlequim como metáfora do cruzamento, da aceitação do outro, da diferença do outro, da conjunção e da intersecção. Num dado momento, Arlequim passa pela experiência de um milagre, transformando-se em Pierrot, ou seja, ao adicionar peças de todas as cores ao seu manto, ele fica branco. O branco concilia todas as cores. É um universal que não é hostil às singularidades. O branco ao qual Michel Serres se refere não é a brancura, mas a ausência de cor. O cosmopolitismo de ORLAN deseja fazer coexistir pacificamente todos os interesses particulares dos indivíduos."

Alguns anos antes de nosso trabalho conjunto em Perth, fui convidada pela primeira vez por Oron Catts e Ionat Zurr, fundadores da SymbioticA, para degustar um bife de rã criada *in vitro* na exposição *L'Art Biotech* [A arte biotecnológica], em Nantes. Após esse jantar vanguardista, pedi para eles produzirem um bife de ORLAN a partir das minhas células. Eu adoraria saber: qual é o meu sabor? Se tenho gosto bom! Ou ruim! Ainda estamos discutindo o assunto, é preciso encontrar uma estrutura e muito dinheiro e tempo para que esse projeto se torne realidade. Eu gostaria muito de convidar meus amigos e minhas amigas para minha degustação, seguindo o "boudin de sangue" de Michel Journiac.

Em algumas das minhas obras também usei imagens de fagos e de vírus, além de criar, para a exposição *Le boeuf sur la langue* [O boi na língua], em 2011, no Museu de Belas Artes de Nantes, um veludo de seda impresso pelos ateliês de seda Brochier, de Lyon. Com esse veludo, imaginei na exposição elementos de estilismo e de design ao mesmo tempo, criando vestidos para manequins negros.

Esses vestidos eram pretos por trás e bem coloridos na frente. Imaginei esse universo impresso a partir de imagens médicas e de células de pele, de sangue, de músculos e de vírus como o HIV e os fagos. Inseri também palavras como "célula-tronco", "fagoterapia", "distúrbio", "pertencimento", "simbiótico"... Ao entrar na instalação, tudo estava escuro e não se entendia o que os manequins estavam vestindo. Era uma atmosfera pesada, inquisitorial, quase mórbida. À medida que se avançava pela capela do oratório, pouco a pouco, era possível ler palavras como "dizer", "ateu", Supermulher", "simbiótico", "pertencimento"... E ao mesmo tempo ver a parte da frente das roupas, feitas com esse veludo de seda bem colorido, como uma arlequinada.

Eu quis misturar arte, estilismo e design criando vestidos e móveis, incluindo uma mesa com um tampo giratório e um grande banco semicircular composto por banquinhos com rodinhas se entrelaçando, nos quais o público se sentava durante as múltiplas conversas organizadas ao longo da exposição sobre as palavras presentes no espaço. Os participantes podiam permanecer na conversa de maneira coletiva ou mover seu assento e se afastar do grupo para que sua fala voltasse a se tornar individual.

Depois disso, também tive o prazer de ser convidada para participar do projeto "ORGANOÏDE", criado por meu querido amigo acadêmico Fabrice Hyber e por Olivier Schwartz, um banco de dados de imagens criadas por artistas para acompanhar as pesquisas científicas do Instituto Pasteur. Dentro desse projeto, tive a oportunidade de trabalhar em conjunto com o pesquisador Shahragim Tajbakhsh, responsável e especialista da unidade "Células-tronco e desenvolvimento", pela qual eu era apaixonada. Fiquei muito feliz em conhecê-lo, pois é primordial para mim sair da minha zona de conforto e ir ao encontro de personalidades abertas ao mundo da arte e especialistas em áreas diferentes da minha. É sempre muito difícil conhecer pesquisadores e pesquisadoras, então agarrei a oportunidade, e a experiência se revelou apaixonante. Aprendi muito durante nossas longas trocas. Depois de discutir bastante com ele, decidi trabalhar com minhas próprias células-tronco e propus ao Instituto Pasteur um projeto nesse sentido. Infelizmente, o comitê de ética proibiu categoricamente o projeto, pois na França é proibido trabalhar com suas próprias células. Como se meu corpo não me pertencesse de fato... Meu corpo e seu uso são políticos e sociais.

Por fim, o Instituto Pasteur, por intermédio de Fabrice Hyber, propôs que eu fizesse uma intervenção artística permanente em seus novos prédios,

OMICS, no saguão dos edifícios Simone Veil e Alexandre Yersin, que descobriu o bacilo da peste e preparou o primeiro soro antipestoso.

Criei um ambiente completo com base em imagens bem coloridas das minhas células e de vírus, como havia feito em *Le boeuf sur la langue*, mas numa outra versão. As palavras inseridas nessas imagens coloridas arlequinescas eram, por exemplo, "raiva", *"pasteurella pestis"*, "vacina", "fagoterapia", "células-tronco", e também "pesquisadora", palavra de que gosto muito por destacar a feminização dos nomes das profissões. Escolhi-as pensando em Marie Curie, que tanto sofreu como mulher por ser pesquisadora entre os pesquisadores.

As imagens foram instaladas em caixotes luminosos e sobre um revestimento do piso, em cima e embaixo de bancadas e sobre mesas redondas altas recobertas com essa impressão. O ponto final era um enorme tondo, instalado no alto de uma parede branca na frente das bancadas.

Após minha decepção com as células-tronco e várias colaborações com o universo médico, conheci a princesa Caroline Murat e seu parceiro Antoine Turzi, um pesquisador em reumatologia. Eles me sugeriram encontrar médicos que me injetariam células-tronco nas articulações dos joelhos para curar minha artrose. A princesa também sugeriu não apenas que Antoine me tratasse internamente com minhas próprias células-tronco, usando as mais recentes técnicas médicas experimentais, mas também que outra pessoa pudesse trabalhar em minha aparência a partir de minhas próprias células-tronco. Claro que fiquei entusiasmada com essa proposta, mas fomos interrompidos pelo coronavírus. Tive tempo de fazer uma primeira injeção numa de minhas articulações, mas são necessárias cinco ou seis, ou mais, para eventualmente obter um resultado. Aguardemos as cenas dos próximos capítulos!

Todo esse trabalho com células me fascina, estou convencida de que em poucos anos elas farão parte integrante da nossa medicina. Espero poder continuar a utilizá-las em minha arte, a levar sempre além os limites desse material intangível, questionando a noção de ética na arte, que interessa às ciências e aos médicos. E, sobretudo, espero um dia ter a oportunidade de saborear um bife de ORLAN bem temperado, bem preparado, com você! É bem provável que precisemos de um bom *chef* de cozinha para deixá-lo saboroso!

DA PROSESIA À *PEAUÉSIE* (1947-2020)

Desde que me lembro, sempre criei artes visuais sob diferentes formas, e sempre escrevi. Isso é natural e acontece rápido. Desde a adolescência, as palavras vinham à minha boca. Eu ficava impressionada com o que saía de mim. Eram como tempestades das quais era impossível me proteger e que eu não conseguia conter. Era estranho para mim.

Toda noite, os cadernos e folhas se acumulavam sem que eu percebesse de fato. Ao relê-los, eu quase sempre ficava perplexa. Era como se aqueles escritos não fossem meus, como se eu não tivesse nada a ver com eles, uma sensação estranha e ainda desconhecida.

Meus textos foram publicados duas vezes. Na primeira vez, eu era incrivelmente jovem, foi em 1963! Eu ainda gosto e reivindico essa publicação, intitulada *Prosésies écrites*, pois ela contém textos trabalhados, bem distribuídos na página, uma espécie de poesia visual. Na época, eu via esses textos principalmente como partituras para o instrumento-voz.

EIS MINHA DENÚNCIA:
NÃO ACREDITO NA POESIA ESCRITA
TENHO CERTEZA
DE QUE É PRECISO VOZ
PARA DIVULGÁ-LA

V A L I D A M E N T E
A POESIA É UM CANTO UM GRITO UM VAPOR
OU UMA IRA
ENTÃO ELA É ATROZMENTE – MUTILADA –
QUANDO PERMANECE – IMOBILIZADA –
EM LETRAS SOBRE FOLHAS

E SABE DE UMA COISA?

A POESIA ME VEM À PONTA DA LÍNGUA
ANTES DE CAIR SOB A PENA
TANTO
QUE SOU OBRIGADA A CON-TÊ-LA
HOJE N Ã O TENTAREI
ME CA L A R

M-E-U--PÚBLICO
LEPRO-COLante

PERCOR-RO
DOMIno
TENHO OS OLHOS plenos do ventre
Durmo-DE-DENTRO
Com APArência me aGIto
meu-pÚBLICO
VEM............. fumo CAchimBo
meu público INCLINA o Olhar
ele se perde... tenho medo
digo o que é preciso dizer
(poracaso)

Em cada apresentação tipográfica aparecem indicações para quem quer ler em voz alta: o ritmo, as palavras importantes sublinhadas como as respirações, como os silêncios... Aqui está um exemplo:

existe ódio e seu odor
ele decompõe   o-coração
                              meu público
                aqui estou
                              enferma
                tenho-meu-anuário
                preciso VEr:
                                    tinha-me-esquecido-de-anotar-um-
                                    pensamento-sobre   arte
                        DE se alongar
                  ou D E N Ã O S E alongar
meu público-tosse
                voltemos à realidade
                              Ele está aí
                              Ele ouve tudo
Eu faLO então sem acreditar
como outrora: (arte de não desagradar)
meu-público tem cara de saca-rolha
ele se SURPREENDE: meus efeitos se tornam
aGRadáveis para mim
Brecht está no prato
SANTO-deus ele Acabará   por não mais se calar
ele fala de seu resfriado: ele é patéTICO
mas
      todo mundo parece contente

Esses textos estão imbuídos de minhas denúncias, de minhas posições, de meus protestos e de minhas intenções. Me agrada o leitor poder sentir, saber o que eu queria e como eram ditas minhas vontades, meus gritos e minhas iras.

A segunda publicação é outra coisa. Trata-se de uma coletânea publicada pelas edições Jannink em 2007, que chamei de *Pomme-cul et Petites fleurs* [Maçã do cu e Pequenas flores]. Baudouin Jannink queria publicar alguma coisa minha há muito tempo, e me pediu para lhe entregar os textos que nunca tinham sido impressos antes de eu seguir para a residência no Getty Research Institute de Los Angeles como pesquisadora. Evidentemente, textos desconhecidos do público, e eu tinha muitos! Mas para mim esses textos não eram arte em nenhuma instância, ao menos não no sentido em que eu entendo. Esses textos não tinham sido trabalhados, elaborados, corrigidos ou posicionados e eu não tinha a menor vontade de revelá-los. Ele insistiu muito e acabei cedendo, com uma única condição: que ele não informasse as datas. Eu não queria que o leitor soubesse se o texto tinha sido escrito ontem ou quando eu tinha 15 anos.

Ele ficou um pouco reticente, mas aceitou minha condição e publicamos esse livro, cujo título adoro, *Pomme-cul et Petites fleurs*. "Maçã-Q"[30] é o atalho usado no teclado do Mac para fechar um aplicativo no computador. Esse título foi representado na capa com dois detalhes visuais que juntei: um de *A origem do mundo* de Courbet, e outro de *L'Origine de la guerre*, uma das minhas obras. Era visualmente muito chocante! Muito *sexy*! Muito quente!

Todos esses textos eram de poesia-automática-psíquica-pura e é exatamente disso que não gosto neles...! Eles foram escritos à noite, muitas vezes até o amanhecer. Gosto de trabalhar à noite, é um período longo em que não tenho mais demandas, telefonemas, visitas, assistentes, estresse. É quando me encontro, me desfragmento, e gosto de dormir ao amanhecer. O amanhecer me tranquiliza. Não sigo em direção à noite, à escuridão, à morte: sigo em direção ao dia, à luz, ao sol.

Os textos mais recentes eram sequências de palavras, alguns poderiam ser chamados de listas. Todas as noites, ao escrever, eu me libertava de todos os pesos e tensões do dia. Eu buscava, sobretudo, encontrar outra sintaxe, outras palavras que não as usadas no trabalho. Durante o dia, tenho o hábito de escrever várias listas de coisas a fazer. Elas me orientam, me impedem de esquecer, me ajudam a gerenciar meus estagiários e estagiárias. Também escrevo mensagens de texto, *tweets* e *e-mails* que usam um vocabulário pobre, pouco elaborado, por falta de tempo. Escrever à noite

---

30. A artista faz um trocadilho devido à semelhança fonética entre "*Pomme-cul*" e "*Pomme-Q*" em francês. [N.E.]

me permite inclinar o outro lado da balança com o uso de um vocabulário mais sofisticado, de palavras outras, de uma sintaxe outra. Não estamos mais no Instagram, no LinkedIn, no Facebook, no Twitter.

Em 2018, quando criei um robô à minha imagem, o ORLANoïde, trabalhei com o gerador de textos de Jean-Pierre Balpe que está em *open source* em seu *site*. Entendi por que eu não queria mostrar os textos publicados pelas edições Baudouin Jannink: eles saíram do meu gerador de textos, da minha máquina-corpo, automaticamente e sem minha interferência. Como o gerador do ORLANoïde! É difícil e ao mesmo tempo divertido pensar que nós mesmos somos geradores de textos como um robô. Para mim, o corpo é uma máquina muito sofisticada. Frequentemente declarei e dei palestras intituladas "Ceci est mon corps... Ceci est mon logiciel", e criei relicários onde se pode ler essa frase.

Curiosamente, depois dessa publicação escrevi menos, às vezes a cada dois dias, às vezes a cada dez, mas ainda escrevo sempre, principalmente durante minhas viagens. Também escrevo nos aviões, mas é difícil para mim nos quartos de hotel, sobretudo porque passo as noites preparando meus discursos ou palestras planejados para o dia seguinte.

Cheguei até a carimbar minhas "*peauésies*" na pele de transeuntes durante a inauguração do Centre Georges Pompidou. Na fila de espera, eu carimbava "*peauaimes*" nas mãos e nos braços das pessoas que estavam esperando e consentiam.

Num dado momento, carimbei um braço que me agarrou com vigor e percebi que na ponta desse braço havia um policial à paisana, que me levou à força para a viatura policial. Eles tinham recebido ordens estritas para coibir qualquer gesto estranho. Então passei a noite no camburão em vez de ir à inauguração.

Felizmente, meu amigo Jacques Halbert tinha feito quase a mesma besteira que eu e colocado nas pessoas e na calçada adesivos de cerejas, que são seu emblema. Ele também acabou na viatura! Durante a noite, não havia luz e nós dois cobrimos os bancos com meus carimbos poéticos e com as cerejas dele. Fomos liberados ao amanhecer. Foi uma desventura, mas, como nas viagens, as desventuras se transformam em aventuras, em belas lembranças que podemos contar.

Tenho verdadeira adoração pela arquitetura do Centre Georges Pompidou. Obrigada Renzo Piano, Richard Rogers, Peter Rice, Mike Davies, Su Rogers, Gianfranco Franchini e todos que permitiram que ele fosse edificado. Gostei muito da liberdade desse gesto arquitetônico deslumbrante, muito diferente de tudo o que podemos ver, muito ousado, um gesto artístico realmente excitante. Tenho uma paixão física pelo Centre Georges Pompidou.

Recentemente fui escolhida uma das dez artistas icônicas da coleção do Museu Nacional de Arte Moderna (MNAM) e tenho o prazer de ter uma das minhas *MesuRAGEs* instalada nas paliçadas que cercam o centro após a renovação do espaço. Meu fiel amigo Bernard Blistène me deu a honra de incluir minhas obras diversas vezes em exposições em comemoração pelos quarenta anos do Centre Georges Pompidou, seja na Monnaie de Paris ou no Halles... Tive muitas exposições coletivas no Pompidou e dei várias palestras, incluindo uma no "Invivo", convidada por minha amiga e curadora Sophie Duplaix. Mas as duas lembranças que acabei de compartilhar são as minhas favoritas. Continuo indo a todas as exposições, aguardando uma retrospectiva pessoal ORLAN. Poucas mulheres têm direito a isso, aguardemos cenas dos próximos capítulos...

Minha *peauésie* me surpreende, mas não me encanta. O que gosto em minhas obras é quando elas me encantam, quando tenho a sensação de ter ultrapassado meus limites, de ter criado uma obra que me surpreende pela qualidade, e posso dizer para mim mesma: "Olha, ORLAN, desta vez você me impressionou, você realmente fez algo extraordinário! Você se superou, *good job!*".

Nunca pensei em ter concorrentes: sempre fui minha única concorrente. Quero ser mais, fazer melhor, me superar, me exceder, dizer coisas extremamente importantes para a minha época. Minhas obras fazem parte da história da arte e quero continuar sendo pioneira, precursora. Quero me encantar comigo mesma e para isso preciso trabalhar muito! Estou quase sempre esgotada e perto do *burnout*. De toda forma, sou *workaddict, workaholic*. De toda forma, minha vida está na arte e para a arte unicamente, a arte é meu elixir de vida: eu não poderia viver sem arte. Não posso fazer nada que não esteja sob a perspectiva da arte.

Nas *peauésies*, é como se tudo estivesse indeciso, enquanto minhas obras visuais passam por muitas pesquisas, filtros e leituras antes da ação. Quase todas as minhas obras partem de leituras. Só passo à ação quando sei o que quero fazer, por que e como vou fazer. É uma tentativa de controlar tudo. É claro que não controlo tudo, mas é essa tentativa que me interessa e onde me parece que tudo acontece. Há necessariamente perturbações e inesperados que se infiltram, elementos imprevistos que se manifestam, reviravoltas, mas numa dose que considero aceitável, equilibrada em relação a mim mesma e ao público que convocamos.

Acredito, acima de tudo, na responsabilidade da artista diante da sociedade, diante daquele que vem ver. Acredito na elaboração, na pesquisa e no trabalho, no posicionamento claro, nas mensagens... "Ter a competência de sua competência", ser inovadora, precursora, isso não pode existir sem elaboração construtiva, sem reflexão, dúvidas, hesitações, questionamentos.

AS QUESTÕES DA MINHA VIDA

O BARROCO

Assim como a performance, o barroco me atraiu devido aos seus inúmeros detratores na França, mas também, surpreendentemente, na Itália.

Nos anos 1980, fiz uma longa viagem de estudos pela Itália, a respeito do barroco, com um jovem e maravilhoso fotógrafo e amante belga de cabelos muito longos que passavam de sua bunda. Ele me encantava, era requintado, doce, esperto e fora dos padrões.

Fiquei muito surpresa, pois algumas igrejas que possuíam peças barrocas magníficas vendiam panfletos na sacristia para falar das obras expostas em termos muito críticos, dizendo que elas eram teatrais, enfáticas, entre muitas outras palavras negativas sobre essas peças barrocas incríveis que atraíam o.a.s turistas! Era o cúmulo!

Na França, ouvi dizer que o barroco era o monstro do classicismo, assim como disseram que as mulheres são o monstro do homem!

Eu me interessava muito em estudar o barroco para entender essa aversão, sobretudo porque Bernini, que trouxemos a Paris para construir a ala esquerda do Louvre, nunca pôde fazê-lo.

Seus detratores diziam que o barroco era de muito mau gosto, que era exagerado, e eu ficava espantada com o fato de ele ser injuriado de tal modo, pois a vida é um exagero, como disse Christian Lacroix: "Demais nunca é o bastante", inspirado pela frase de Jean Cocteau: 'Demais, é só o bastante". Enquanto escrevo esta autobiografia, penso não apenas em minha vida, mas em outra coisa, ouço meu coração bater, sinto o cheiro do meu perfume, Déclaration, a essência de Cartier, me pergunto o que vou comer no jantar, meu microbiota se ativa, sinto frio, ou calor, sinto que meus sapatos estão apertando meu pé direito, que sempre foi maior que o esquerdo... Há um sussurro contínuo de ideias, de efervescências de todo tipo, diferentes camadas de emoções, sensações extremamente sobrepostas e emaranhadas, e estamos sempre no excesso, como uma espécie de fonte inesgotável que se vive a cada instante, sem pensar em todos os cálculos do cérebro que nos permitem ver, nos mexer, escrever, compreender, e em todas as mensagens químicas desencadeadas por nossas sensações, nossa respiração, o funcionamento dos pulmões, por nossos amores, nosso estresse e essa bomba que é o nosso coração!, nossa flora bucal, intestinal, vaginal, e nossos micróbios, bactérias, vírus, fagos que estão ativos... Percebemos essa fonte inesgotável quando tentamos meditar.

Essa viagem de estudos em boa companhia me permitiu identificar obras de enorme importância, extremamente fortes e belas em sua maneira de serem ditas, de serem feitas.

Isso se soma aos cursos que ministrei durante quase toda a minha vida, nos quais refutei tanto a simplicidade quanto a complexidade, buscando romper com os *a priori*, com as ideias prontas que estão na cabeça de quase todo mundo.

O barroco me ensinou muito e trabalhei em torno dessa problemática por mais de dez anos. A lição que aprendi me serviu em toda minha obra, pois a cultura judaico-cristã nos pede para escolher o bem "ou" o mal. O barroco me convidou a refletir sobre esse "ou" e a usar o "e": o bem "e" o mal, pois na obra de Bernini, que me inspirou muito, Santa Teresa é apresentada sentindo prazer com a flecha do anjo, num êxtase extático "e" erótico. Jacques Lacan falou muito sobre isso em sua obra *Mais, ainda*.

Muitas das minhas obras partiram dessa lição do barroco, como *Sky and skaï and vidéo*, uma série de fotografias de virgens brancas e de virgens negras criadas ao lhes dar um espaço barroco construído: a personagem central que eu interpreto manipula diversos acessórios, como cruzes brancas, cruzes pretas, cavaletes brancos, cavaletes pretos ou bolas de vidro... Ela está em ascensão sobre materiais de construção de verdade, sobre blocos de cimento, enquanto o fundo da obra é constituído por imitações de plástico de tijolos pintados de amarelo. O verdadeiro "e" o falso coexistem sem se opor: levito sobre as imagens de nossa época – o vídeo, já que há uma tela sob os pés da personagem que represento –, citando as esculturas de mármore de outra época. Nessa série, destaco que não existe dicotomia entre as imagens digitais atuais e as imagens de esculturas com dobras que citam Bernini.

A virgem branca e a virgem negra são drapeadas com *skaï*, um couro falso que, quando iluminado, se parece com mármore e evoca as dobras barrocas. Eu realmente quis criar uma ligação entre o antigo "e" o atual através dessa série fotográfica, mostrando tempos diferentes no mesmo espaço-tempo. Ao mesclar um vocabulário religioso e um vocabulário plástico profano, também decidi evidenciar a sensualidade da iconografia religiosa, considerando a lição do barroco, que não nos pede para escolher o bem "ou" o mal.

Também criei performances intituladas *Je suis UN femme et UNE homme* e usei a fotografia digital e a realidade aumentada em *Self-hybridation: Opéra de Pékin* para criticar a tradição do teatro de Pequim, em que homens interpretam papéis femininos, pois tradicionalmente as mulheres são proibidas de atuar. A realidade aumentada me permite trazer à tona um corpo em movimento, meu avatar, nessa obra fixa, portanto, uma representação minha em vídeo 3D que sai da minha obra e executa as acrobacias da Ópera de Pequim proibidas para as mulheres.

Todas as minhas obras, ou quase, buscam destruir o cisma entre o verdadeiro "e" o falso, o antigo "e" o atual, o real "e" o artificial, como na quarta operação-cirúrgica-performativa, em que instalei duas pias, uma cheia de lagostas, frutas e legumes verdadeiros, "e" outra contendo lagostas, frutas e legumes de plástico. Durante a operação, misturei o verdadeiro e o falso, o vivo e o artificial, combinando os elementos orgânicos com objetos falsos.

Quando criei *L'Origine de la guerre*, tinha em minha memória o "e" do barroco. Assim que vi *A origem do mundo*, pensei nesse "e" e criei o *pendant* de *A origem do mundo* com o outro lado da humanidade: um homem.

O barroco também inspirou algumas das minhas esculturas, principalmente as de dobras concebidas como vestidos sem corpos para minha exposição na abadia de Maubuisson, em 2009. Ao ingressar nas ordens dessa abadia, muitas vezes contra a própria vontade, as religiosas, ao vestir o hábito, seu uniforme, tinham que aceitar a lei do silêncio e abrir mão de seus corpos e de seus prazeres.

Eu quis criar vestidos sem corpos, que exibi numa passarela entre as colunas góticas, como se fosse um desfile de moda, com três esculturas feitas sem molde. No entanto, elas se assemelham, como se tivessem saído do mesmo molde, apenas o "revestimento" final parece diferenciá-las, mas, se olharmos com mais atenção, podemos ver que cada dobra tem curvas e tensões diferentes. Podemos ver que algumas dobras indicam o corpo, como a dobra da frente, que parece uma enorme vulva.

Exibi essas esculturas diversas vezes, em diferentes contextos e versões: no Museu Boudelle e na "villa Empain", da Fundação Boghossian, em Bruxelas, na exposição *Pudeurs et colères de femmes* [Pudores e iras de mulheres], em 2011, concebida pela curadora Diane Hennebert. Imaginei projetos para que um desses vestidos, feito de bronze dourado polido, pudesse fazer parte de um jardim ou parque de esculturas: seria magnífico construir um espelho d'água com essa escultura no centro, refletindo-se na água.

O barroco é sempre teatral, feito para ser visto até a "loucura do olhar", como diz tão bem minha grande amiga Christine Buci-Glucksmann. Ela escreveu lindos textos sobre meu trabalho e trabalhei inúmeras vezes com ela em exposições. Ela diz, por exemplo: "Toda a arte de ORLAN, desde seu trabalho com lençóis até as 'Self-hybridations' com o virtual, é um trabalho sobre a metamorfose do corpo, do eu, do rosto. E essa noção de metamorfose é governada por um axioma barroco, que é um axioma emprestado da ópera veneziana. É preciso produzir efeitos para gerar afetos, e esses afetos criam seres. ORLAN se confronta com esse trabalho da força na forma. Dar forma ao que escapa ou ao que transgride os modelos do feminino e os modelos da beleza clássica, e então gerar o inconsciente da visão, no sentido de Benjamin".

Else Marie Bukdahl também escreveu muito sobre o barroco e sobre minha obra, e elas acabam de escrever juntas sobre meu processo. Esse livro será publicado pela Prestel para minha exposição da Verbund Collection em Viena, com curadoria de Gabriele Schor. Essa coleção é especializada nas artistas mulheres da revolução feminista dos anos 1970.

O teatro me salvou e eu me salvei do teatro. Contudo, me apoiei na construção barroca, ainda que ela tenha sido pensada para exaltar a religião de uma maneira teatral.

Para mim, Deus não é nem uma hipótese de trabalho, nem uma hipótese de vida.

Todas as minhas performances sobre o barroco, em que estou travestida com os lençóis do enxoval, são provas físicas e estressantes, pois levo duas ou três horas para me vestir e sou a única que pode fazer isso, mas sou obrigada a pedir ajuda para colar pedaços de fita adesiva dupla-face nas costas. É impossível usar alfinetes de segurança, porque depois eu não conseguiria me despir lentamente e sem interrupções durante essas performances baseadas em enrolar e desenrolar em câmera lenta, sem solavancos ou gestos indesejados.

Por outro lado, os tecidos dos lençóis são rígidos, por serem engomados. Se eu os colocar mal ou não lhes der o impulso ideal de um drapeado com uma bela linha, quase não tenho mais possibilidade de alterar sua forma, a não ser com um "soco" por dentro. Caso contrário, a dobra se quebra e/ou o tecido amassa e não é mais possível obter um belo drapeado. É importante para mim, nessa performance, que no início os drapeados estejam magníficos e que, progressivamente, à medida que vou me despindo, eles se transformem em magníficos farrapos. A luz é essencial e decidi instalar fios luminosos, como no Teatro Éden.

Luz vinda do alto, luz sacralizante, "Corps en glorie" [Corpo em glória], como o título de um dos meus cartazes de cinema da série *Le Plan du film*.

Eu adoraria fazer cinema. Atuei num filme de Otto Muehl sobre Van Gogh, ao lado do colecionador Francesco Gonz, e em todos os filmes e vídeos feitos comigo sobre minha obra, mas isso não basta.

Eu contava muito com a proposta de David Cronenberg, que escreveu um filme chamado *Pain Killer*, inspirado em meu manifesto de "Art charnel", em que ele me convidou para interpretar a mim mesma. Ele quis mesmo me encontrar. Um jantar aconteceu na casa de Enrico Navarra, que acabou de falecer, com Jean-Jacques Aillagon, Jacques Ranc e muitos outros. E depois nos encontramos no Festival de Cannes, onde expus e performei no Hotel Martinez minhas obras do *Plan du film*. Demos entrevistas juntos à TV, falando desse próximo filme. Subimos juntos as escadas para a estreia de seu filme *Spider*, que teve apenas um sucesso relativo, e provavelmente foi por isso que ele teve dificuldades para conseguir financiamento para esse filme muito experimental que deveríamos fazer juntos. Era uma história de ficção científica onde a dor já não existia e, para fazer amor, os seres humanos se abriam um ao outro e se penetravam inteiramente, o que era uma belíssima metáfora para a ideia de uma fusão amorosa e sexual completa. Ele me enviou a sinopse em que eu aparecia, assim como o texto com minhas falas. Nos reencontramos em Toronto, onde o embaixador francês organizou um jantar para nós, mas depois disso não tive mais notícias dele. Claro, ainda espero por uma reviravolta...

Aguardemos as cenas dos próximos capítulos...

A performance tem uma duração diferente dependendo do tamanho do local, geralmente duas ou três horas, o que também é difícil para o público, porque não há som, não há falas, apenas uma sequência de gestos realizados bem lentamente. É uma performance poética, meditativa, como o nô, só que mais ocidental.

No Centre Pompidou, em 1979, fui entregue numa caixa de transporte de madeira, como uma obra de arte sendo trazida. Uma vez aberta, essa caixa dava lugar a um santuário de acrílico no qual eu estava vestida como uma madona, e de onde saíam apenas meu antebraço e o dedo indicador para apontar minhas obras-primas favoritas do museu.

No Palazzo Grassi, em Veneza, comecei a performance diretamente num santuário de acrílico de onde, mais uma vez, só saía um dos meus dedos, o indicador. Seis homens carregaram esse santuário horizontalmente por todo o Palazzo Grassi, numa lenta procissão, depois o colocaram na vertical para me apresentar ao público de pé. Cada dobra de tecido era ligada a um fio de nylon, que por sua vez se conectava a anéis dispostos nos dedos de cada um dos meus assistentes. Eles moviam os fios mexendo os dedos e puxando, como se faz com as marionetes, diante de uma câmera filmando tudo ao vivo e projetando esses estudos de drapeados em 28 telas durante toda a performance. Em seguida, eu saía da caixa retirando lentamente as dobras de tecido ao redor da minha cabeça, desembalando também o objeto que eu carregava nos braços, parecido com um bebê enrolado em panos. Depois, sempre lentamente, desenrolei uma fita enorme girando em torno de mim mesma, descobrindo aos poucos um pão pintado de azul por fora (a casca) e de vermelho por dentro (o miolo), arranquei a cabeça do pão, quebrei a criança em pedaços e a comi, e, em certas performances, com o mesmo protocolo, até vomitar ("No Baby no!").

Depois, despenteei meus cabelos antes de ficar de quatro para atravessar um grande círculo de farinha branca, avançando progressivamente na direção de um tapete vermelho enorme, estendido desde o centro do Palazzo Grassi até a extremidade do ponto de acostagem. Lentamente, a partir da posição de quatro, me enrolei nesse tecido vermelho, transformando-me aos poucos numa enorme esfera escarlate. Quanto mais eu girava, mais difícil se tornava me enrolar no tecido vermelho, e mais a bola vermelha aumentava de tamanho. Enquanto o público continuava a me observar me enrolar, tinha então a impressão de que eu estava caindo no lago, um simples efeito visual, pois um barco me esperava no nível inferior, depois me desenrolei deixando o tecido vermelho cair suavemente no Grande Canal (retirei-o de lá no final da performance, longe da luz).

Um livro foi publicado sobre minha relação com o barroco: *ORLAN Triomphe du baroque* [ORLAN Triunfa com o barroco], cujos autores são Bernard Blistène, Michel Enrici e Christine Buci-Glucksmann – ela cita *Gracias y desgracias del ojo del culo* [Graças e desgraças do olho do cu], de Francisco de Quevedo, num apaixonante diálogo com Bernard Blistène sobre minha obra.

Também trabalhei muito com a morte e o excesso, duas noções essenciais do barroco. Concebi um acessório bastante atual, constituído por meu crânio a partir de tomografias, uma obra intitulada *Un ORLAN-CORPS de crâne* [Um ORLAN-CORPO com crânio]. Essa, aliás, é uma história surpreendente, pois essa obra salvou minha vida, ou quase! De todo modo, ela foi terapêutica.

Para criar essa obra, fui à clínica de Turin, em Paris, para fazer uma tomografia do meu crânio. Fui inspirada pelo presente de David Bowie: ele me enviou um crânio de plástico usado num de seus clipes, depois de tentar me encontrar diversas vezes, sem sucesso. Ele mencionou meu nome incontáveis vezes em suas entrevistas, com imagens de minhas operações-cirúrgicas-performativas, e misturou um dos meus vídeos das operações num de seus clipes (assim como David LaChapelle, que foi influenciado por minhas fotos de operações cirúrgicas para fazer as dele). Infelizmente nunca conseguimos conciliar nossas agendas antes de sua morte, o que me deixou muito chateada.

Muito tempo depois, renovei essa ideia de crânio numa obra em colaboração com os Sismos, um grupo muito interessante de designers. Sou uma das primeiras artistas a ter criado, graças a eles, um crânio com minha identidade. Mas muit.o.a.s outr.o.a.s artistas exploraram crânios genéricos.

Essa obra, intitulada *Un ORLAN-CORPS de crâne* foi produzida graças aos *softwares* que eles criaram, ligados a uma impressora 3D. Acontece que as radiografias e tomografias feitas, programadas unicamente com o objetivo de realizar uma obra, permitiram aos médicos detectar uma infecção muito séria nos meus seios nasais, e então pude me tratar a tempo. É formidável, isso é arte-terapia ao vivo!

Esse crânio impresso em 3D destaca o fato de que sou hibridada com um boi. É possível ver uma matéria diferente integrada ao osso da minha mandíbula. Um dia, meu amigo dentista e colecionador Cyrille Candet me disse: "ORLAN, preciso colocar implantes em você e você não tem osso suficiente, preciso fazer um enxerto, ou com os seus próprios ossos, ou com ossos de boi. O que você prefere?". Respondi espontaneamente: "Convidemos o outro, não vamos ficar só entre nós!". Desde então, convivemos muito bem com esse boi que é, claro, um boi liofilizado! No escâner não dá para ver seus chifres! Mas meus implantes estão muito bem fixados. Devo dizer que pensei que estava realizando um procedimento médico muito inovador, mas essa inovação já tinha cerca de sete ou oito anos quando a realizei. Muitos pacientes não sabem que foram hibridados com um boi porque não perguntam a opinião deles. Se perguntarem, muitos vão se recusar a ser hibridados com ossos de origem animal.

LE PLAN DU FILM (1989-2001)

Em 1989 e 1992, recebi duas bolsas do Fundo Regional para Inovação Artística e Cultural de Rhône-Alpes (Fiacre), para fazer uma residência em Chennai (cidade que na época se chamava Madras), na Índia. Durante minha segunda viagem, que durou três meses e meio, fui acompanhada por Stephan Oriach, um amigo diretor com quem já havia trabalhado no passado. Ele filmou parte das minhas operações-cirúrgicas-performativas e fez um filme sobre minha obra: *Carnal Art*.

Minha viagem à Índia fazia parte de *Le Plan du film*, uma série de obras concebida a partir da leitura de uma citação de Jean-Luc Godard: "A única grandeza de *Montparnasse 19*, de Jacques Becker, é ser não apenas um filme ao contrário, mas, em certa medida, o contrário do cinema". Meu conceito era levar Godard ao pé da letra e criar um filme ao contrário, começando pelo cartaz e pelo *trailer* de divulgação, a trilha sonora e um programa de televisão para o lançamento do longa-metragem. Contratei uma agência de publicidade, a Publidécor, especializada em cartazes de cinema pintados dos anos 1950, com quem criei catorze cartazes pintados usando fotos minhas e fotos recicladas de obras. Minha intenção, com esses cartazes pintados à mão com tinta acrílica, em telas de 3 × 2 m, era contar minha vida na arte reciclando imagens de minhas obras. Produzi esses cartazes destacando o nome de amig.o.a.s do meio artístico da época, e um ou dois nomes de celebridades do cinema, levando as pessoas a acreditarem na existência do filme. Também organizei uma falsa coletiva de imprensa com a cumplicidade do diretor Bigas Luna e do curador de exposições Lóránd Hegyi, durante uma bienal de arte contemporânea em Valência, onde eu estava expondo sob a curadoria dele. Convidamos muitos jornalistas para uma sala de cinema na qual Bigas Luna, alguns de seus atores e eu apresentamos um dos meus cartazes de cinema, projetado na tela em tamanho grande, depois falamos durante um bom tempo sobre um filme que havíamos rodado – mas que não existia de fato, o que ninguém suspeitava – e sobre as condições da filmagem. Num dado momento, a imprensa começou a se impacientar, pedindo para ver imagens desse famoso filme de que falávamos desde o início, mas continuamos a coletiva inventando histórias engraçadas sobre as gravações, os relacionamentos entre o diretor e seus atores e atrizes etc., até que a sala ficou vazia. Quando um jornalista decidia deixar a sala, recebia um papel na saída revelando o conceito do *Plan du film* e explicando a performance que acabara de acontecer sob seus olhos e da qual ele havia participado sem saber.

O projeto da minha bolsa consistia em ir a Madras para continuar o *Plan du film*, com as malas cheias de maquetes do que eu queria produzir no local. Quando cheguei, tive a grande sorte de conhecer um consultor artístico muito generoso (ele e sua esposa Annie nos hospedaram durante quase toda nossa estada) e muito aberto à arte contemporânea: Joël Raffier, o diretor da Aliança Francesa.

Meu principal problema era encontrar um bom pintor de cartazes de cinema que aceitasse trabalhar comigo. Acabei encontrando um que parecia ter produzido de longe os melhores cartazes da cidade, e tive que procurá-lo durante quase um mês antes de finalmente encontrá-lo e lhe propor uma parceria de trabalho. Sempre que perguntava a alguém onde ele morava, davam-me informações vagas ou falsas. Quando ia de riquixá aos lugares onde supostamente ele morava, não conseguia localizá-lo. Tive que fazer um verdadeiro trabalho de detetive, sob um sol escaldante e sempre de riquixá, o que era particularmente desagradável, porque a cidade é extremamente poluída, e nesses veículos pequenos o passageiro e o condutor ficam na altura dos escapamentos dos carros e caminhões. Finalmente o encontrei e, depois de contratar um intérprete de tâmil, consegui começar uma conversa com ele, que rapidamente se fez de grande artista ermitão, provavelmente muito reticente com a ideia de trabalhar com uma mulher.

No meio de uma frase, falei do filme que meu amigo diretor Stephan Oriach estava rodando, e a perspectiva de aparecer nele o convenceu a aceitar minha proposta. O cinema é muito atraente, fascinante e sacralizado para os indianos.

Muito feliz, dei a ele dinheiro para comprar pincéis, tinta e telas, e um endereço onde ele deveria nos encontrar no dia seguinte às 10 horas da manhã. Ele não apareceu nesse primeiro encontro, em que o aguardei acompanhada de toda a equipe de filmagem... Fomos até ele de novo e lhe demos mais dinheiro, na esperança de que isso o motivasse a honrar nosso segundo encontro, dali a dois dias. Ansiosos, aguardamos por ele na esperança de que não nos deixasse na mão de novo. Uma hora, duas horas, três horas, as horas passavam e nenhum pintor surgia no horizonte. Eu sabia que era preciso ter paciência, não se preocupar, mas até os indianos da nossa equipe, acostumados à espera, começavam a ficar irritados, sobretudo porque o pintor não tinha comparecido ao primeiro encontro. Fazia um calor insuportável, os trilhos do *travelling* já estavam instalados, o intérprete queria ir embora... Estava tudo prestes a desmoronar, quando de repente o pintor apareceu.

Milagre!

Ele se instalou num canto, como se esperasse alguma coisa. Pedi para o intérprete lhe oferecer o chá, e ele aceitou, para lhe oferecer algo para comer, e ele recusou, mas não se mexia nem um centímetro. Vendo toda minha equipe pronta para ir embora, pedi ao intérprete que descobrisse por que ele não estava fazendo nada, limitando-se a esperar, e ele respondeu: "Precisamos de um carpinteiro". Ele não era carpinteiro e estava fora de cogitação para ele pregar a tela na moldura, pois pertencia a uma casta superior. Perguntamos onde poderíamos encontrar um carpinteiro disponível no bairro: o intérprete conhecia alguém que talvez conhecesse um! Mas ninguém sabia exatamente onde ele morava. Então olhei para meu amigo cinegrafista e lhe disse que eu sabia como esticar uma tela numa moldura, mas que ele teria que me ajudar porque as telas eram grandes e era impossível fazer isso sozinha.

A partir do momento em que esticamos as telas nas molduras, o pintor nos considerou pessoas de classe baixa, perdemos nosso *status* de artistas privilegiados do cinema e fomos relegados ao nível dos carpinteiros. Em seguida, começou o trabalho, não sem resmungar, mas suspeito que tentou nos passar a perna não adicionando secante suficiente na tinta, ou usando tinta a óleo em vez de tinta acrílica, pois, por mais que tenhamos

LE PLAN DU FILM (1989-2001)

tentado secar as telas pintadas ao sol durante semanas, elas continuaram parcialmente úmidas e pegajosas até o dia da partida! Nós as enrolamos umas nas outras, achando que estavam secas, mas quando chegamos à França elas estavam grudadas umas nas outras!

Após esse contratempo, buscamos outra empresa de pintores que nos foram recomendados. Havia muitos deles trabalhando nesse lugar com ares de um ateliê de Michelangelo: um era especialista em mãos, o outro em pés, o seguinte em cabelos, outro em cores de pele, olhos ou ainda em paisagens e bigodes.

Meu *status* de mulher se tornou imediatamente um problema: era impensável uma mulher dar ordens a homens, ainda mais a pintores renomados. Então, era Stephan Oriach, diretor do filme, quem transmitia a eles minhas instruções, que eles mais ou menos seguiam. Era impossível para eles, por exemplo, pintar a cor da minha pele de outro tom que não fosse o rosa-choque, ou então pintar um homem sem bigode. Não tenho sobrancelhas, mas, apesar dos meus protestos, eles insistiram em me desenhar com sobrancelhas grossas e pretas em formato de acento circunflexo. A situação era tragicômica, e proporcionou imagens muito boas para o filme. As obras que eles produziram eram inapresentáveis numa galeria, principalmente porque, acostumados com formatos enormes nos quais não se viam os detalhes, eles não trocavam de pincel quando ele caía no chão, continuando a pintar mesmo com as marcas de terra e pedrinhas que ficavam na tela.

Nessa época, eu já tinha feito a maioria das minhas operações-cirúrgicas-performativas, mas tive a ideia de completar o ciclo com essa operação na Índia, então pedi a Joël Raffier para encontrar algumas personalidades que poderiam se interessar por esse tipo de performance e patrociná-la. A entrevista aconteceu no prestigioso Madras Club. Meus interlocutores ficaram chocados com minha abordagem e se abstiveram de dar continuidade a ela. Naquele momento, sobretudo no sul da Índia, a prática artística ainda se referia principalmente a textos fundamentais como o *Mahabharata* e a *Bhagavad Gita*, muito distantes das minhas referências; Anish Kapoor e Subodh Gupta ainda não eram conhecidos! Eu esperava que meu rosto na capa de uma revista em tâmil os impressionasse, mas isso não foi o suficiente, apesar de bastante sacralizante.

Na Índia, também trabalhei muito, e com menos dificuldades, com os artesãos de lantejoulas. Pude fazer diversos autorretratos de lantejoulas, que tenho até hoje. Nunca os expus, porque cada lantejoula é fixada precariamente com um alfinete que sai do outro lado da tela, mas eu poderia encontrar uma solução.

Aguardemos cenas dos próximos capítulos...

Ainda não encontrei a solução técnica para pendurá-los na parede de forma que não caiam, principalmente porque, para a instalação ficar interessante, é imprescindível que o vento ou um ventilador ligado agite as lantejoulas; na ausência de luz solar, também é necessário ter luz para criar efeitos ópticos.

Muito tempo depois, em 2017, tive a oportunidade de trabalhar novamente com lantejoulas na exposição *Paris-Delhi-Mumbai* no Centre Pompidou. Sophie Duplaix e Fabrice Bousteau encomendaram uma obra e encontrei uma agência que fez uma enorme e magnífica bandeira híbrida indiana e francesa, que chamei de *Draps-peaux hybridés*[31] (7 × 5 m) e instalei com destaque na entrada da exposição, com um teto técnico composto por ventiladores e luzes. O efeito foi belíssimo! Podia-se ver a peça de muito longe, e o vento, combinado com as luzes, criava uma ilusão de programação de LED.

Depois das minhas aventuras na Índia, continuei o *Plan du film* criando o *trailer* do filme que não existe, e em seguida a trilha sonora do filme que não existe, com o supergrupo Tanger, gravada num CD editado pela Al Dante e semelhante a um CD-ROM de filme, apresentado numa caixa de plástico ilustrada com o cartaz, e um livreto com um texto de apresentação de Jean-Pierre Rehm, além de um texto de Serge Quadruppani para a trilha sonora.

Também organizei um falso programa de televisão para uma grande performance na Fundação Cartier. O programa foi apresentado por Alain Maneval, que entrevistou os atores e atrizes dos meus filmes. Projetamos as imagens que supostamente faziam parte do filme, assim como os cartazes, e os atores e atrizes vinham falar do filme, das gravações, de sua relação com a diretora, como se o filme tivesse realmente sido gravado e exibido nos cinemas. Entre outras pessoas, estavam Sylvie Testud, o

---

31. O nome remete simultaneamente a lençol (*drap*), pele (*peau*) e bandeiras (*drapeaux*), evocando, portanto, a hibridação de objetos, de culturas, de nacionalidades. [N.T.]

LE PLAN DU FILM (1989-2001)

formidável e engraçado Jean-Claude Dreyfus, o extraordinário Raymond Hains, Jean-Jacques Bernard, Serge Grünberg, André S. Labarthe, Paul Ardenne, Richard Dembo, Nathalie Richard, Rachid Djaïdani, Jean-Christophe Bouvet, Patrick Corillon... O objetivo era levar o público a acreditar na existência desses filmes.

Em meu vídeo de 2011, intitulado *ASIL/EXIL* [ASILO/EXÍLIO], também hibridei bandeiras. Para criar essa obra, trabalhei com imigrantes ilegais e com solicitantes de asilo. Primeiro na Bélgica, em La Cambre, com o artista Johan Muyle e suas alunas, onde fui convidada para ministrar um *workshop* e criar novas obras para uma exposição; depois em Marselha, contactada por associações para ser fotografada e filmada. Pedi que imigrantes instalad.o.a.s na orla do Mediterrâneo e morando em Marselha contassem, diante da câmera, sobre sua travessia, sua caminhada e sua relação com o país de origem. Depois, inspirada na história de suas jornadas, hibridei seus *draps-peaux* com sua trajetória, sobrepondo-os a seus rostos imóveis. Fixei o retrato de cada pessoa no centro da imagem e lentamente movi, da esquerda para a direita, essas bandeiras híbridas, depois de ter deixado a imagem transparente para transformar seus rostos e pintá-los, mudando a cor da pele em função das cores sucessivas das bandeiras. O resultado é um vídeo em que cada uma dessas pessoas muda várias vezes de cor de pele e parece estar num sonho de transformação e desejo de deslocamento. A poesia e a filosofia fazem seus rostos viverem de forma diferente e revelam suas esperanças, seus pensamentos, suas dores. A memória de um país é política, social e cultural. Com essa obra, eu quis transmitir a ideia de que um povo não é uma etnia, mas que se constrói ao longo das migrações. O vídeo foi exibido em *loop* no "Pavillon de l'exil" ["Pavilhão do exílio"], concebido e apresentado por mounir fatmi como parte de um festival organizado por minha amiga Leïla Voight em Marselha, em 2017.

Marc Partouche descreve minha trajetória artística como "uma extraordinária coerência no desenvolvimento do trabalho. Os aspectos multiformes, híbridos e abundantes de sua obra podem, às vezes, dar a um espectador distraído a impressão de desconexão ou dispersão formal. Mas não é nada disso. Cada obra, dentro de cada momento ou período, se articula com uma evidência e uma coerência que poucos artistas contemporâneos podem reivindicar. E isso sem estratégia, mas sob o efeito de uma profunda necessidade política atenta aos desdobramentos do nosso tempo".

Também sobrepus e hibridei meu rosto a *draps-peaux* para minha exposição na galeria de La Cambre.

Desde então, retornei várias vezes à Índia, sobretudo para Kerala, e assisti, por acaso, em 2010, às corridas de *snake boats* nas *black waters*. São corridas de velocidade, e não de resistência, onde uma centena de remadores e remadoras avançam com seus barcos longilíneos chamados *snake boats*. Todos largam juntos e remam a toda velocidade para ter uma chance de ganhar.

A agitação, os gritos de incentivo são muito intensos e há muita música. Em 2010, fiz um vídeo intitulado *Snake Boat Rice* e o apresentei como se fosse um transe, pois parece (não verifiquei a informação) que todo mundo se droga para ir o mais rápido possível desde a partida. No vídeo, usei efeitos de distorção que podem ser percebidos como alucinações visuais que surgem da música e do transe.

Também criei diversas instalações de vídeo a partir dessa obra.

SORORIDADE E FEMINISMO (1947-2020)

Mulher, acorde; o sino da razão se faz ouvir em todo o universo; reconheça seus direitos. O poderoso império da natureza já não está cercado de preconceitos, fanatismo, superstição e mentiras. A tocha da verdade dissipou todas as nuvens da insensatez e da usurpação.

Olympe de Gouges, Postâmbulo da
Declaração dos direitos da mulher e da cidadã, 1791.

Ah! O feminismo...! Eu adoraria que essa não fosse mais uma preocupação minha, tenho muitas outras.

Durante toda minha vida, lutei (com outras mulheres!) pelos direitos das mulheres, contra as violências morais e físicas feitas às mulheres. Lutei com outras, e já de início gostaria de citar um texto do qual gosto muito, da singular e notável Virginie Despentes (com quem estive na capa da revista *STEMP*):

Escrevo como feia e para as feias, as velhas, as caminhoneiras, as frígidas, as malcomidas, as incomíveis, as histéricas, as taradas, todas as excluídas do grande mercado das gostosas. E começo por aqui para que as coisas fiquem claras; não me desculpo por nada, não venho me queixar. Não trocaria meu lugar por nenhum outro, porque ser Virginie Despentes me parece ser um negócio mais interessante a administrar do que qualquer outro. Acho formidável que também existam mulheres que gostam de seduzir, que sabem seduzir, outras que queiram se casar, as que cheiram a sexo e outras que cheiram a merenda das crianças saindo da escola. É formidável haver as muito doces, outras plenas em sua feminilidade, que haja jovens, muito bonitas, outras sedutoras e radiantes. Sinceramente, fico contente por todas aquelas a quem as coisas, tais como são, convêm. Digo isso sem a menor ironia. Acontece simplesmente que não faço parte delas. É claro que eu não escreveria o que escrevo se fosse bonita, bonita a ponto de mudar a postura de todos os homens com quem cruzo. É como proletária da feminilidade que falo, que falei ontem e que recomeço hoje. Quando estava desempregada, não sentia nenhuma vergonha por ser excluída, só raiva. É a mesma coisa como mulher: não sinto a menor vergonha por não ser uma mina super gostosa. No entanto, fico verde de raiva por ser constantemente lembrada que, como garota que não desperta muito interesse nos homens, eu nem deveria estar aqui. Nós sempre existimos. Mesmo que não falassem de nós nos romances escritos por homens, que só imaginam mulheres com as quais gostariam de dormir. Nós sempre existimos, mas nunca falamos. Mesmo hoje, quando as mulheres publicam muitos romances, é raro encontrar personagens femininas com aparências desfavorecidas ou medianas, incapazes de amar os homens ou de serem amadas por eles. Ao contrário, as heroínas contemporâneas amam os homens, encontram-nos facilmente, dormem com eles em dois capítulos, gozam em quatro linhas e todas adoram sexo. A figura da fracassada da feminilidade é mais do que simpática para mim, ela é essencial. Exatamente como a figura do fracassado social, econômico ou político. Prefiro aqueles que não conseguem ter sucesso pela simples razão de que eu mesma também não tenho. E que, no conjunto, o humor e a inventividade estão mais do nosso lado. Quando não temos o necessário para nos vangloriar, muitas vezes somos mais criativos. Estou mais para King Kong do que para Kate Moss como mulher. Sou o tipo de mulher com quem ninguém se casa, com quem não se tem filhos, falo do meu lugar de mulher sempre exagerada em tudo o que é, agressiva demais, barulhenta demais, gorda demais, bruta demais, peluda demais, sempre viril demais, me dizem. Todavia, são essas minhas qualidades viris que fazem de mim outra coisa além de um caso social entre outros. Tudo o que gosto na minha vida, tudo o que me salvou, eu devo à minha virilidade. Então é como mulher incapaz de atrair a atenção masculina, de satisfazer o desejo masculino e de me contentar com um lugar à sombra que escrevo. É desse lugar que escrevo, como uma mulher não sedutora, mas ambiciosa, atraída pela cidade mais do que pelo campo, sempre animada por experiências e incapaz de me contentar com a narrativa que me é imposta. Não dou a mínima para deixar de pau duro os homens que não me fazem sonhar. Nunca me pareceu evidente que as garotas sedutoras se divertem tanto assim. Sempre me achei feia, e me contento porque isso já me salvou de uma vida de merda aturando caras gentis que nunca teriam me levado além da linha azul de Vosges. Sou feliz comigo assim, mais desejante que desejável. Então escrevo deste lugar das não vendidas, das tortas, das que têm a cabeça raspada, das que não sabem se vestir, as que têm medo de feder, as que não sabem se portar, aquelas a quem os homens não oferecem presentes, [...] aquelas que dão medo, que dão pena, que não dão vontade, aquelas que têm a pele flácida, rugas no meio da cara, aquelas que sonham com um lifting, com lipoaspiração, que sonham em destruir o nariz para reconstruí-lo, mas que não têm dinheiro pra isso, aquelas que não se parecem mais com nada, as que só contam consigo mesmas para se proteger, as que não sabem ser tranquilizadoras, aquelas que não dão a mínima pros filhos, aquelas que gostam de beber até desabar no chão dos bares, aquelas que não sabem se comportar; da mesma forma que os homens que não têm vontade de ser protetores, aqueles que gostariam de ser mas não sabem nem por onde começar, aqueles que não sabem lutar, que resmungam o tempo todo, que não são ambiciosos, nem competitivos, nem bem-dotados, nem agressivos, aqueles que são medrosos, tímidos, vulneráveis, aqueles que prefeririam cuidar da casa em vez de sair para trabalhar, aqueles que são delicados, carecas, pobres demais para agradar, aqueles que gostariam de ser comidos, aqueles que não querem que contem com eles, aqueles que têm medo quando ficam sozinhos à noite.

Porque o ideal da mulher branca, sedutora, mas não puta, bem casada, mas não omissa, que trabalha, mas que não é super bem-sucedida para não humilhar seu homem, magra, mas não neurótica com comida, que permanece indefinidamente jovem sem se desfigurar com cirurgias estéticas, mamãe realizada, mas não refém das fraldas e das lições de casa, boa dona de casa, mas não uma criada tradicional, culta, mas menos que um homem, essa mulher branca feliz que esfregam o tempo todo no nosso nariz, aquela à qual deveríamos nos esforçar para imitar, apesar de ela parecer se aborrecer com pouca coisa, de todo modo, nunca a encontrei em lugar nenhum. Acho que ela simplesmente não existe.

Acho esse texto inspirador e admirável.

Lutei sem cessar, tanto publicamente como na minha vida privada, bem como em minhas obras. Sempre fiz petições pela pílula abortiva, me manifestei para que pudéssemos dispor de nosso corpo como bem entendêssemos e contra as violências contra as mulheres, contra as violências conjugais. Até agora são 142 mil vítimas, os feminicídios (122 na França em 2019), o estupro (52 mil denúncias por ano na França), a violência conjugal, o casamento arranjado (70 mil na França), a discriminação, a mutilação genital feminina (60 mil casos na França em 2019), o apedrejamento... Ultimamente, geralmente ao lado do Femen ou do coletivo "Nous toutes" com Julie Gayet, Sandrine Bonnaire, Muriel Robin, Nathalie Ernoult, Catherine Gonnard e muitas outras...!

Por muito tempo acreditei que a luta estava progredindo, que estávamos no caminho certo, mas devo confessar que nunca pensei que as mudanças ocorreriam tão lentamente. Avançamos três passos e retrocedemos dois. Durante toda minha vida, trabalhei da manhã à noite, tanto na esfera privada como na pública, em minhas palestras e em minha obra, para que as relações entre homens e mulheres evoluíssem. Para que o "operador igualdade" revolucione as relações mulher-homem, como descreve minha amiga Geneviève Fraisse em sua conclusão de *Les excès du genre* [Os excessos do gênero]:

O operador igualdade é como uma lanterna nesse campo: ele tira todas as coisas do seu campo de visão e permite conceber e inventar as novas relações entre os sexos. O operador igualdade confronta ou ignora a dominação. Às vezes, ele ignora os poderosos, muito mais ocupado em construir do que em desconstruir, em imaginar do que em criticar. As velhas imagens, que subsistem como clichês ou preconceitos, são persistentes. Estes renascem sem cessar, apesar de seu comprovado arcaísmo. Mas será que é na tela do conservadorismo e da tradição que a história é escrita? Provavelmente não.

Às vezes, tenho a triste impressão de que minha vida não serviu para nada.

Minhas ações ao lado de muitas outras mulheres me parecem não ter mudado nada ou quase nada, pois, apesar das batalhas vencidas pelas feministas – direito ao voto em 1944, contracepção em 1967 por Lucien Neuwirth, aborto em 1975 graças à força, à tenacidade, à eficiência oratória de Simone Veil, a quem agradeço infinitamente –, infelizmente só podemos constatar que as consciências voltam a se fechar muito rapidamente, que o patriarcado e o sexismo sempre vencem, envenenando todos os dados, as palavras e as ações dos homens, é claro, mas também de certas mulheres.

Depois de "Balance ton porc"[32] ou "#MeToo", que estavam no caminho certo, fiquei chocada ao ver que cem mulheres sem vergonha tinham assinado, do alto de sua casta social, de sua liberdade, uma petição sobre o direito de ser assediadas!, varrendo para debaixo do tapete as mulheres que finalmente tinham ousado falar, e isso sem nenhuma compaixão, solidariedade ou sororidade com elas.

Escrevi uma resposta contundente a essas mulheres, intitulada "Égalité Liberté Sororité" ["Igualdade Liberdade Sororidade"], que contém o seguinte:

As cem signatárias participam da resistência que surge na França sempre que o feminismo ganha terreno; tanto homens como mulheres, neste país em que o direito ao voto foi dado às mulheres mais tardiamente do que em muitos outros países. A França: um país onde reina um antifeminismo epidérmico e autoritário.

Durante anos, muitas mulheres e muitos homens tentaram nos impedir de pronunciar a palavra "feminismo", e as mulheres que a pronunciavam eram humilhadas, chamadas de mulheres feias, até mesmo velhas e malcomidas, retraídas, puritanas e que odeiam os homens. Mesmo as mulheres que viviam livres com valores feministas diziam que não eram feministas! Sob pena de ser desvalorizadas aos olhos dos homens e das mulheres, e aos seus próprios olhos; as jovens pensavam que era um problema de suas mães e avós... Com o "Balance ton porc" e "#MeToo", elas de repente voltaram a perceber que a palavra "feminismo" era útil e necessária, olharam para as estatísticas de estupros, de mulheres mortas por agressões do parceiro ou suportando apanhar por toda a vida, ou obrigadas a fazer sexo para conseguir um emprego ou mantê-lo. Essas práticas estão presentes em todas as profissões e poucas coisas parecem ter sido resolvidas. Novamente era possível pronunciar a palavra "feminismo" e se inscrever nesse

---

32. Lema que no Brasil ficou conhecido como "Mexeu com uma, mexeu com todas". A expressão francesa recorre ao *verlan* (ou *l'invers*), que consiste na inversão da ordem das sílabas de uma palavra. Neste caso, a palavra "corpo" foi transformada em "porc" (porco), fazendo referência à denúncia (*balance*) de homens perversos/agressivos/violentos. [N.T.]

projeto de sociedade. Essa palavra voltou a ser plausível, ou mesmo voltou à moda, e os homens também a usavam, sobretudo os jovens, o que provavelmente não agradou aos cem signatários.

Era preciso, a qualquer custo, silenciar as mulheres que começaram a falar, celebridades, artistas renomadas que explicavam o que os homens lhes impunham em seu meio, o que elas eram obrigadas a aceitar sob a ameaça de não conseguirem o papel. Sob o pretexto de que "Balance ton porc" era uma fórmula feia, pouco sutil, pouco chique, vulgar, muitas pessoas disseram que era vergonhoso escrever isso, que era um exagero, que era uma guerra dos sexos. No entanto, essa fórmula me parece muito sensata, é uma fórmula impactante que agrada a mídia (ou seja, eficaz e sem ser enterrada imediatamente) e que denuncia os porcos, e não os outros que, portanto, não tinham motivos para se sentir atingidos, agredidos, já que não fazem parte desse universo! A guerra contra o sexo feminino é um fato que já existe há milênios.

Nós amamos e estimamos esses homens que não são porcos, queremos ter relações sexuais e humanas com eles, sem nenhum puritanismo.

Essa fórmula também tinha a vantagem de designar claramente o agressor e de tirar a culpa das mulheres que ousavam enfim falar do assunto, demonstrando claramente que não eram elas as erradas, mas o *disgusting* agressor.

Certas signatárias disseram que era possível gozar ao ser estuprada, mas não mencionaram que as mulheres também podiam engravidar de um estupro (aliás, os soldados do Estado islâmico e muitos outros usam isso como uma arma de guerra suplementar), o que é outra consequência! possível da natureza, agindo, nos dois casos, sem o nosso consentimento... é a máquina-corpo entrando em ação... e também não podemos esquecer das doenças sexualmente transmissíveis!

Concordo com Michelle Perrot, que diz: "A falta de solidariedade das mulheres signatárias desse manifesto me deixa perplexa": elas evidenciam que se há um problema com os porcos, há também um problema com as mulheres que impedem as outras de falar sobre isso. Há um problema com certas mulheres que têm poder e se servem dele contra outras mulheres, em benefício dos homens ou das mulheres que ocupam cargos em nossas instituições e são solidárias não com as mulheres, mas com os homens, para impedir que as mulheres passem pela barreira sexista, aquelas que também são contra a paridade, as que impedem que os nomes das profissões sejam usados no feminino. Mas nos ensinaram que as palavras são conceitos e, em psicanálise, que a linguagem é literal, que não se diz enfermeiro a uma enfermeira.

Há um problema com as mulheres que reivindicam que uma advogada seja chamada de advogado! É verdade que é uma profissão que durante muito tempo foi reservada aos homens, como muitas outras... Mas não é por isso que o masculino deve continuar a se sobrepor ao feminino.

O corpo é político, o privado é político, a linguagem é ideologia, e se o corpo das mulheres continua sendo um objeto à disposição dos homens, estamos longe da igualdade entre os sexos.

Marcela Iacub escreveu: "*Balance ton porc* é a expressão de um novo feminismo que, a partir de agora, visa alcançar a igualdade, não apenas na esfera profissional, mas também na sexual e familiar. As mulheres que denunciam seus porcos não estão apenas buscando viver sem ser violentadas, assediadas ou humilhadas. Seu objetivo também é garantir que esses brutamontes não esmaguem a feliz 'porquinha' adormecida dentro delas...".

Michelle Perrot também disse: "Eu teria adorado que essas cem mulheres criadoras colocassem seu conhecimento do meio artístico e midiático e seu prestígio 'a serviço' das revoltadas do #MeToo, mesmo que elas nunca tenham lidado pessoalmente com 'porcos'! É possível ser solidária a uma injustiça sem tê-la vivido". A sororidade (e não a rivalidade) é a melhor arma contra o machismo e o sexismo.

Geneviève Fraisse escreveu em sua resposta às cem signatárias: "É a relação de forças que mudará tudo. Se as mulheres forem numerosas, elas transformarão as coisas; é visível: entre o caso DSK e o caso Baupin e o de Hollywood, passamos do singular (uma única mulher) para o plural (um coletivo de mulheres...)".

Está claro que essas cem signatárias apoiam e dizem claramente a todos os homens: estamos com vocês, quer sejam ignóbeis, porcos ou não porcos. Vocês têm todos os direitos sobre nós. Não somos como "as outras" às quais não apoiamos, as feministas, que exageram ao denunciar suas exações, estamos com vocês e contra elas, não nos cansaremos de dizer: não gostamos das mulheres, nunca seremos solidárias, sobretudo com as feministas! Queremos silenciá-las.

Marcela Iacub as chama de antiquadas, mas não é possível dizer também que são propostas que têm afinidades com a extrema-direita? Mas isso não é tão problemático assim, pois um excelente escritor como Céline era antissemita em sua época...

Que boas escritoras sejam misóginas e antifeministas... Élie Wiesel, ao receber seu Prêmio Nobel: "Jurei nunca me calar quando seres humanos sofrem e são humilhados, onde quer que seja. Devemos sempre nos posicionar. A neutralidade beneficia o opressor, nunca a vítima. O silêncio encoraja o perseguidor, nunca a vítima. O silêncio encoraja o perseguidor, nunca o perseguido."

Para concluir, apresento o texto do concurso de eloquência que um jovem advogado – ele sim parece ser, de fato, feminista – me enviou recentemente. Que prazer! Pois há um silêncio terrível dos homens-não-porcos.

Minha resposta foi seguida por um discurso elaborado por Hugo Partouche, um jovem advogado especializado em direito penal e direito comercial, um homem jovem e feminista, que prazer poder constatar que eles existem! Que eles ousam assumir e tomar a palavra ou a "pena"! E é realmente muito raro eles fazerem isso. Vários o antecederam desde o século XVII, como Poulain de La Barre (1647-1723), John Stuart Mill (1806-1873), Pierre Choderlos de Laclos (1741-1803), Nicolas de Condorcet (1743-1794), Saint-Simon (1760-1825), Étienne Cabet (1788-1856), Élisée Reclus (1830-1905), Léon Blum, Charles Fourier, Edgar Morin, Pierre Bourdieu, Olivier Py, Sam Bourcier, Lucien Neuwirth, Michael Moore, o príncipe Harry, Ian Somerhalder, John Legend e muitos outros... e recentemente todos os homens envolvidos no "He for She". Podemos também encontrá-los no *Manifesto feminista* de Laure Adler, que teve a boa ideia de dar voz a homens feministas, que ouvimos muito pouco.

"Direitos do homem: uma expressão do século XVIII. O que temos para o século XXI?", por Hugo Partouche.

Para "direitos do homem", falemos "direitos da mulher". Isso incomoda um pouco. A gente murcha, abatidos por uma pancada. Haverá violência se falarmos de homens no feminino. Pobres de nós. Senhoras do júri, senhora presidenta, a violência quando falamos de homens no feminino não é uma só. É uma humilhação. Todos esses homens, menos eu, têm medo de ser humilhados, de ser comparados a seres inferiores. Esse é o motivo da recusa deles, e o procurador está nas mãos deles. Tememos que a linguagem nos despoje de nosso gênero. Nós, eles, todos, exceto eu, não sabem que a desapropriação do gênero é uma verdadeira gênese da fala para as mulheres francófonas. Ser mulher em francês, ou falar francês sendo mulher, é estar numa situação de linguagem espantosa, eu acho. Ou pensamos no particular, na primeira pessoa. Então, posso ser mulher. Ou ela pensa no geral, no plural. Então, ela precisa desaparecer da humanidade. Eis o que proponho aos homens. Em vez de impor tal desaparecimento, façamos dele uma ética!

Uma ética do desaparecimento. Homens, digamos "direitos da mulher", sejamos também despossuídos.

Sabem, meus caros camaradas do sexo masculino, essa despossessão é apenas anedótica, temporária, marginal. Nós já possuímos tudo. E fazer, ocasionalmente, a experiência desse confisco do gênero é, sem dúvida, suscetível de aumentar infinitamente nossa empatia pelo outro sexo, pelos gêneros. Ao dizer "viva os direitos da mulher, incluindo os do homem", aceito que arranquem minha vestimenta de dominante. Estou um pouco menos coberto, sou um pouco menos cego, um pouco menos surdo. Homens, aceitem ficar nus comigo. Nus como Adão antes de Eva pecar. Uma formidável, uma genial, uma anônima do século XVIII escreveu: "Vão me dizer, e é verdade, que Eva não apenas foi criada depois de Adão, como foi formada de uma de suas costelas; mas Adão foi feito de barro – existe alguma razão para que Adão seja menos nobre do que o barro?".

Não! Deve-se dizer "direitos da mulher", porque é preciso que nós, homens, tenhamos dito isso pelo menos uma vez, que ao menos uma vez façamos a experiência dessa despossessão constitutiva. Uma vez ou mais. É preciso dizer "direitos da mulher", enfim, porque é preciso declarar esses direitos.

Ao declarar os direitos do homem, os homens da revolução garantiam: os direitos do homem existem, basta pronunciá-los. Fim das petições desses direitos; não houve lugar para pedir o que quer que fosse. Nossos direitos são naturais. Eles nos pertencem. São íntimos. A função da democracia então é apenas declará-los, e a do Estado é proteger essa intimidade política. As mulheres conhecem essa intimidade? Vocês a conhecem? Antes que seus direitos sejam protegidos, senhoras do júri, senhora presidenta, vocês precisam sair de si mesmas e se tornar homens. Estranha intimidade essa que começa por se separar de si mesmo.

Entretanto, as mulheres conseguiram construir uma existência política. Para nós, homens, entendermos essa existência política como a exploração que ela de fato é, precisamos seguir o mesmo caminho, conhecer uma intimidade primeiro desapropriada, dizer "os direitos da mulher, incluindo os do homem". Eu gostaria de não estar aqui, de não explicar aos outros homens onde acredito que se esconde o mistério da igualdade, numa empatia tão íntima quanto os direitos naturais que outrora proclamaram, esquecendo uma parte de sua população. Eu gostaria de desaparecer completamente neste texto, como as mulheres desapareceram na língua.

Falo com vocês hoje, depois me retiro. Retornaremos, retornarei quando nossa carne tiver sentido alguma coisa de intimamente feminino, quando essa empatia nos der o gosto de algo que se assemelhe um pouco mais à igualdade.

Voltaremos. Até lá, calemo-nos para sentir. Até breve!

Que orador, que fôlego.

Então, sou uma mulher numa sociedade onde o homem reina (ela dita a lei) e onde as mulheres, infelizmente, às vezes são *kapos* aliados ao poder dominante. É sempre uma grande contrariedade perceber isso. É também uma grande contrariedade para mim ver mulheres se apresentando apenas com o primeiro nome, como se estivessem na creche, o que resulta em: Ségolène, Hollande! Os primeiros nomes são para o papai, para a mamãe, o.a amante ou para amig.o.a.s íntim.o.a.s, não para a sociedade, e pude constatar que mulheres artistas que assinam suas obras com nome e sobrenome se apresentam apenas com seu primeiro nome. Como se lembrar do nome da artista se ela mesma não o diz?

Sou uma mulher num mundo onde, mesmo na arte, o patriarcado é o padrão, com raras exceções. Passei anos lutando para ser reconhecida no mesmo patamar que os artistas homens, eu, que não vinha de um meio artístico, ou de um meio de alto poder aquisitivo, que não me casei com um artista e/ou um homem rico, eu, que sou biologicamente uma mulher.

Que tristeza constatar que, apesar do número cada vez maior de mulheres nos cargos de poder nos museus, centros de arte, Ministério da Cultura e Ministério da Igualdade entre mulheres e homens, a cota das mulheres em exposições e monografias aumentou... mas muito pouco... É preciso reconhecer que as mulheres nos cargos de poder ainda não estão tomando as medidas necessárias para que as mulheres artistas, jovens e menos jovens, encontrem seu lugar, o lugar que deveria ser naturalmente delas.

Ouço muito as mulheres que têm poder dizendo: "Não vamos colocar mulheres apenas porque são mulheres, porque precisamos de mulheres, mas porque são boas artistas". Como se elas não existissem! Como se fossem raras! Quando se trata de homens, essa questão nem é levantada, no entanto, entre os homens artistas há os bons, os muito bons e os medíocres, os ruins, os muito ruins, os supervalorizados, mas que expõem e são sempre apoiados sem as mesmas ressalvas.

Eu jamais ousaria criticar as "filhas de", as "esposas de", que tiveram a sorte de encontrar uma forma de contornar minimamente o peso da sociedade sobre seu gênero, tendo um capital cultural advindo ou de seus pais ou de seus maridos.

Uma estratégia para se livrar das correntes que nos prendem.

Desde o início da minha carreira, tentei sair da moldura.

Tentative de sortir du cadre é uma de minhas obras-manifesto: ela se inscreve na série dos *Corps-sculptures* (1964-1967). A pesada moldura dourada representa todas as formatações e todas as pressões que se imprimem sobre e nos corpos, à maneira do rastelo kafkiano descrito em *Na colônia penal*.

Durante toda minha vida tentei sair da moldura, ser diferente, me inventar, me reinventar e "mover as barras da gaiola", como na citação de René Char: "Aquele que vem ao mundo para não incomodar nada não merece nem consideração nem paciência".

O que chamo de "moldura", o formidável Paul B. Preciado chama de "gaiola". Não estamos distantes um do outro quando ele diz: "Designaram-me o sexo feminino e, como o macaco mutante, consegui me libertar dessa 'gaiola' estreita, certamente para entrar em outra, mas pelo menos desta vez por minha própria iniciativa".

A ideia não é tanto conseguir sair dela, mas tentar. A simples tentativa permite criar novos paradigmas, novas maneiras de ver, de se ver, de perceber e ser percebida. Essa obra de 1964 é, como muitas outras das minhas obras, uma obra-manifesto: ela representa uma atitude.

É preciso ter consciência para poder sair da moldura, questioná-la, dar a volta ao seu redor, brincar com ela, desmanchá-la, produzir uma nova, se libertar, e o pior é submeter-se a ela sem se dar conta de sua existência. A obra é uma espécie de conscientização.

Essa moldura representa todos os tipos de amarras que me foram impostas, incluindo o meu *status* de mulher.

Simone de Beauvoir escreveu: "A razão profunda que, na origem da história, destina a mulher ao trabalho doméstico e a impede de fazer parte da construção do mundo é sua sujeição à função geradora". Eu quis me libertar dessa função reprodutora para existir inteiramente como pessoa, para fazer parte da construção do mundo seguindo minha paixão criativa que sempre me consumiu. Ser dona de casa... nunca foi um sonho para mim, era uma aversão real, não queria me parecer com minha mãe.

A partir de 1964, com as *MesuRAGEs de rues* que levavam os nomes de homens ilustres, medi a mim mesma com elas e as medi com meu corpo referência. Eu queria que meu corpo de mulher reconquistasse o espaço público, numa tentativa de libertar as mulheres da esfera doméstica ao invadir as ruas. Também ocupei o espaço público em 1982, durante um evento por toda a cidade de Lyon. Inúmeros artistas tinham sido convidados para criar uma obra para um enorme painel, normalmente usado para publicidades. A minha obra, intitulada $E = mc^2$, em mulheragem a Einstein e sua famosa e maliciosa mostrada de língua, consistia numa enorme fotografia do meu corpo nu, como uma marionete articulada, recortada, pintada de rosa-choque e mostrando a língua. Ser voluntariamente representada nua, em tamanho grande na cidade, era dar uma banana para os tabus da nudez, e eu dizia em alto e bom som: eu me dispo, me exponho, e não é o outro que me obriga a fazê-lo, sou eu quem decide.

A grande ironia reside no fato de que, atualmente, me parece impossível criar uma obra desse tipo na cidade devido à censura da nudez: no Facebook ou no Instagram, quando publico minhas obras antigas, como meus *Corps-sculptures*, nas quais se vê um seio ou um sexo, minhas obras são automaticamente censuradas, desfocadas ou excluídas. Ironicamente, sou obrigada a me autocensurar colocando a representação do meu crânio no lugar da aréola!

Os tempos mudam e o que conquistamos nunca é definitivo. É preciso lutar sempre para que as coisas melhores não sejam reprimidas, censuradas, proibidas.

Há sempre um risco para as gerações mais jovens, que não lutaram pelo pouco de liberdade que têm hoje, de não se dar conta da fragilidade do que foi conquistado com muita luta. Essa é a verdade nua e crua!

Com a mesma vontade de escapar do papel de mulher-esposa, mulher--mãe, eu me travesti com os lençóis do meu enxoval. Engrandeci-os, à minha maneira, desvirtuando seu uso habitual em obras como *Strip-tease occasionnel avec les draps de mon trousseau*. Foi também uma forma que encontrei para rejeitar essa moldura, essa gaiola, esse estatuto da mulher casada, de escapar da esfera doméstica que se tornaria minha prisão se eu concordasse em me adaptar a ela.

Na adolescência, como era comum na época, minha mãe me presenteou com um enxoval de casamento. Nesse enxoval havia lençóis de puro linho, que custaram caro para durar várias gerações. Eles eram muito ásperos, duros e engomados. Sempre que eu queria sair, ler ou brincar, minha mãe me mandava trabalhar nos meus lençóis, bordá-los para que estivessem prontos no dia do meu casamento. Havia um monte de coisas para fazer nesses lençóis: bordar minhas iniciais, puxar fios para criar aberturas e bordar nessas aberturas... Para ela, era indispensável que eu me ocupasse, que eu fosse boa para casar, que eu fosse uma boa criada!, e boa na cama. Eu deveria estar pronta. Disso surgiu minha obra *La Panoplie de la fille bonne à marier* [A panóplia da garota boa para casar].

Para a grande decepção dela, eu tinha outro plano em mente para esses lençóis. Primeiro eu os utilizei para me fantasiar, me drapejar, me travestir, e mais tarde imortalizei isso em *La Grande Odalisque* [A grande odalisca], entre outras obras. Também estiquei esses lençóis em molduras para pintá-los. E cheguei a levá-los à casa dos meus amantes para que eles os manchassem com esperma em lugares específicos escolhidos a dedo por mim.

Depois executei performances com esses lençóis manchados. Eu bordava em público o tecido colocado num bastidor, com uma agulha bem grossa e linha preta, depois destacava as manchas de esperma com aquarela, porque a tinta nanquim diluída não aderia a elas. Bordei com uma linha preta grossa, às vezes olhando o público nos olhos, às vezes com uma venda nos olhos. É claro que o resultado era medonho e não tinha nada a ver com a arte do bordado tão cuidadosamente transmitida por minha mãe, mas resultou numa bela obra, a primeira adquirida pelo Fundo Nacional de Arte Contemporânea, em 1983.

SORORIDADE E FEMINISMO (1947-2020)

Assim, produzi arte por impressão, assumindo com impertinência os ensinamentos da minha mãe, de uma maneira completamente diferente.

Em 1974, criei *Panoplie de la femme bonne à marier* [Panóplia da mulher boa para casar], uma obra composta de três painéis de azulejo falso preto. No centro se encontra minha efígie em tamanho natural, criada com uma fotografia do meu corpo nu, em preto e branco, pintado de rosa-choque, colado em madeira e recortado. De cada lado, os elementos de azulejo falso branco representavam: uma cinta-liga, uma saia longa rendada, um sutiã com ovos cozidos de plástico cortados ao meio e colados em cada seio, e um sexo decorado com salsinha de plástico.

A personagem central podia ser vestida e despida. Era muito divertido.

Fui a primeira artista a trabalhar com fotografias do meu corpo em tamanho humano, coladas em madeira e recortadas. Concebi inúmeras instalações com essas fotos, na maior parte das vezes interativas. Essa obra foi exposta em 1977 na galeria NRA, nas exposições *Piège* [Armadilha], *Casserole et chaîne* [Panela e corrente] e *Panoplie de la mariée mise à nue* [Panóplia da noiva desnudada], para questionar os laços entre a mulher, a cozinha e o olhar masculino numa grande pintura intitulada *Peinture contre chaîne et casserole* [Pintura contra a corrente e a panela] (1974), representando uma porta oculta em azulejo amarelo-vivo e azul-royal, que o espectador podia abrir e se ver duplicado em dois espelhos. Havia também uma corrente grossa e uma panela de verdade esmaltada de vermelho com bolinhas brancas: essa obra foi exposta em outubro de 2018 na Galeria Ceysson & Bénétière de Paris. *Peindre ou être enchaînée à la cuisine* [Pintar ou ficar acorrentada à cozinha].

Mais tarde, Eugénie Lemoine-Luccioni, psicanalista lacaniana, escreveu um capítulo inteiro do seu livro *La robe* sobre os lençóis do meu enxoval e minha relação com minha mãe. Em sua obra, há um texto que li com destaque em todas as minhas operações-cirúrgicas-performativas, "La seconde peau", citado anteriormente.

Cheguei a omitir intencionalmente essa pele em minha obra *La liberté en écorchée.*

Essa obra é um manifesto visual, me apresento sob a forma de um autorretrato, toda esfolada, porque para mim a maioria dos artistas estão esfolad.o.a.s, frequentemente passando por dificuldades quando se trata de criar, de se desapegar de suas obras e de lidar financeiramente com sua imaginação. Eu mesma tive que me esfolar para realizar um trabalho.

Produzi em vídeo 3D autorretratos esfolados, representando-me sem pele, pois, quando não se vê a cor da pele, o racismo não pode se manifestar.

Também lutei contra o racismo em minha obra *ORLAN REMIX: Romain Gary, Costa-Gavras, Deleuze e Guattari*, encomendada pela SOS Racisme para a France Télévision. Eu queria tratar desse assunto importante, mas não de maneira literal: usei piadas de mesa de bar do filme *Clair de femme*, de Costa-Gravas, baseado no livro de Romain Gary, com sua autorização, a que sou grata, nas quais tiram sarro do belga e do japonês de forma pueril, e um chimpanzé convida um *poodle* rosa pra dançar. Havia também outros cachorros de todas as cores: preto, branco, bege, marrom...

Yves Montand espera no bar-cabaré por Romy Schneider, que não aparece. Atrás dele há uma atração em que se vê um domador fazendo um chimpanzé dançar com *poodles*. Homens asiáticos ao lado dele no balcão estão muito animados e acham esse espetáculo muito empolgante. Eles dizem que é o melhor número de adestramento que já viram na vida e Yves Montand, muito irritado porque Romy ainda não chegou, diz às pessoas asiáticas: "Vocês são belgas?". Um deles se irrita e responde: "Não, mas que ideia!". Roberto Benigni, que interpreta o *barman* que tem o hábito de acalmar as discussões acaloradas no balcão antes que isso termine em briga, diz: "Atualmente, podemos fazer tudo. Podemos transformar um chinês ou japonês num belga, e um belga num japonês. Podemos fazer tudo, e vice-versa".

No final desse filme, eu apareço atrás do balcão agitando uma coqueteleira e digo: "Hibridemo-nos!".

Por outro lado, para mim era importante criar nesse manifesto *La liberté en écorchée* um autorretrato mostrando um corpo pesado, volumoso, sólido, diferente dos estereótipos de mulheres esqueléticas exibidos normalmente nas passarelas de moda e nas revistas, como modelos a que deveríamos necessariamente nos assemelhar. Nossa época odeia a carne.

Mas a beleza é determinada pela ideologia dominante num ponto geográfico e histórico. O elemento fundamental desse retrato é uma referência às antigas pranchas anatômicas de Vesalius, hibridadas com a imagem de um ciborgue de nosso tempo, com todas as minhas próteses em verde fosforescente. É preciso ressaltar que cada uma das próteses é um elemento semelhante aos que tenho nas têmporas: elas fazem parte de mim ou são acessórios usados em minhas performances. Faço com que essa mulher esfolada assuma, em câmera lenta, a posição da "Estátua da Liberdade", porque a liberdade e as liberdades são absolutamente essenciais para qualquer indivíduo, mas especialmente para os artistas que usam e questionam a representação do corpo. É nesse ponto que a censura religiosa e/ou política está sempre presente, e se não podemos mostrar um corpo, um corpo nu, seu sexo, sua sexualidade, não há mais expressão possível para esses artistas.

Estamos numa época semelhante àquela em que vestiam os corpos pintados por Michelangelo na Capela Sistina. Curiosamente, os que mais censuram o fazem em nome e sob o pretexto da religião. Todavia, se acreditamos que Deus criou os seres humanos à sua imagem, somos suas obras-primas, e mostrar nossos corpos e/ou nossa sexualidade é necessariamente prestar homenagem e mulheragem a suas obras-primas: as obras-primas de Deus não representam Deus? Os políticos sempre se aliam ao poder religioso, quer aberta quer insidiosamente, para ter mais poder e eleitores.

O famoso *Le Baiser de l'artiste* também constituía para mim uma tentativa de retomar posse do meu corpo. Transformando-o num produto, e vendendo-o, como também vendi simbolicamente sua representação nas feiras um ano antes, na obra *Se vendre sur les marchés en petits morceaux* [Vender-se em pequenos pedaços nas feiras], corpos em pedaços, como peças separadas, eu queria transgredir os tabus, me reapropriar do meu corpo de mulher para ele ser o menos possível sujeito às pressões da sociedade. Com essa obra, dei a cada pessoa a possibilidade de ela mesma reduzir a distância entre ela e eu, comprando um fragmento do meu corpo fotografado, colado em madeira e recortado como ex-voto, ao lado de um cartaz no qual se lia "Garantis pour ORLAN sans colorants, ni conservateurs" ["Garantido por ORLAN sem corantes, nem conservantes"].

Essa obra está provavelmente ligada, inconscientemente, à minha descoberta da fotografia em preto e branco de Herbert Bayer, *Self-portrait* [Autorretrato], de 1932. Certas obras marcam você com ferro quente, sem possibilidade de retorno. Isso aconteceu comigo quando, por acaso, me deparei com esse autorretrato fotográfico de um homem com o braço levantado, segurando em sua mão um pedaço de seu braço "geometrizado" como uma peça descolada. Essa obra me influenciou muitíssimo, ela mudou minha percepção sobre o corpo. É uma obra que eu gostaria de ter feito, como certas obras de Claude Cahun e de Hannah Höch, duas artistas por quem tenho particular admiração. Essa obra certamente influenciou minha visão do "corpo-máquina" e minha atração pelo universo da robótica, da mesma maneira que Bob Wilson me influenciou ao me oferecer uma performance pessoal, muito particular.

Meu amigo e excelente fotógrafo Georges Poncet acabou de me lembrar que, quando propus essa venda da representação do meu corpo em peças separadas numa feira de frutas e legumes em Caldas da Rainha, durante um festival de performance organizado por Egidio Alvaro, fomos violentamente agredidos por um grupo de caras fascistas que consideravam esquerdista a nossa iniciativa e a iniciativa do festival. Tivemos que fugir e fomos empurrados violentamente contra uma porta que se abriu e logo se fechou. Era um banco e tivemos que nos refugiar lá, abandonando minhas obras na feira. Foi angustiante e ficamos com muito medo.

Em 2016, Bob Wilson me convidou para a 23ª gala de caridade que ele organizou no Watermill Center. Fiquei muito honrada porque ele me colocou em sua mesa, de frente para ele, e disse várias vezes que queria que fizéssemos alguma coisa juntos. Todas as esperanças são permitidas. Aguardemos cenas dos próximos capítulos...!

O jantar foi extraordinário, estava lotado, foi chique e marcado por inúmeras performances. Um leilão foi teatralizado, apresentado pelo extraordinário *performer* Simon de Pury. Quando me preparava para me despedir de Bob Wilson, ele me interrompeu dizendo: "Ainda não terminou para nós dois", antes de me levar para visitar seu apartamento e sua apaixonante coleção, com duas ou três outras pessoas que entraram de penetra. Depois ele me dedicou uma performance de uns vinte minutos, realizada com uma escultura articulada do tamanho dele. Ele deu vida a essa escultura africana cuja origem não me recordo mais, falando com ela ora com palavras, ora com onomatopeias. Foi deslumbrante! A escultura articulada, dialogando com ele, ganhava vida em gestos aleatórios, pois o exoesqueleto dessa obra era Bob Wilson! O *reenactment* dessa escultura realmente fazia pensar num robô com um gerador de movimentos, ainda que esses movimentos fossem gerados pelo gerador-corpo de Bob Wilson.

Na obra *S'habiller de sa propre nudité* [Vestir-se de sua própria nudez] (1976-1977), eu me vesti com uma fotografia do meu corpo nu, transformada num vestido de tela fotografada que me cobria totalmente, e passeei pelos jardins públicos de Portugal. Policiais tentaram me multar por exibicionismo, mas era impossível porque eu estava vestida dos pés até o pescoço e tinha meus documentos de identidade na bolsa. No espaço público, os outros são confrontados com a representação da minha nudez, sem que eu esteja de fato nua. Evidencio essa mesma discrepância na vida pública, onde os outros se representam mais do que se apresentam. Nesse sentido, a performance age sobre o espaço real, perturbando a relação com o outro, fazendo o encontro ser crítico. Procuro me aproximar do ambiente, dos objetos que são mediadores do encontro com o outro.

Faço de mim uma prótese sem função, a não ser a disseminação do meu corpo no espaço dos outros. Procuro, como aponta pertinentemente Donatien Grau, a "tensão da relação do sujeito espectador com a comunidade do espetáculo, na qual o artista é o agente", tensão que "abre uma porta para essa qualidade que não se imaginava necessariamente ligada diretamente ao campo da arte, a inteligência política, uma compreensão em troca do que não é um confronto a uma diferença produzida pelo artista no interior da comunidade – em vez de fora dela".

Repeti a experiência da nudez em público, ou melhor, de sua representação, em 1978, durante minha performance *À poil sans poils* [Nua sem pelos], no Museu do Louvre. Meu amigo artista Jean Dupuy organizou um evento no qual pediu a diversos artistas que criassem performances de um minuto relacionadas a uma pintura. Na véspera do dia D, a direção do Museu do Louvre nos pediu que nossas performances não causassem aglomerações, não tivessem música, nem falas muito altas, que usássemos roupas decentes, sem comer nem beber, e sem acessórios... Estávamos quase desistindo diante dessas regras absurdas, ou dispostos a protestar contra a direção do Louvre, quando alguns de nós tiveram a ideia de fazer uma performance que contrariasse as regras, sem sermos impedidos pelos guardas do museu.

Escolhi uma pintura na qual apareciam mulheres nuas e sem pelos. Primeiro decidi me posicionar diante de *O sono de Antíope*, uma tela de Correggio que mostra Zeus logo depois de ter estuprado Antíope enquanto ela dormia, correndo antes que ela desperte. O Louvre não aceitou minha escolha por razões de segurança, então tive que escolher outra pintura menos interessante de Jacques Blanchard. Cheguei na frente do quadro vestindo um longo casaco preto que cobria todo meu corpo. Depois de caminhar de um lado para o outro diante do quadro, abri meu casaco, revelando a representação de meu corpo nu numa fotografia sobre tela. Diante do público sentado aos meus pés, removi o triângulo que representava os pelos pubianos fotográficos, mostrando meus pelos reais, que tive o cuidado de cortar antes e colar com adesivo para perucas. Fingi arrancar esses pelos em tufos e os colei numa paleta de pintura de plástico, sobre a qual havia esparadrapos posicionados em forma de cruz.

Quando esses pelos foram colocados na paleta "doente", meu púbis ficou liso e nu, semelhante aos que figuravam na tela atrás de mim. É claro que os guardas, enlouquecidos, alertaram seus superiores hierárquicos para chamar os seguranças do Louvre, interromper a performance e nos tirar de lá. Antes da chegada deles, tive tempo de pegar num dos bolsos do casaco um grosso pincel embebido de tinta preta e colocá-lo entre meus dentes, depois repintei meu púbis enquanto os guardas retiravam os espectadores, um a um, mas tive tempo de terminar minha performance.

Decidi dissecar as violências cometidas contra as mulheres por meio das religiões, retomando um vocabulário religioso em meu manifesto "Art charnel", investigando as conexões entre feminismo e catolicismo e questionando o famoso "Darás à luz com dor".

Libertar meu corpo para libertar todos os corpos das injunções de beleza impostas pela sociedade. Pois a beleza é uma questão de ideologia dominante num espaço geográfico e histórico, para exigir, sobretudo das mulheres, que elas tenham tal corpo e tal postura. Todas as culturas quiseram moldar os corpos, formatar os pensamentos, os modelos impostos são opressores e estão na origem das permanentes humilhações, pois são muito difíceis, praticamente impossíveis de imitar. Foi por isso também que criei obras manifestos que vão do *Strip-tease occasionnel à l'aide des draps du trousseau* ao *Strip-tease en nanoséquences* [*Strip-tease* em nanossequências] até o *Strip-tease des Celulles jusqu'à l'os* [*Strip-tease* das células até o osso], pois considero o *strip-tease* impossível para as mulheres; não podemos nunca nos despir das imagens que nos precedem, que nos cobrem, das referências, dos modelos, das comparações, dos estereótipos habituais e dos fantasmas associados e colados ao corpo feminino.

Como a pobre Salomé do conde de Alphonse Allais, cuja pele é arrancada pelos servos do rajá, que se aborrece e surge "tal como uma peça anatômica escarlate, ofegante e fumegante". É um conto que me marcou muito e me inspirou:

Um rajá que se aborrece! Ah, sim! Ele se aborrece, o rajá! Ele se aborrece como, talvez, jamais tenha se aborrecido na vida.
(E Buda sabe se esse pobre rajá se aborreceu às vezes!)

Você que ri feito bobo, já viu um rajá que se aborrece? Não? Então não ria feito bobo.

Victor Hugo, que escreveu com um talento incontestável e, como se tripudiasse, "O rei se diverte", talvez não fosse capaz de escrever os dez primeiros versos de "O rajá se aborrece", e, no entanto, Victor Hugo não era uma lorpa.

Voltemos à nossa conversa e deixe-me repetir, caso esta longa digressão o tenha feito esquecer: o rajá se aborrece!

É uma situação clara, não é? Ademais, seria cansativo retornar a esse detalhe que só pode tocar delicadamente nossas lamentáveis visões do Ocidente: o rajá se aborrece! No corredor norte do palácio, a escolta o aguarda. E também aguardam os elefantes do rajá. Pois hoje o rajá deveria caçar o jaguar.

A um gesto frouxo do rajá, o intendente compreendeu: que entre a escolta!

Que entrem os elefantes!

Bastante preguiçosa, a escolta se sente confortável.

Os elefantes resmungam bastante, o que é a forma dos elefantes expressarem seu descontentamento.

Pois, ao contrário do elefante africano, que só conhece a caça às borboletas, o elefante asiático só se interessa pela caça do jaguar.

Tragam então as dançarinas! Aí estão as dançarinas! Eis as dançarinas! As dançarinas não impedem que o rajá se aborreça.

Saiam, dançarinas! Saiam! E as dançarinas saem.

Veja, veja, veja! Entre as dançarinas, há uma nova que o rajá ainda não conhecia.

— Fique aqui, pequena dançarina, não se vá! E dance!

E a pequena dançarina dança. Oh, sua dança!

O charme de seus passos, de sua postura, das suas expressões sérias!

Velhos rituais, diriam, rituais infinitamente antigos dos quais ela seria a suprema e encantadora tradição.

Oh, os arabescos que seus pezinhos escrevem no chão da laje! Oh, o quase humor religioso de suas mãos pequeninas e lentas! Oh, tudo! E eis que, ao rítimo (quero manter os dois "i") da música, ela começa a se despir.

Uma a uma, cada peça de sua vestimenta, agilmente retirada, voa ao redor.

O rajá se anima!

A cada peça de roupa que cai, o rajá, impaciente, gutural, diz:

— Mais! E mais uma peça da vestimenta da pequena dançarina cai, e mais impaciente, mais estridente, o rajá diz:

— Mais!

Agora ela está completamente nua.

Seu pequeno corpo, jovem e fresco, é um encanto.

Não é possível dizer se ele é de um bronze infinitamente claro, ou de marfim um pouco rosado.

Os dois talvez?

O rajá se levanta, teso, e ruge como um louco: Mais!

A pobre pequena dançarina tateia para ver se não esqueceu em seu corpo algum insignificante pedaço de tecido.

Não, ela está completamente nua.

O rajá lança um olhar furioso a seus servos e ruge novamente: Mais!

Eles entenderam.

As largas facas saem de suas bainhas. Os servos arrancam, com muita habilidade, a pele da pequena jovem dançarina.

A criança suporta, com uma coragem imensa para sua idade, essa ridícula operação, e logo se mostra ao rajá como uma peça escarlate anatômica, ofegante e fumegante.

Todos se retiram discretamente.

E o rajá não se aborrece mais.

Enfim um verdadeiro *strip-tease*, eis até onde é preciso ir para agradar os rajás.

Esse texto é muito inspirador, importante sobretudo para a elaboração de *La liberté en écorchée* e para todas as minhas obras chamadas de *Strip-tease*.

Algumas feministas me acusam de promover a cirurgia estética. De fato, por mais que eu seja feminista, não sou contra a cirurgia estética e posso explicar: no passado, tínhamos uma expectativa de vida de quarenta a cinquenta anos. Hoje ela passou dos setenta aos oitenta (e continua aumentando constantemente).

Todos nós, de certa forma, temos um sentimento de estranheza diante do espelho, que muitas vezes se intensifica com o envelhecimento; e, como vivemos cada vez mais e nos tornamos mais velh.o.a.s, para algumas pessoas isso se torna insuportável. Elas não se reconhecem mais no espelho ou ficam deprimidas porque se acham feias e perderam toda a autoconfiança, enquanto a sociedade zomba de sua pele velha, de sua idade. O uso da cirurgia estética pode se revelar muito positivo nesse caso, enquanto esperamos por um medicamento ou por uma manipulação genética eficazes para lutar de alguma forma contra essa doença da pele e das células, e/ou mudar nosso relógio biológico.

É claro que a cirurgia estética não deve se tornar obrigatória! Mais uma vez, a pressão social não deve prevalecer sobre o desejo individual e sobre o autorretrato.

Muitas vezes me disseram que recorrer à cirurgia estética não é natural! De fato, seja ela estética ou não, não é natural, assim como tomar antibióticos para não morrer de uma infecção tampouco é! É uma experiência do nosso século, uma das possibilidades... à escolha... A maquiagem, a tintura de cabelo, a pintura do corpo, também não são naturais, mas apresentam menos problemas e existem em muitas culturas na forma de escarificações, de modificações... e estão totalmente integradas hoje em dia.

Sou a primeira artista a usar a cirurgia como meio, e a desviar a cirurgia estética de seu objetivo: a melhora, o rejuvenescimento.

Convidada em fevereiro de 2019 pelo muito inventivo David-Hervé Boutin, participei da exposição *Togeth'HER* na Monnaie de Paris, um projeto que deu carta branca a 33 mulheres para imaginar uma capa da *Vogue* com mulheres inspiradoras.

Em minha capa, decidi destacar Joséphine Baker e Simone de Beauvoir juntas, duas mulheres admiráveis e exemplares que alimentaram meu feminismo e me acompanharam ao longo da vida. Dois ícones que nasceram na mesma época, duas figuras ferozmente livres num mundo em que, todavia, tudo era feito para que elas não fossem livres, e duas implacáveis em seus trabalhos, uma oriunda de um meio extremamente pobre, a outra, de um meio abastado. Escolhi-as para esse projeto com o objetivo de lhes prestar uma mulheragem, pois também trabalhei durante toda minha vida para escapar da minha condição de mulher, para "me curar de ser mulher", de acordo com Benoîte Groult, que escreveu: "É preciso, enfim, se curar de ser mulher. Não de ter nascido mulher, mas de ter sido criada como mulher num universo de homens, de ter vivido cada etapa e cada ato da nossa vida com os olhos dos homens e os critérios dos homens. E não é continuando a ouvir o que eles dizem, em nosso nome e para o nosso bem, que poderemos nos curar".

Recentemente, criei uma série de obras intitulada *Les femmes qui pleurent sont en colère, par femme avec tête(s)* [As mulheres que choram estão com raiva, por mulher com cabeça(s)], exposta pela primeira vez em novembro de 2019 na Sorbonne Artgallery, um espaço criado por meu amigo artista Yann Toma, presidente vitalício da empresa Ouest-Lumière, que tem muitos acionistas e da qual sou acionista do departamento de eventos especiais.

Essas obras são hibridações do meu rosto, da série de retratos de Dora Maar e de um retrato de Jacqueline Roque, pintados por Picasso. As obras de Picasso sempre me fascinaram, não o ser humano! Para mim era primordial trazer à luz as mulheres da sombra, as esquecidas pela história da arte, as modelos, as musas, as inspiradoras que tanto fizeram pelo sucesso dos nossos grandes mestres! sem quase nunca receber um mínimo reconhecimento. Essa nova série de hibridações é uma desconstrução-construção e criação da figura feminina que caleidoscopia o mundo ao qual se mistura. Minha obra, política e feminista, baseia-se na busca visual de rostos de horror, de pavor e de grandeza. De objetos, quis transformá-los em sujeitos, conscientes da possibilidade de se emancipar, transformando suas lágrimas em raiva, de passar de vítimas à ação, à revolta.

Minhas figuras femininas, num lugar central, estão desalienadas numa forma pictórica que pretendo deixar extremamente livre e desregulada. Incluí fragmentos do meu rosto, das minhas mãos, da minha boca, dos meus dentes, em colagens brutais, de modo que, através de suas lágrimas, seja possível perceber a raiva emancipadora que desponta.

Essas obras, expostas recentemente no Centro Cultural Francês de Beirute, foram danificadas pelos estilhaços de vidro causados pela enorme explosão e do incêndio de produtos tóxicos em agosto de 2020. Todas as janelas do local da minha exposição se estilhaçaram.

"Por que não existiram grandes mulheres artistas?", se perguntava ironicamente Linda Nochlin num brilhante artigo publicado em 1971. É para que essa pergunta não seja mais feita que dediquei toda a minha vida, através das minhas obras e das minhas ações pessoais, para que finalmente as mulheres artistas possam existir para além de seu gênero, para além das limitações impostas pela sociedade, para que escapem do espaço doméstico tão bem descrito por Martha Rosler em *Cleaning the Drapes* [Limpando as cortinas] (1967-1972). Assim como Linda Nochlin, acredito que existiram e existem grandes mulheres artistas, mas elas simplesmente não tiveram acesso suficiente a uma educação artística e ao reconhecimento que mereciam. Inúmeras mulheres artistas foram obrigadas a esperar pela sua morte! para chegar a certa notoriedade, para finalmente ser incluídas nos livros de história da arte revisitada!

A escravidão foi abolida, mas, em muitos países, garotas jovens que acabaram de entrar na puberdade são vendidas, sem o consentimento delas, para homens velhos que têm total poder sobre elas. O direito de vida ou morte, de violentá-las, de agredi-las, de aterrorizá-las à vontade, sem nenhuma punição. Elas se tornam escravas domésticas, escravas sexuais sob o disfarce da religião e/ou da tradição.

É difícil falar quando nascemos mulher.

Ser uma mulher é uma calamidade.

Tanto no plano biológico quanto no social.

Toda a nossa educação, na maioria dos casos, é feita para que não tenhamos ambição profissional, para que nunca ocupemos o primeiro plano, para que sejamos dóceis, gentis e discretas, sujeitas ao papel secundário de ser esposa do futuro marido, como na linguagem em que o masculino predomina.

Que a gente não aja, não intervenha, e até mesmo não fale. Pois a palavra já é fálica.

Então os seios crescem.

Eu fiquei realmente enlouquecida com aqueles dois montes de carne que cresciam sem a minha vontade.

Seios para amamentar, mesmo que não tenhamos a intenção de amamentar! Nem pensar em ter um filho. Depois vem a menstruação, que a cada 28 dias nos faz sofrer e durante a qual temos de nos esconder para usar absorvente ou algo que impeça que o sangue seja visível. Quando estamos menstruadas, somos excluídas ou nos excluímos. Chegamos até a fazer a maionese desandar!, segundo crenças ridículas, mas persistentes.

Somos impuras. Em certos países somos literalmente intocáveis, indesejáveis.

Os comerciais mostram que a cor do nosso sangue é azul!

O sangue menstrual continua a ser um tabu.

Menstruamos até a menopausa (a não ser que tomemos pílula de forma contínua), ainda que não queiramos ter filhos de jeito nenhum! E a previdência social ainda não oferece reembolso para os absorventes internos.

Grávidas, teremos o "prazer" de vomitar, vomitar, vomitar e nos arrastar, imensas, cansadas e com estrias.

Se temos filhos, dizem que devemos dar à luz com dor, e isso é horrível se não tomamos a anestesia peridural. Algumas mulheres não ousam deixar de seguir a tradição, a religião, "darás à luz na dor". Mas as mesmas mulheres que aceitam sofrer para dar à luz, quando vão ao dentista para extrair um dente, não recusam a anestesia sob o pretexto de que é natural sofrer e que antes se fazia assim!

Se queremos abortar, todo mundo vai tentar nos dissuadir, até mesmo as instituições criadas para isso, elas dirão "pense bem", "você pode se arrepender disso para sempre".

Durante toda minha vida, tive medo de sair à noite, senti medo na rua, onde me aconteceram algumas desventuras, felizmente nenhum estupro, mas assédio, caras me seguindo, me abordando, o que dá muito medo, além de empurrões e roubos.

Em casa, a limpeza e a comida geralmente são nossa responsabilidade e, na melhor das hipóteses, alguém ajuda um pouco... Há exceções, e isso é bom; elas ainda são muito raras, mas alguns homens se esforçam para cuidar da comida e da limpeza, eles merecem aplausos, muito obrigada a esses senhores.

Em muitos países, somos escravas domésticas e escravas sexuais.

Provavelmente teremos a sorte de escapar do feminicídio e da violência doméstica, mas, considerando as estatísticas, nem isso é garantido...

Se você é livre e faz sexo, te apontarão o dedo, você é uma mulher fácil, uma vagabunda, baixa. "Essa aí já deu mais do que chuchu na cerca."

Se você não faz sexo, ou faz pouco, é uma lambisgoia, uma travada, encalhada, uma inocente puritana.

Com os homens é bem diferente. Eles são grandes sedutores, têm um charme enlouquecedor, satisfazem as mulheres.

No meio artístico, se você é profissional e exigente, dizem: "essa aí é uma chata", "é melhor não trabalhar com ela", mas os homens exigentes são considerados bons artistas que sabem o que querem, grandes profissionais. O filme *Walking on Water* [Caminhando sobre a água], sobre Christo, é muito eloquente a esse respeito: ele exige, ordena, decide, fica bravo, é um grande profissional que coordena suas equipes.

É claro que, como mulher, você tem poucas chances de alcançar o grande mercado e ter belas monografias nos museus, acompanhadas de magníficas publicações bilíngues por uma grande editora que faz uma boa distribuição, inclusive no exterior.

Se você tem o prazer e a vantagem de não ser uma dona de casa, se trabalha, seu salário será entre 24% e 9,3% inferior ao dos homens que têm as mesmas habilidades que você.

Algumas feministas dirão que você não é uma vítima.

No entanto, as que foram espancadas e mortas e/ou estupradas são claramente vítimas, assim como as mal remuneradas e discriminadas.

A menopausa, que sorte! Fim da menstruação!

Mas outros inconvenientes começam:

Ondas de calor, na maior parte dos casos, secura vaginal, dor durante a penetração, o corpo engorda e se masculiniza, exceto os seios, que ficam enormes e nem sabemos o que fazer com eles, as rugas, a pele que fica flácida, a papada que chega. Dirão que você já não é jovem, que sua pele é velha. Se você decidir fazer um *lifting*, dirão: olha aquela ali, que horrível, ela esticou tudo!

Os cabelos também caem, a osteoporose aparece, a circulação do sangue fica ruim, surgem varizes, além de todas as doenças "normais" do envelhecimento.

Perdemos a confiança em nós mesmas, ficamos deprimidas.

Enquanto isso, as que tiveram filhos nunca foram informadas sobre o quanto isso danifica o corpo, afrouxa o períneo, estica os tecidos, e que, quanto mais filhos tiveram, mais rápido vão começar a mijar nas calças. É claro, a vagina vai ficar muito relaxada e até mesmo os caras mais apaixonados terão dificuldade em sentir prazer...

Tudo isso se, por azar, você não for lésbica, é claro.

Na menopausa, nos tornamos completamente invisíveis para o desejo dos homens, que só têm olhos para garotas de 17 a 30 anos.

E é nessa época, ou um pouco mais tarde, que o marido ou companheiro vai embora com uma mulher mais nova.

E todo mundo vai te dizer que é normal.

Claro, se houver divórcio, é uma punição dupla. Os homens vão se arranjar imediatamente com alguém mais jovem.

As mulheres, com raras exceções, terão muito mais dificuldade em encontrar carinho, afeto, carícias, sexo... Como viver sem isso?

Isso significa morrer sozinha, o que é ainda menos divertido do que morrer acompanhada!

A mutilação genital feminina também é um horror, uma tortura, um insulto às mulheres para impedi-las de sentir prazer durante toda a vida. É uma mutilação atroz e indecente que deveria ser imediatamente proibida no mundo todo. É um crime abominável. Dizem que há 60 mil mulheres mutiladas somente na França!

Se uma menina é vendida aos que podemos chamar de pedófilos, ela não terá nenhuma possibilidade de educação, de emancipação. Não consigo acreditar que isso ainda exista em 2020. É muito nojento! Todo mundo deveria lutar para que essas violências parassem imediatamente, mas isso não parece interessar a ninguém, ou a quase ninguém, e bem pouco aos homens, mesmo os mais "*cool*".

Por outro lado, a pedofilia vai bem, seja no Vaticano ou em outros lugares!

O sexismo é uma discriminação grave, um crime tão grave quanto o racismo, e os dois muitas vezes se combinam.

Todos os homens que não são porcos, todos os homens que se comportam de outra forma, que respeitam suas esposas, a mulher e as mulheres, e que, portanto, eu respeito, deveriam tomar a palavra em alto e bom som, publicamente, e se declarar envolvidos no sofrimento das mulheres; estamos esperando que isso aconteça. É preciso que eles se façam ouvir, precisamos de um apoio visível...

Durante o confinamento de 2020, as violências contra as mulheres aumentaram mais de 30%... Em 2019, o coletivo Féminicides para Compagnons ou Ex recenseou 152 casos. Isso me faz desmoronar, assim como fiquei arrasada com o assassinato ao vivo de George Floyd, que implorou até seu último suspiro para que o policial tirasse o joelho de seu pescoço. Por que a contratação de policiais não é feita com base em critérios antirracistas? Eles estão lá para representar a lei da República. Por que aqueles que demonstram publicamente seu racismo não são imediatamente expulsos? O racismo é uma calamidade absurda. Também tenho muita dificuldade em acreditar que o racismo existe em pessoas que acreditam em Deus, que supostamente criou os humanos à sua imagem, suas obras-primas com uma bela diversidade de cores e peles, como um pintor...

Todos nós somos feitos de DNA, de genes, de células, somos todos e todas iguais, ou quase!

Os imbecis que acreditam na superioridade da raça branca deveriam fazer testes de DNA, para entender que eles também têm uma multiplicidade de origens, incluindo a africana.

Fico enojada, como mulher branca, por ter que me sentir culpada por causa de alguns brutamontes ineptos que estão ativos em abomináveis redes antinegros, antiárabes, e antissemitas... Todas essas abominações, frutos dessas atitudes, já causaram o pior, mas continuam existindo. Nossos governos devem adotar as medidas necessárias para que isso não seja mais possível, para que o racismo, o antissemitismo, o sexismo e o patriarcado, todos crimes mais horríveis que o outro, parem de corroer nossas sociedades. Geneviève Fraisse escreveu: "O sexismo não pode ser reparado como se repara uma injustiça, o sexismo é um sistema a ser destruído".

Ao lado do sexismo e do racismo, existe também o etarismo, onipresente na sociedade, especialmente no mundo da arte. O etarismo se infiltra na sociedade de forma inacreditável. Há algum tempo, existe um fenômeno societal inscrito na arte: tudo é para o.a.s emergentes. Recentemente, uma pessoa a quem perguntei de seus projetos me respondeu: "Estou cuidando de artistas emergentes". Eu disse: "Parabéns, nunca tinha ouvido isso!". No entanto, todas as bolsas, residências, prêmios, viagens, exposições são, antes de tudo, para artistas emergentes; o.a.s crít.o.a.s, colecionador.e.a.s, galerias, museus só se interessam pelos artistas muito jovens.

Na época em que comecei na arte, quando o.a.s artistas mostravam suas obras para tentar expô-las em centros de arte, galerias, museus, diziam-lhes que era cedo demais, que precisavam trabalhar, amadurecer suas obras, e que voltassem em cinco ou dez anos.

Atualmente, é a caricatura inversa. Antes do confinamento, convidei conservadores e curadores para jantar em minha casa, e no final da refeição eles me disseram: "Quais são os jovens artistas que você apoia?".

Falei imediatamente de Émeric Lhuisset, eles tinham jantado diante de uma de suas obras, que eu adoraria ter feito! É uma magnífica hibridação, exposta em minha mesa de trabalho ao lado do meu computador, dominado pela roda de bicicleta refeita de Marcel Duchamp, ao redor da qual enrolei uma guirlanda de Natal com luzinhas azuis piscantes, e ela se tornou meu *Duchamp de Natal*. Pensei nela para um Natal no ateliê, mas no fim nunca tive coragem de apagá-la e ela ainda está piscando.

Ela ilumina as outras obras dispostas em minha bancada de trabalho em volta do meu computador, como as de amig.o.a.s: Marc Couturier, Jacques Villeglé, Gloria Friedmann, Robert Combas, Miguel Chevalier, Henri Ughetto,

Charles Dreyfus, Joël Hubaut, Florence Doléac... E também um par de estatuetas africanas muito sensuais e totalmente cobertas de pérolas compradas durante uma residência com meus alunos e alunas na Escola Nacional Superior de Artes Paris-Cergy, na casa do meu amigo Barthélémy Toguo, em Camarões, na magnífica Bandjoun Station, cuja fachada foi de fato decorada por Barthélémy.

A obra de Émeric Lhuisset é apresentada numa caixa acrílica, dentro da qual estão um quipá feito a partir de um *keffief* palestino e uma fotografia do artista usando esse quipá hibridado. Todos me disseram: "Ele já é meio conhecido, já ouvimos falar dele! Queremos que nos fale de alguém totalmente jovem e emergente!". Para mim é muito estranho que a maioria d.o.a.s jovens artistas, cinco anos, dez anos depois de terem surgido, não interessem mais ninguém, a não ser, é claro, que nesse meio-tempo tenham entrado no grande mercado, o que é extremamente raro!

Tudo isso me parece realmente absurdo, passamos de uma caricatura a outra, e para as mulheres é pior: se elas já não são emergentes, jovens, bonitas e excitantes, elas se tornam invisíveis, a não ser, é claro, que também tenham entrado no grande mercado! Me deem zeros, me deem zeros... me deem zeros...

Eu sempre procuro apoiar artistas emergentes e/ou tesouros vivos, sem fazer distinção!

Em particular por meio do Prêmio Opline, cuja fundadora é Michèle Robine, juntamente com seu parceiro Philippe Bernard, e do qual sou convidada de honra e curadora há muito tempo. Apoiei muito, por exemplo, Prune Nourry, uma artista excelente, ao selecioná-la para o Prêmio Opline, pois adoro a obra dela, sobretudo a grande instalação de personagens de argila, *Terracotta Daughters*, representando cento e oito pequenas estudantes chinesas, em referência aos célebres guerreiros de Xian. Elas foram enterradas num lugar mantido em segredo e a escavação está prevista para acontecer em 2030. Hoje ela conseguiu, de forma brilhante, encontrar o seu lugar e já não precisa de mim.

Prune Nourry e JR foram muito amigáveis e generosos ao me oferecer uma residência na Fabrique New York. Foi fantástico viver e trabalhar novamente em Nova York durante quinze dias no ateliê de JR. Escrevi muito e desenhei um pouco.

Prune Nourry e JR me deram o imenso prazer de me aproximar de sua grande amiga em comum, Agnès Varda, que eu só tinha visto de longe até então, e foi um encontro extraordinário. Todas as vezes que a via, sua atitude e suas palavras me encantavam. Éramos muito fotografadas em festas por causa de nossa fama, mas sobretudo por nossos penteados incomuns, muito fotogênicos, já que ela tinha um penteado de capuchinho com cabelos brancos no centro, com apenas uma faixa castanho-avermelhada em volta. Juntas, realmente criávamos um evento visual nas festas!

Atualmente, graças à minha idade e à minha fama, recebo muitas honrarias, prêmios e medalhas.

Em 2003, por exemplo, fui nomeada cavaleira da Ordem das Artes e das Letras pelo ministro da Cultura Jean-Jacques Aillagon, a quem também concedi uma medalha durante a cerimônia. Em 2010, fui condecorada com a medalha de cavaleira da Ordem Nacional do Mérito, entregue pelo ministro da Cultura Frédéric Mitterrand. Em 2015, fui convidada para uma residência no Gerry Research Institut de Los Angeles como pesquisadora. Depois, em 2016, recebi o prêmio de "e-reputation", designada como a artista mais observada e comentada na *web*. No ano seguinte, fui recompensada pelo prêmio de excelência feminina pelo conjunto da minha obra pelo ministro das Relações Exteriores da Itália. Em 2018, recebi no Paris Photo o prêmio "100 heroínas", concedido pela The Royal Photographic Society. Finalmente, em 2019, fui honrada com o prêmio especial de "mulher do ano", oferecido pelo príncipe de Monte Carlo, e fui nomeada professora emérita da Academia de Belas Artes de Roma. O prêmio que mais me alegrou foi o de "e-reputation", designando a artista mais observada e comentada da *web*, entregue na Sotheby's por minha amiga Alexia Guggémos, escritora especializada em novas tecnologias, fundadora do Museu do Sorriso; e, claro, gostei muito da Medalha de Artes e Letras e da do Mérito, em breve receberei a Legião de Honra e também o Prêmio François-Morellet por minha autobiografia.

Amig.o.a.s acadêmic.o.a.s muito próxim.o.a.s e o secretário perpétuo, o compositor Laurent Petitgirard, gostariam de ver mais mulheres na Academia de Belas Artes, e estão trabalhando para isso. Eles me fazem pensar que ser "imortal" é um dos meus compromissos e é um compromisso em si mesmo, numa sequência lógica de minha obra *Pétition contre la mort*! Espero que todo mundo a assine... em meu *site* ORLAN.EU.

Aguardemos cenas dos próximos capítulos!...

NEM DEUS, NEM MESTRE (1947-2020)

Toda minha obra questiona o *status* do corpo na sociedade através das pressões culturais, tradicionais, políticas e religiosas impressas nele.

O corpo é político, e o privado é político. Ele é manipulado, alienado e formatado pelo poder das ideologias dominantes do momento. Durante séculos, a arte ocidental foi quase exclusivamente a ilustração e propaganda das crenças religiosas judeu-cristãs. "A educação cristã exerce, ao mesmo tempo, o controle espiritual da rostidade e da paisagidade", diziam Deleuze e Guattari, que li e reli muito. São meus livros de cabeceira; sempre que abro um, em qualquer página, leio um pensamento que me faz refletir e criar, e isso me dá energia. Eu pulo, me sobressalto com uma frase, uma bela fórmula, a adapto à minha maneira e faço disso algo artístico.

Não tive uma educação religiosa. Minha família era libertária, anarquista esperantista, nudista e anticlerical. Meus primeiros contatos com a cultura judeu-cristã estavam ligados com meus primeiros trabalhos artísticos, com as imagens provenientes da história da arte, quando comecei a observar o que era dito e mostrado sobre as mulheres em outras épocas. Ao mesmo tempo, eu podia observar em minha época o que é dito e mostrado sobre as mulheres na publicidade, nos jornais e no cinema, e isso com olhos críticos, com os olhos rebeldes da minha adolescência, totalmente decidida a fazer arte.

Desde o início, minha obra apontou o dedo para as violências contra os corpos, especialmente contra os corpos das mulheres. Então criei séries de obras a partir de imagens representando virgens, madonas e santas. Imagens de mulheres integradas religiosamente e apresentadas como modelos que eu deveria seguir, estereótipos que eu deveria respeitar. Usei-as com um distanciamento crítico, investindo nelas, vestindo-as como se vestem os dedos de uma marionete nas luvas, para fazê-las dizer outra coisa, livremente, ou para ampliar as características de suas falas, mas também me apropriando delas, procurando decodificá-las, desmontar a imagem para reconstruí-la num contexto profano, enfim, usando-as para minha própria construção interna e como material para criar minhas obras.

Trabalhar com o corpo e com o próprio corpo é unir o íntimo e o social.

As lutas feministas levaram para o centro dos problemas históricos a evidência de que o corpo é político.

Meu trabalho é baseado nos arquivos do nosso patrimônio, passando então do religioso para o cultural.

Sempre construí minhas obras no cruzamento de duas histórias: minha história pessoal, meu romance pessoal, e outra história, a da arte ocidental e não ocidental.

Walter Benjamin escreve: "A forma como o passado recebe a impressão de uma atualidade mais (avançada) recente é dada pela imagem na qual ele está compreendido. E essa penetração dialética, essa capacidade de tornar presentes as correlações passadas, é a prova da verdade da ação presente. Isso significa que ela acende o pavio do explosivo que jaz no que existiu" (*Infância berlinense: 1900*).

O ateísmo faz parte da minha história familiar, mas também está em consonância com minhas análises e minhas convicções filosóficas, políticas, pessoais e feministas. Não quero acreditar, quero saber!

O ateísmo se impôs rapidamente a mim e sempre lutei pelo conhecimento e pela laicidade.

A laicidade é possível na França, na Europa e em alguns outros países, como os Estados Unidos, mas não encontra espaço nos países em que a religião impera e onde não existe separação entre as Igrejas e o Estado.

Deviam inventar uma vacina contra as religiões. Elas foram criadas pelos homens e para os homens, para manter o patriarcado, e todas são concebidas de tal forma que discriminam, impedem qualquer crítica, qualquer emancipação, sobretudo a das mulheres. Maria Bonnafous-Boucher escreve: "Os últimos trinta anos foram apenas uma trégua para o corpo das mulheres e a representação dessa violência continua tão imperceptível nas religiões contemporâneas quanto na história da arte cristã".

Por isso, gostaria de lhes oferecer a oportunidade de testar um início de vacina engraçado, uma nota bem-humorada e deslocada recebida em meio a muitas outras por WhatsApp durante o confinamento. Ela me lembra de um filme belga sobre os cervejeiros, que recomendo: *La merditude des choses* [Os infelizes], dirigido por Felix Van Groeningen.

"Os 11 melhores motivos para preferir uma cerveja em vez de Deus:
1. Ninguém vai te matar se você não beber
2. A cerveja vai te deixar em paz em relação às práticas sexuais
3. A cerveja nunca causou uma grande guerra
4. Ninguém impõe a cerveja a menores incapazes de pensar por si mesmos
5. Quando você tem uma cerveja, não vai bater à porta das pessoas para tentar compartilhá-la
6. Ninguém foi queimado vivo, enforcado, decapitado, esquartejado, degolado ou empalado por causa da sua cerveja preferida
7. Não é preciso esperar dois mil anos para chegar outra cerveja
8. A lei obriga os rótulos de cerveja a dizer a verdade
9. É possível provar que a cerveja existe
10. Se você dedicou sua existência à cerveja, há pessoas que vão te ajudar a parar com isso
11. A cerveja pode ser tomada por mulheres e homens, sem discriminação"

Esses onze itens me fizeram gargalhar.

Quando criei meu perfil em várias redes sociais, quase sempre declarei, por gozação, que minha religião era o pastafarianismo, religião burlesca e irônica que implica e subentende a patafísica, o Oulipo, Boris Vian e Alfred Jarry.

Merdra de merdra pela grande gidouille![33]
Por minha vela verde!
Sou pastafarista.

33. A fala remete à peça *Ubu Rei*, de Alfred Jarry, e *Gidouille* é a denominação do ventre monstruoso de Ubu, correspondendo ao "poder dos apetites inferiores". [N.T.]

Então, como diria Ben, bebamos "uma cerveja para esquecer a arte!", e eu acrescentaria: "E todo o resto!".

E por que não o futebol também!

Criei uma obra, *No comment* [Sem comentários], contra o assédio no futebol. É uma obra que eu queria expor há muito tempo, mas todas as vezes que a apresentei a um museu ou centro de arte, disseram-me: "Veja bem, esperamos coisas suas sobre o barroco, o drapeado, o corpo, a hibridação, o feminismo... O futebol não é exatamente o que queremos de você...". E finalmente consegui exibi-la graças à diretora da Abadia de Maubuisson, Carole Coll! Eu já estava farta: quando entro num táxi, ouço o som alto do futebol e pergunto: "O senhor não gosta de música?", a pessoa sequer me responde e deixa o futebol estourando meus tímpanos. Entro num bar, tem futebol, vou para o hotel, tem futebol, visito minha família uma ou duas vezes por ano, mas todos os rapazes, que, no entanto, gostam muito de mim, ficam vendo futebol. Quando fui a Perth, na Austrália, para fazer meu *Manteau d'Arlequin* [Manto de Arlequim] com a cultura das minhas células, fui parar na sala de emergência do hospital com um vírus agressivo que disseram vir de Singapura, e duas grandes telas verdes e uma bola. Eu estava com 40 graus de febre, batendo os dentes, foi bem difícil aguentar. Eu tentava acompanhar as notícias internacionais na televisão, e havia mortes, guerra, epidemias por toda parte, pessoas sofrendo, e eu estava lá com o futebol, o futebol, o futebol, o futebol, o futebol, o futebol, a qualquer preço, ao passo que não vemos arte, arte, arte.

O futebol está por toda parte, é um verdadeiro vírus!

Para as mulheres e todos aqueles que não gostam de futebol, é muito difícil. É também a fabricação de certo tipo de masculino. Estamos criando homens capazes unicamente de berrar "aeeeeeeeeeeeeeeeeeee", de bater nos torcedores do outro time, comer batatas fritas ou comida de má qualidade, beber muita cerveja e quebrar tudo para defender seu time. Alguns gostam de futebol, mas também têm poesia, filosofia, distanciamento ou outros focos, e não falam só disso o tempo todo. O futebol também produz o nacionalismo, e isso me assusta muito. Um pouco de futebol tudo bem, mas demais é realmente demais.

É como uma máquina mundialmente avariada, como um vírus.

E, é claro, enquanto se faz isso, enquanto se afunda no sofá na frente da tevê por horas, para assistir ao futebol, ninguém lê Gilles Deleuze, Jacques Derrida, Donna Haraway, Susan Sontag, Paul Éluard, Paul Verlaine, Arthur Rimbaud ou um.a poeta ou filósof.o.a atual.

Eu precisava dizer isso em voz alta, e como mulher é bem difícil, ou amamos o futebol, ou ficamos à margem, incomodadas. É também uma construção do masculino, com caras que berram, que se soltam e só pensam nisso. É muito nocivo, somos formatados e manipulados. O futebol é como uma nova religião da qual não dá para escapar porque ela é propagada nas mídias e nas conversas, está em todos os lugares.

Criei *No comment* para falar isso, mandei fazer bolas de futebol nas quais foi impressa uma das passagens mais eróticas do Cântico dos Cânticos. Para a instalação, construí uma grande cruz com tela e chassis, na qual era projetada uma montagem de imagens de jogos de futebol, como se a cruz fosse formada por sete grandes telas de tevê. A trilha sonora é importante, pois foi elaborada entre clamores e múrmurios. Mixei os sons de jogos de futebol e de missas. Ao pé da cruz, uma centena de bolas de futebol. Além disso, uma bola de futebol isolada e sacralizada sobre um suporte e debaixo de um sino de acrílico.

Sou ao mesmo tempo uma artista que trabalha com meu corpo e sua representação e uma artista que sabe se libertar disso e nem sempre oferecer o que esperam dela, sentindo-se livre para dizer outras coisas, de outra forma, questionando problemas de sociedades diferentes.

Em relação ao futebol, Jan Fabre e Joanna De Vos me deram a oportunidade de participar de um jogo alucinante, organizado como uma performance para a exposição de que participei, *The Raft Art is (not) Lonely*, com uma instalação sobre e para imigrantes.

Eles organizaram uma partida entre artistas e curador.e.a.s num enorme estádio de futebol. Cada artista foi convidad.o.a a fazer referência a um.a artista de uma geração precedente, a quem el.e.a homenagearia vestindo-se como essa pessoa. O mesmo valia para o.a.s curador.e.a.s, que deviam se vestir como outr.o.a curador.a que o.a.s havia precedido. Decidi me fantasiar de "Rrose Sélavy", porque seu chapéu me caía bem. Todas as roupas foram feitas de forma muito profissional por estilistas belgas. Quando cheguei ao campo, tive a grande surpresa de encontrar meu "Marcel" na pessoa de Bart de Baere, com seu belo corte de cabelo em formato de estrela. Eu tinha forrado o interior do meu casaco Rrose Sélavy com um tecido preto e branco representando um tabuleiro de xadrez. Todo mundo corria atrás da bola. Achille Bonito Oliva estava descontrolado e queria mesmo ganhar o jogo, e muitos outros também.

É claro que Marcel Duchamp e Rrose Sélavy só conheciam as regras dos jogadores de xadrez, e não as de futebol. Ficamos de lado depois de ter andado para lá e para cá no estádio, indo de uma equipe para a outra, sem jamais tentar fazer um gol. Às vezes nos sentávamos no gramado verde para olhar a bola, o jogo, as jogadoras e os jogadores. Tomei o cuidado de abrir meu casaco sobre o gramado verde, para que o tabuleiro ficasse bem visível.

No final do jogo, ambos estávamos plenos, enquanto todos os outros estavam exaustos, ofegantes, transpirando e fedendo.

Há muitas fotos e vídeos desse jogo engraçado e memorável.

Respeito o.a.s crentes e às vezes tenho inveja del.e.a.s, pois acreditar deve ser muito reconfortante e uma fonte de serenidade e, na melhor das hipóteses, favorece um bom comportamento social, mas tenho muito medo das religiões escritas por homens que carregavam os preconceitos de sua época e queriam fortalecer seu poder. Elas geram a discriminação contra as mulheres, que se tornam meros objetos, e, sobretudo, objetos de reprodução, donas de casa sem nenhuma liberdade e com pouca ou nenhuma instrução.

Tenho medo das religiões e dos homens que proíbem a contracepção e o aborto, enquanto a Terra está superpovoada e superpoluída. Fazer filhos em grande quantidade é um ecocídio. A limitação dos nascimentos é ecologicamente responsável: em 2030, haverá 8,5 bilhões de seres humanos que será preciso alimentar, educar, e a quem será necessário oferecer trabalho e água... Na Polônia, o aborto é proibido, e Trump, para conquistar o eleitorado crente tradicionalista, participa de manifestações antiaborto.

As mulheres precisam ter acesso à instrução, à emancipação, à contracepção e ao aborto, e serem livres para procriar ou para não procriar.

Todas as religiões precisam ser repensadas, reescritas à luz do nosso tempo, dos nossos costumes, de nossos conhecimentos, pois o que foi criado em tempos antigos não pode mais ser legítimo em outros ambientes e costumes.

O sintoma de "La manif pour tous", que surgiu na França, é inacreditável.

Não se pede a essas pessoas que tenham relações sexuais antes do casamento, não se pede a elas que não se casem, não se pede a elas que se divorciem. Também não se pede que abortem, nem que façam sexo com pessoas do mesmo sexo, se não quiserem.

Então por que essas pessoas se manifestam para impor algo que está inscrito na vida privada dos outros, e não na delas, e, além disso, instrumentalizando as crianças, fazendo-as carregar cartazes? É verdade que não é apenas a religião que é transmitida às crianças sem que elas tenham idade para discernir isso, há também a noção de gênero, os preconceitos sobre a diferença, sobre as opiniões políticas etc., mas, para mim, impor esse ditame indelével a uma criança, impor a ela uma religião da qual muitas vezes será impossível se livrar, ou muito difícil, é um grave abuso de poder.

Sou artista e ORLAN se transformou numa obra, estou totalmente envolvida na elaboração da minha arte em minhas obras, sou também uma pessoa engajada que não é indiferente a este mundo e a seus conflitos.

Sinto-me ofendida por muitas situações atuais e por acontecimentos trágicos que me perturbam!

Talvez eu pareça utópica, mas recorro a duas referências populares e acessíveis da humanidade – curiosamente, ambos assassinados – para destacar meu ponto de vista: John Lennon com "Imagine" e Martin Luther King com "I have a dream".

Assim como eles, sinto-me ofendida por tantas imposições que tentam me privar da minha liberdade de expressão, então "eu imagino" e "eu tenho um sonho".

"Imagine que não exista nenhum paraíso,/ É fácil se você tentar,/ Nenhum inferno abaixo de nós,/ Acima de nós, apenas o céu,/ Imagine todas as pessoas,/ Vivendo no presente..."

Nenhum paraíso, a não ser o que conseguimos criar para nós mesmos às vezes, e, sobretudo, nenhum inferno!

"Imagine que não existam países", continua Lennon, "não é difícil,/ Nada para matar ou em nome de quem morrer,/ Nenhuma religião também,/ Imagine todas as pessoas,/ Vivendo suas vidas em paz.../ Você dirá que sou um sonhador,/ Mas não sou o único,/ Espero que um dia você se junte a nós,/ E o mundo viverá como um só./ Imagine nenhuma posse, /Eu me pergunto se você consegue,/ Nenhuma ganância, nenhuma fome,/ Uma fraternidade humana,/ Imagine todas as pessoas,/ Compartilhando o mundo..."

"Você dirá que sou uma sonhadora,/ Mas não sou o.a único.a./ Espero que um dia você se junte a nós,/ E que o mundo viva unido."

Eu tenho um sonho e imagino que esse texto seja ensinado na escola da República, nas mesmas condições que a Marselhesa; a fraternidade que ele expressa e reivindica apresenta um valor no mínimo equivalente à liberdade que nosso hino guerreiro convoca!

As guerras, a escravidão, as colonizações, as ideologias, os dogmatismos construíram muros entre as nações e os indivíduos, impedindo de ouvir uma palavra de amor, de não violência, de solidariedade, de perdão, de tolerância entre todos e todas, uma palavra de não discriminação das mulheres e da comunidade LGBTQIA+, de respeito ao outro, qualquer que seja a cor de sua pele, qualquer que seja sua crença, sejam el.e.a.s hereges, cétic.o.a.s, impur.o.a.s ou descrentes.

Eu tenho um sonho e imagino que o ensino laico seja mais ouvido e continue a falar em nome da liberdade e da liberdade de expressão.

Fazer tudo o que está ao nosso alcance, tudo o que podemos fazer em nossa vida, aqui e agora, para que atos tão bárbaros com o assassinato do professor de história e geografia Samuel Paty nunca mais aconteçam, que ninguém nunca mais possa dizer que tais atos representam alguma coisa além do horror e da abjeção.

Não estamos viv.o.a.s para construir muros entre as pessoas, mas sim pontes.

Desde o *Charlie Hebdo*, o Hyper Cacher, o Bataclan, o Petit Cambodge, o Carillon, a rua Charonne, a Belle Équipe, a Bonne Bière, a Casa Nostra, o Stade de France, o *boulevard* Voltaire, Nice, Strasbourg.... e tantos outros!, estamos sendo atacad.o.a.s, assassinad.o.a.s, mesmo tendo abolido a pena de morte em nosso país.

A ignominiosa decapitação desse professor da República é uma tentativa de decapitação do próprio ensino, dos princípios da República, da livre expressão. É a implementação da censura e da autocensura.

Estou estarrecida, abatida, chocada, traumatizada. Eu, que durante toda minha vida ensinei sobre a liberdade de expressão em debates acalorados, contraditórios, com argumentos, poderia ter sido assassinada dez vezes! Penso nessa grande advogada dos direitos humanos do Irã, Nasrin Sotoudeh, condenada a 38 anos de prisão e 148 chicotadas apenas por defender pacificamente os direitos humanos, lutar contra a legislação que impõe o uso do *hijab*, apoiar os direitos das mulheres, protestar contra a pena de morte... Estou ofendida, me sinto atingida, pois sempre acreditei, talvez ingenuamente, que podíamos viver juntos com respeito e bondade, "fazer amor e não a guerra", como dizia um dos *slogans* de 68.

Quem fabricou e formatou esses novos bárbaros? E como?

Eu sonho que os que pregam essa loucura assassina, assim como os supremacistas, os racistas, os sexistas, todos aqueles que incentivam a recusa da alteridade, a exclusão, sejam confrontados com suas contradições, enfrentados e impedidos de prejudicar alguém.

Fico ofendida ao ver a censura chegar e a autocensura já presente se consolidar.

Fico ofendida pela discriminação contra as mulheres, a mutilação genital feminina me ofende, os casamentos arranjados me ofendem, mas isso não me autoriza a matar alguém.

Fico ofendida ao ver o mundo melhor pelo qual lutei, com muit.o.a.s outr.o.a.s, com o qual sonhei, ser destruído pelo medo e pela censura que se instauram.

Então, parafraseando as palavras de Martin Luther King, "Eu tenho um sonho": "Digo aqui e agora, car.o.a.s amig.o.a.s: mesmo que tenhamos que enfrentar dificuldades hoje e amanhã, ainda assim eu tenho um sonho... Eu sonho que um dia nosso país se levantará e viverá plenamente a verdadeira realidade de seu credo. Que essas verdades sejam evidentes por si mesmas, para que todos os seres humanos sejam criados como iguais".

"Sonho que um dia as filhas e os filhos deste país, a França, e as filhas e os filhos daqueles que chegaram aqui livres ou forçados possam se sentar junt.o.a.s à mesa da fraternidade e da sororidade.

Sonho, tenho a utopia de que um dia o próprio mundo... se transformará num oásis de liberdade e de justiça, sem ameaças, e praticará a liberdade de expressão..."

Eu imagino e tenho esse sonho hoje! Com muita tranquilidade e sem nenhuma censura.

O.A OUTR.O.A, O.A.S OUTR.O.A.S

Eu vejo minha vida como se fizesse um filme, como se fosse ao teatro. Gosto desse distanciamento para me julgar, sem falsa vergonha ou culpabilização, como nesta autobiografia. "Eu" é um.a Outr.o.a. Escrevendo me reencontrei.

Durante minha vida, certas pessoas me fizeram mal, muito mal.

Ter raiva dos outros? De mim mesma?

A questão do Outro é essencial, e essencial na filosofia de Robert Misrahi. Para ele, todo indivíduo, por estar em desdobramento e ter consciência de si mesmo, é igualmente consciente do outro. Todo ser humano, por ser capaz de pensar sobre si mesmo, de se distanciar de si mesmo, também pode se distanciar dos outros e reconhecê-los como semelhantes. O outro é um outro ele-mesmo, como ele-mesmo, mas ao contrário. O outro é uma realidade idêntica a ele, uma realidade que ele percebe e com a qual está em relação... O outro é como eu, mas ao contrário.

"Ninguém é semelhante a outro. Nem pior, nem melhor. Ele é o outro. E se duas pessoas estiverem de acordo, é por conta de um mal-entendido", dizia Jean-Paul Sartre.

Todas as pessoas que conheci me ensinaram alguma coisa, me construíram e alimentaram meu imaginário. Como querer mal a um ator ou atriz? Ter raiva dos outros? Aqueles que alimentaram, contribuíram para a minha vida, bem ou mal, que foram as experiências da minha vida? Querer mal a uma das ficções fabricadas, encenadas pelos Outros?

Somos mata-borrões, bebemos, absorvemos os Outros, eles são nosso combustível.

É sempre tarde demais para ter raiva de alguém, é como o suicídio, diria Cioran: "É sempre tarde demais".

Provavelmente temos raiva do Outro desde o início, simplesmente porque o Outro é o Outro.

E pensamos: Mas que ideia ser Outro!

Mas depois nos acostumamos, analisamos, compreendemos o contexto, ficamos curios.o.a.s, vemos o Outro primeiro como um objeto exótico, o rodeamos, o escaneamos, depois nos questionamos, o questionamos, aplaudimos os aspectos interessantes do Outro. Mesmo que às vezes tenhamos a impressão de que ele diz bobagens, que erra, é um objeto de estudo. É como quando vemos o trapezista cair na rede: é o único número do qual as pessoas se lembrarão e sobre o qual depois falarão várias vezes aos Outros, como neste livro.

Eu também sei que com certeza vou cair nessa rede, e os espectadores se projetam e pensam: "Nós teríamos caído na rede", pois somos todas e todos funâmbulos em equilíbrio sobre um fio frágil, precário. Cair, quebrar a cara não é nada, é preciso se safar, superar esse momento para entender sua própria maneira de viver, usar isso para se recuperar, para escrever.

Eu é um.a Outr.o.a. Estou no mais intenso confronto.

Robert Fillliou falava de "Outrismo".

"O que quer que você pense, pense outra coisa. O que quer que você faça, faça outra coisa."

O Outro nos traz sua própria perspectiva e nos põe em dúvida.

Somos designad.o.a.s, estamos sempre envolvid.o.a.s pela queda, pela perda, pela falta, pela ruptura, pelo insucesso e, é claro, pela morte.

Giramos em torno de nós mesmos como acrobatas, com acrobacias aprendidas para agradar e piruetas para sobreviver!

Damos voltas ao redor dos Outros, incessantemente, sem nunca resolver o enigma, pois jamais encontramos o culpado.

O Outro é sempre um crime perfeito.

Seus crimes são também os meus.

"Eu" inclui também tod.o.a.s o.a.s outr.o.a.s: então, prefiro não dizer "eu sou", mas eu "somos".

Nunca damos a volta nem nos outros nem em nós mesmos, quero viver com exigência e benevolência, nunca terminamos de encontrar *O Monte Análogo*, como escreveu René Daumal... Nós rondamos, tateamos, como se fôssemos o cego de nós mesmos.

Não há revanche, para mim há sempre prescrição.

Quero inventar o melhor, me reinventar no melhor. Não tenho outr.o.a.s concorrentes além de "*moi-m'aime*".

O eu é uma ficção da qual o outro nos convence, uma ficção fabricada pelos OUTROS.

E acabamos nos persuadindo, acreditando, encarnando isso.

O EU É UMA FICÇÃO

Enfim me apresento. Sou ORLAN, entre OUTRAS, e, na medida do possível, cada letra do meu nome é escrita em maiúscula, pois não quero seguir os padrões, não quero que me coloquem para andar na linha.

As letras maiúsculas na internet são gritos ou palavras fortes. Gosto de usar maiúsculas, pois não tenho uma vozinha sem graça, gosto de falar alto e forte para ser ouvida. Além disso, para mim, "as maiúsculas são cumprimentos caligráficos", como dizia Louis Jouvet.

No dia 17 de março de 2020, desde o primeiro dia do confinamento em razão da epidemia de Covid, me lembrei desse desafio lançado por meu notável amigo Donatien Grau durante nossa conversa-conferência no anfiteatro Richelieu da Sorbonne em 2019, quando ele me sugeriu publicamente que escrevesse minha autobiografia.

Uma pessoa do público me propôs imediatamente seus serviços, mas acabei decidindo eu mesma escrever.

Para mim, escrever minha autobiografia é semelhante a criar uma obra com minha vida e/ou organizar uma retrospectiva de minhas obras e de minhas ações: isso permite necessariamente fazer um balanço com distanciamento, colocar o objeto na mesa, tomar consciência da minha trajetória. É uma viagem, uma exploração de mim mesma e de *"moi-m'aime"*. É um *strip-tease* total, uma leitura das minhas ações.

Uma vida, uma obra, não é apenas uma sequência de ações, é também tudo o que não fizemos e o que não deveríamos ter feito ou que poderíamos ter feito!

É o que erramos e/ou o que a vida nos impediu de fazer.

Minha biografia não é apenas um balanço, é um trabalho de escrita, é uma obra entre as minhas obras.

Com o confinamento, logo pensei particularmente nos inocentes e nos presos políticos como modelos. Como eles conseguiram ou ainda conseguem suportar a prisão numa cela minúscula durante anos? Para muitas pessoas, a escrita é uma forma de sair de uma situação de opressão, uma forma de se evadir e de arrancar as barras da gaiola.

Certamente, a reclusão para mim foi bem menos longa, em meu grande ateliê, não numa cela, e muito menos injusta, mas eu estava sozinha, muito sozinha comigo mesma, ainda que eu valha por dez!, e a solução foi a mesma: escrever, se contar.

A trégua do primeiro confinamento me permitiu encontrar espaço mental e tempo suficiente para me recentrar em mim mesma e escrever minha autobiografia. Do contrário, eu nunca a teria escrito, com o estresse das viagens, a organização de todas as minhas exposições e conferências e as obras que é preciso sempre se rasgar para criar.

Gosto de considerar a vida um fenômeno estético recuperável. Esse confinamento me serviu também para criar novas séries, desenhos, *peauaimes*, fotomontagens...

Fiquei duplamente confinada, pois, exatamente na véspera do confinamento nacional, tive tempo de organizar, no dia 13 de março de 2020, uma operação cirúrgica para levantar minhas bossas temporais. Elas estavam menos volumosas e numa posição diferente de antes. O cirurgião Jacques Ohana, que expôs minhas obras e me convidou para dar conferências, escreveu ele mesmo, durante o confinamento, um livro em que minhas fotografias e eu aparecemos muito, *La diagonale du corps* [A diagonal do corpo] (Cherche-Midi). Muito naturalmente, decidi fazer essa operação com ele, pois o respeito muito. É um belo ser humano, muito atencioso e, assim como eu, gosta de não ter outro concorrente... a não ser ele mesmo, e isso nos aproxima.

Decidi passar voluntariamente por esse processo sem encenação, sem arte, ao contrário das nove operações anteriores, pois estou cansada de que essas operações-cirúrgicas-performativas escondam todo o resto do meu trabalho.

Posso usar escultura, robótica, inteligência artificial, realidade aumentada, vídeo, fotografia... mas os jornalistas e críticos me questionam praticamente apenas sobre minhas diversas operações-cirúrgicas-performativas. Assim, não era minha intenção alimentar novamente a curiosidade deles.

Depois de tomar a decisão de redigir minha autobiografia, escrevi-a e/ou ditei para uma de minhas excelentes assistentes de trabalho remoto, Sarah Lolley, uma jovem curadora caledônia, e depois reescrevi tudo, revisei inúmeras vezes e ditei para outr.o.a.s assistentes que a sucederam, depois reescrevi e retrabalhei tudo.

Escrever minha história não foi uma tarefa fácil: muitas lembranças tóxicas me vitriolaram no caminho. Tive uma sucessão de pequenas doenças psicossomáticas, uma mais "chata" que a outra.

Minha depressão pós-divórcio, alimentada por minha solidão devido ao confinamento, estava indo muito bem – diria até que estava em plena forma!

Para mim, escrever uma autobiografia não se resume a falar de suas origens, de suas raízes. Sou contra a ideia de raízes, não existe nada pior do que sair em busca delas, porque elas nos agarram, nos prendem a certo lugar, como bigornas, e nos impedem de ir a outros lugares, de avançar. É preciso buscar constantemente ampliar os horizontes e seguir adiante.

A solução nunca está à mão ou na nossa mira.

Precisamos olhar para o que não vemos ao longe, e é esse olhar que a tornará possível. Por isso prefiro falar dos meus recursos em vez de falar das minhas raízes.

Dependendo de nosso local de nascimento, nosso ambiente, nossos recursos variam e se alimentam do ambiente no qual evoluímos e do que fazemos de nossas vidas. Esses recursos entram em tudo o que é material ou imaterial em minhas obras.

Esta autobiografia é uma narrativa entre todas as narrativas possíveis de minha vida artística no meio da arte. É, antes de tudo, uma fala de artista e é primordial para mim falar das minhas obras, mostrando como elas estão ligadas a momentos da minha vida, evocando os eventos que as geraram, mas também para revelar o outro lado da balança de todas as narrativas escritas sobre mim e sobre minha obra.

Durante o confinamento, todas as minhas exposições (e, portanto, as vendas possíveis) e todas as minhas palestras foram canceladas (e, portanto, fiquei sem honorários), o que anunciava sérios problemas financeiros no horizonte. Aliás, ainda não sei como vou me sustentar, sobretudo porque acabaram de nos impor um novo confinamento de longo prazo... e a vacina ainda não está disponível no momento que escrevo. Também não sei como vou superar isso, pois muitas exposições foram adiadas para 2021 ou 2022 e muitas outras foram simplesmente canceladas! Vale lembrar que podemos ser um.a artista conhecid.o.a e reconhecid.o.a, e mesmo assim as preocupações financeiras não vão nos deixar em paz.

Como continuar sendo uma artista internacional sem poder viajar? Ou se sentindo culpada por pegar um avião?

Contudo, esses cancelamentos reduziram minha cota de querosene, e sinto orgulho disso!

Durante o confinamento, fui requisitada sem parar: para criar ou doar obras existentes para os profissionais de saúde, a pesquisa, as crianças, a luta contra a aids, os refeitórios para pessoas de baixa renda... Então, me engajei e minha cota de caridade está positiva. Também posso ficar orgulhosa disso!

Também desenhei, pintei, escrevi *"peauaimes"* e criei três novas séries de obras: uma encenação do meu robô "ORLANoïde" feito com materiais reciclados e também ao lado de animais em risco de extinção representados em seu ambiente, e uma "Vitória de Samotrácia" hibridada com uma cabeça: a minha. Era um desejo antigo que eu nunca tinha conseguido executar. E, finalmente, duas obras que retratam o coronavírus: uso uma máscara nas duas obras, a primeira ilustrada com fagos, bactérias, células e vírus, como os do *Boeuf sur la langue*, uma instalação permanente criada nas novas instalações do Instituto Pasteur, e a outra máscara com a minha vulva! É genial, os algoritmos do Instagram e do Facebook não foram feitos para detectar uma vulva, um sexo no rosto!

As piadas de bom e de mau gosto se alternam no WhatsApp, é bom rir, mas isso leva tempo. E se algumas são poéticas ou fazem gargalhar, outras são péssimas, mas isso ajuda a manter a amizade e cuidar do ânimo dos outros mesmo sem poder vê-los, enviando-lhes sinais para desanuviar um pouco!

Os cristãos agradecem a Deus, é Páscoa. É verdade, ele foi gentil em nos enviar uma pandemia para nos testar. Já pecamos tanto! Não poderíamos ficar impunes! Pena não haver uma vacina antirreligião; isso evitaria, entre outras coisas: crimes, guerras, terrorismo, comunitarismo, discriminações, sexismo, apedrejamentos, mutilações genitais femininas, inquisição, decapitações, *fatwas*, *jihad*, Estado Islâmico, e protestos contra o casamento igualitário! E por aí vai...

É difícil escrever nossa autobiografia quando não nos damos bem com as datas... É um desafio! Sempre detestei os números, seja na forma de datas ou de fórmulas algébricas e matemáticas.

Quando criança, assim que via números, não importava o que me dissessem, eu não conseguia entender mais nada e meus olhos vidravam, eu ficava frente a frente com minha impotência. Não conseguia entender nada de matemática. É uma pena não ter conhecido o extraordinário e apaixonado Cédric Villani antes! Tenho certeza de que ele teria me reconciliado com os números.

Porém, eu era muito boa em literatura, em filosofia e em quase todas as outras disciplinas. Mas essa aversão pelos números sempre me impediu de conhecer minha vida por meio das datas. Com frequência, me perguntam a data das minhas obras ou de alguma das minhas exposições, e sou obrigada a pedir que as pessoas consultem o meu currículo, pois não tenho a menor ideia! Sempre tive muita dificuldade em precisar as datas das minhas viagens à África, aos Estados Unidos, ao México, pela Europa, ao Canadá, Tailândia, Austrália, Índia... Preciso de provas físicas e tangíveis para me certificar em que data as coisas realmente aconteceram. Se você as tiver, não hesite em enviá-las para mim!

Por isso, não tenho a impressão de que minha vida é linear ou cronológica.

Para mim, minha vida é uma narrativa quebrada, fragmentada, tudo solto!

Essa desordem constitui minha ordem, esse magma constitui minha vida, é um conjunto, um pacote.

Quando penso num evento, só sei uma coisa: aconteceu... As únicas datas sobre as quais não tenho dúvidas são:

– 1947, minha chegada ao mundo, em minha tribo, no Loire, na França, na Europa.

– 1964, a data que considero meu verdadeiro nascimento, meu renascimento, o ano em que criei a obra *ORLAN accouche d'elle-m'aime*, um verdadeiro marco em minha vida e em minha trajetória artística. Frequentemente, quando perguntam minha idade, respondo alegremente: "Nasci em 1964!", e é verdade, porque foi a partir desse momento que comecei a me criar, a me recriar, a me inventar, a ter consciência de *"moi-m'aime"*, a afirmar algo, a me situar em meio às palavras de ordem, em que tomei consciência de que tinha saído de injunções como "ser mulher não é nada, é preciso ser mãe", e pude escapar delas. Não foi fácil!

– A partir dessa obra, tudo acontece, começo a viver de fato minha vida, vivo a mil por hora, começo a queimar a vela pelos dois lados, como dizia minha mãe!

Você vai ter que desculpar algumas das minhas aproximações, eu vivo na arte e só faço arte, a arte me impregna, a arte me alimenta, a arte me erotiza, a arte me entusiasma, a arte me constrói, a arte me assombra, a arte me encanta, a arte me transforma, a arte me carrega, a arte é o finito para além do infinito. Sem ela não sei viver!

É meu para-choque, meu para-raios, ela me mostra um caminho possível entre todos os caminhos, um caminho que para mim é uma exaltação luxuriante, permanente, uma cornucópia. Ela desenha, esculpe, questiona minha vida. É um cimento, ela cura as rupturas, as feridas.

É uma amante! Tenho-a na pele, não posso ficar sem ela, ela não pode viver sem mim.

É um sol. É uma paixão, um grande AMOR, e é para a vida toda!

Sou artessexual. ARTESSEXUAL.

Gosto muito do programa de TV "Stupéfiant", do qual participei duas vezes. Léa Salamé diz: "A arte é uma droga pesada, um estupefaciente". Engoli essa droga avidamente, como engolimos o esperma para depois cuspi-lo bem longe.

Assim como você, só vou conhecer minha vida de verdade quando tiver escrito minha história à minha maneira. Escrever a própria história permite se sentir bem viv.o.a, e aquel.e.a.s que a leem têm a prova de estar bem viv.o.a.s. Como estou escrevendo minha história, estou bem viva! Que prazer, que vitória! Tantas pessoas e amig.o.a.s estão mort.o.a.s... E como você leu minha autobiografia, você tem a prova de que também está bem viv.o.a.

Guardemos isto na memória: o eu é uma ficção que nos convence pelo olhar do outro, dos OUTROS. E acabamos acreditando nela...

A vida é uma farsa tragicômica, e para parafrasear Pierre Alechinsky: "Tudo o que escrevi pode ser usado contra mim".

OS AMORES (1963-2020)

Seria necessário escrever um livro inteiro para falar de todos os homens e de todas as mulheres que meu corpo encontrou, e que, portanto, conheci.

Minha sexualidade evoluiu ao longo da minha vida, tive amores muito diferentes uns dos outros, por sua natureza e intensidade.

A vida sensual de Madame de SAINTE-ORLAN foi intensa, generosa, feliz, extasiante, experimental.

Tive grandes amores e amores imprevisíveis, deslumbrantes, pequenos, curtos, longos, muito longos, longos demais, e amores que parecem amor, mas não são.

Girei em torno desse mito, explorei o amor, os amores, o sexo, o casal.

Experimentei quase tudo, pelo menos tudo o que tive vontade! Como casal ou não...

O que é certo é que o casal é muito satisfatório por um tempo, se estamos numa relação paixão e/ou fusão ou construção, é preciso ter vontade de amar para amar. Quando isso vai bem, viver a dois é reconfortante, sereno, inventivo, desestressante, energizante, relaxante.

Mas, por mais intensa que seja, a paixão, infelizmente, passa rápido, sobretudo se as pessoas moram juntas! O cotidiano, a rotina matam tudo, o que fazer? Amar, ser amad.o.a, tentativa de controlar o incontrolável! O casal é utópico e é preciso produzir ocitocina, o hormônio do vínculo e do amor, sem esquecer da dopamina, da serotonina, da adrenalina, da noradrenalina, da anandamida, e, é claro, é preciso uma dose de *philia*, o afeto que faz com que amemos um ser pelo que ele é, e não pelo que ele pode nos oferecer, e uma boa dose de *ágape*, a oposição a um amor pessoal; isso poderia significar o amor pela verdade e pela humanidade. Esses elementos deveriam ser os bons ingredientes da receita para durar... mas isso raramente dura muito tempo, e o momento da separação é sempre, ou quase sempre, abominável, pois ele desconstrói e Narciso se fere.

Frédéric Beigbeder escreveu: "O amor dura três anos".

E eu o acho otimista.

Ele também pode durar pelo menos um pouco mais se um dos dois se sacrifica.

Claro que quase sempre é a mulher quem assume esse papel, como lhe disseram para fazer, pensar antes de tudo no outro, no bem-estar do outro.

A fidelidade ou a infidelidade não mudam muita coisa no jogo.

A fidelidade é muitas vezes entediante e desemboca na frustração, a infidelidade é fonte de tensões, de estresse, de ansiedade, raramente é vantajosa, e um dos dois sempre sofre...

Ainda não encontrei a receita milagrosa. Jean-Paul Sartre e Simone de Beauvoir tinham uma receita, eles passavam do amor necessário aos amores contingentes. Esse casal durou muito tempo, mas eles não faziam mais sexo juntos e o sexo parece ter sido sempre decepcionante entre eles.

Para mim, bondade, o compartilhamento, são os filtros mais eficientes de longevidade de um casal, eles criam um objeto, uma célula de segurança sentimental, um prazer, uma doçura de viver, uma referência, um lugar menos cruel que o exterior e onde podemos encontrar conforto e calor, curar as feridas profissionais, o que é possível, sobretudo, se não há discussões nem agressividade.

O pior é provavelmente a solidão, em particular num período de confinamento. Comer diante de uma cadeira vazia é uma tortura. É claro que se pode desfrutar de sua solidão saboreando cada momento em que fazemos o que queremos, da forma que queremos, no ritmo que queremos, sem o olhar do outro, sem estar em representação. É claro que podemos gozar sozinhos em casa com um travesseiro ou com todos os *sextoys* que quisermos, mas como se beijar no peito, na bunda, no pescoço, atrás da orelha...?

Lacan dizia em seus seminários intitulados "A lógica do fantasma", em 1966-1967: "Não existe relação sexual".

Meu primeiro amante se chamava Aziz. Um Cabila maravilhosamente alto e bonito. Ele tinha cabelos loiros cacheados, pele clara, nariz arqueado, lábios grossos bem desenhados e queixo proeminente. Os olhos eram bem pretos; um olhar muito intenso que reencontrei nos Fulas. Era um belo ser dilacerado pelo exílio, ele me perturbava, me encantava: eu o amava. Eu o amava, mas para mim era impossível, impensável deixá-lo tirar minha virgindade. Então decidi enfiar garrafas na minha vagina até ela sangrar. Metodicamente, e com uma vontade enorme de ser a mestra da minha própria defloração. Não queria dar a um homem a honra de fazê-lo, de exercer esse poder sobre mim. Nem pensar em sofrer e sangrar na minha primeira tentativa de gozo a dois, eu queria suavidade, prazer... Na semana seguinte, me extasiei diante da maciez da pele dele. Ele era muito carinhoso. O que eu mais gostava era a voz dele. Ele me falava durante um longo tempo ao pé do ouvido. Seu hálito quente excitava meu tímpano, meu lóbulo sensível, meu tímpano de Aquiles...

Passei à posição horizontal, o desejo estava lá, escancarado, eu estava aberta para ele, pronta para absorvê-lo. Dei a ele todas as minhas chaves, todas... como nos entregamos completamente nas primeiras vezes.

Num dado momento da minha vida, tive o hábito de ter vários amantes ao mesmo tempo, escolhendo-os com muitas diferenças uns dos outros pelo jeito de ser, pela classe social ou ainda pela profissão.

Coluche dizia: "Senhoras, um conselho. Se procuram um homem bonito, rico e inteligente... fiquem com três!". Oscar Wilde disse isso antes dele, referindo-se às mulheres: "Aquele que procura uma mulher bonita, boa e inteligente, não está procurando uma, mas três". Graças a essas relações plurais, pude me imbuir de histórias e de atmosferas, pude entrar em ambientes aos quais de outra forma nunca teria acesso. Pude explorar salas de pôquer sombrias, com jogadores de aparência exótica para mim, e essa atmosfera me inspirava a escrever.

Tive, por exemplo, um caso com um homem extremamente elegante que usava um grande chapéu de feltro. Ele era bonito e sabia disso, um pouco presunçoso, ele se achava! Conheci-o no bar do Rosebud, em Montparnasse, onde eu costumava paquerar quando não estava no bar Hemingway, na La Closerie des Lilas, ou no Flore fumando cigarros de mentol longos e pretos, chamados Time, que eu adorava. Eles me davam um ar de mulher de atitude, não eram cigarros como os outros. Assim como meu cachimbo!

Além disso, eu gostava da ideia de fumar o tempo, de fumar meu tempo para passar o tempo, era muito elegante.

À parte o tempo, não fumo mais, não quero fazer como os outros e me tornar dependente.

Durante nossa história, aos poucos ele me revelou sua trajetória de vida insólita e surpreendente. Ele tinha passado oito anos na prisão por ter planejado um grande roubo de joias numa joalheria na Côte d'Azur, que tinha a reputação de ser absolutamente inviolável, e apareceu nas manchetes dos jornais. Ele se gabava dizendo que fez isso graças ao seu domínio do jogo de xadrez. Era um grande jogador. Ele desenvolveu um dispositivo complexo para que seus cúmplices conseguissem entrar na joalheria, roubar tudo e sair ilesos, enquanto ele não sujou as próprias mãos.

Era um cara divertido, inicialmente não devia ter um capital cultural muito grande, mas na prisão leu todos os livros da biblioteca pelo menos duas vezes, para sobreviver ao confinamento. Eu o admirava por isso. O incrível de sair com ele era que, em qualquer situação, ele conseguia tirar da cartola uma citação decorada de um livro, e sempre dentro do contexto, nunca fora de propósito, e eu adoro citações! Ele citava Confúcio, Céline, Victor Hugo, Marcel Proust, Aristóteles, Sócrates, Chateaubriand, Platão, Jean de La Fontaine, Montaigne, Voltaire, Louis Aragon e Jacques Prévert, assim como Guy des Cars, Frédéric Dard, Pierre Desproges... e muitos outros! Era impressionante!

O problema é que, entre todas essas citações de filósofos e escritores, ele era capaz de soltar frases como: "Os carros são como as mulheres, sempre pegue os de primeira mão!", o que tinha o dom de me tirar o apetite. Mas ele era engraçado, gentil, muito atencioso, à moda antiga, era muito gostoso ser tratada como uma rainha. Ele gostava de carrões bonitos, mas isso nunca me impressionou. Aliás, ele tinha um que já devia ter sido bonito, mas que estava bem amassado e dava uns trancos.

Ele se achava IR-RE-SIS-TÍ-VEL! Então ficou enlouquecido quando decidi terminar abruptamente o nosso relacionamento. O que eu gostava nele era sobretudo seu estilo, sua história, suas citações e seu chapéu! Quando ele me contava sua história, era como ler um romance em realidade aumentada, eu tinha o personagem ali, de pé na minha frente, e me tornava parte dele com prazer.

Gosto das citações, elas permitem expressar melhor o que eu provavelmente não falaria tão bem. Elas revisitam minha memória, o que é reconfortante. Elas me tranquilizam sobre meus conhecimentos, tranquilizam meu público sobre minha cultura. E, sobretudo, dão nova vida e rendem mulheragem a um.a autor.a que admiro.

Muitas vezes, me sinto atraída por homossexuais, pois eles se olham no espelho antes de sair. A maioria se veste bem, são limpos e cheirosos, o contrário de muitos héteros que geralmente estão malvestidos, são barrigudos e/ou fedem a suor, a cigarro e têm mau hálito. Felizmente, nem todos!

Tenho certa atração por pessoas que usam chapéu, e principalmente os iguais aos da Amélie Nothomb e do Wolf Vostell, com quem viajei muito de Berlim para Malpartida de Cáceres a bordo de sua Mercedes, com sua mulher, curiosamente também chamada Mercedes, que o deixa charmoso com qualquer roupa e em todas as circunstâncias, e que destaca seus olhos azul-claros. São belas lembranças minhas, durante essas longas viagens eles me ensinaram muito.

Adoro o personagem que Fabrice Bousteau criou para si mesmo com seu adorável chapeuzinho. Gosto muito também de ler seus editoriais na revista *Beaux-Arts*. O artista JR, com seu *look* genial, ou ainda Joseph Beuys, embora eu o achasse realmente pouco agradável, Jean-Paul Belmondo, Jean Gabin, Aristide Bruant, Daniel Sibony, Charles Trenet... Por outro lado, não sinto muita atração pelo faroeste, mas sim pelos atores debaixo dos chapéus de *cowboys*, chapéus espetaculares que protegem do sol e da chuva, e nem um pouco por aqueles que usam chapéus como sinal religioso, ou quipás! Até os chapéus de palha me divertem, os de feltro, os Borsalino, os Fedora, o Panamá, o Trilby – muito legal –, o chapéu-coco, a cartola, e até mesmo alguns bonés, o gorro...

O chapéu é um pingo no *i*, ele sacraliza, ele engrandece como uma coroa, uma tiara. Ele finaliza a vestimenta, faz o *look*, o estilo... Ele mostra o desejo de aparecer, de agradar, de construir sua imagem, ele atrai a atenção e as fotos, assim como os óculos escuros... Ele seduz!

Gosto dos chapéus da rainha da Inglaterra, sempre de cores combinando com sua roupa, mas gosto menos da pessoa que está debaixo do chapéu.

O fato de meu pai e minha mãe também usarem chapéus de vez em quando faz com que eu seja talvez mais chapeussexual do que sapiossexual, ou talvez na mesma proporção!

Em todos os casos, tudo acontece na parte da cabeça, do cérebro, do chapéu!

Robert Fillliou era maravilhosamente engraçado e charmoso, com seu chapéu-barquinho de papel e origami. Um grande artista Fluxus, ele organizava exposições em sua galeria itinerante, a "Galeria Légitime" situada em seu chapéu, um "cobre-obra-prima", como ele dizia! Ele encontrou um meio habilidoso de escapar do jugo do mercado da arte, de ser completamente independente das instituições e galerias, com aquele chapéu repleto de obras nômades. Eu tinha muita simpatia e admiração por ele.

Em 2014, meu ex fez a curadoria da exposição *Chapeaux! Hommage à Robert Fillliou* [Chapéus! Homenagem a Robert Fillliou], o "anartista" cujo nome escrevo sempre com três "l", porque era isso que ele queria, embora seja muito raro vê-lo escrito assim.

Para essa exposição, pedi a amig.o.a.s que tirassem uma foto com o chapéu de sua escolha, e transferi cada fotografia para uma flâmula de uma grande guirlanda, que em seguida foi disposta num chapéu-coco preto para ser exposto. Lá estavam Richard Shusterman, Christine Buci-Glucksmann, Joël Hubaut, Victoire e Hervé Di Rosa, Alexia Guggémos, Suzanne Anker, Shelley Rice, Juliette Laffon, Charles Dreyfus, Cyrille Candet, Maria Bonnafous-Boucher, Pierre Tilman, Dominique Jakob, Brendan MacFarlane, Christophe Rioux, Marc Couturier, Serge François, Bernadette Beekman, Baudouin Jannink, Marie-Cécile Burnichon, Esther Ferrer, Robert Fleck, Marc Partouche, Nadia Candet, Jacques Halbert, Philippe Piguet, Pierre Ardouvin, Jacqueline Frydman, Jeanne Susplugas, Yann Toma, Nathalie Ernoult, Jacques Villeglé, Nicola L., Julien Blaine, Arlette Couturier, Catherine Gonnard, Pascale Cayla, Eugenio Viola, Pascale Lismonde... e Bernard Blistène, que teve a presença de espírito de usar o chapéu-coco de papel icônico de Robert Fillliou.

Por um sistema de dobras astucioso, consegui colocar muitos metros de guirlanda num chapéu tão pequenininho! Além de inúmeras fotos de amig.o.a.s.

Atualmente, a guirlanda está colocada no alto, perto do teto, com dentes de serra no *hall* de entrada do meu *loft*, ela deixa o ambiente festivo, divertido, acolhedor, amistoso, assim que minha porta é aberta, ela dá o tom... Ela está lá em referência à "La Fête permanente" ["A Festa permanente"] do meu amigo Fillliousofo. Pena que nem todas as fotos de meus amigos e amigas tenham entrado no meu chapéu-coco, mas todas e todos passam por ele ao chegar na minha casa, no momento de penetrar no "Território da República Genial" e na minha chapeussexualidade.

Também fiz uma série de fotos muito engraçadas que se chama *Peau d'âne* [Pele de asno], em que, às vezes, com o busto nu ou vestido (imostrável no Instagram), uso diferentes chapéus: de penas, tiara, chapéu de palha, capacete, quipá, chapéu chinês, orelhas de burro, e muitos outros.

Paralelamente ao meu relacionamento com o grande bandido de chapéu, eu saía com outro personagem bastante peculiar, pequeno, um pouco gordo, com uma barriguinha proeminente e grossos óculos de tartaruga. Eu gostava muito do seu lado simpático, falante e de riso fácil, sempre de bom humor, com certo charme, e ele tinha muito dinheiro. Era com ele que eu saía de helicóptero para colher cogumelos. Era muito estranho para mim que ele gastasse tanto dinheiro para colher um punhado de cogumelos, uma atividade familiar que sempre foi sinônimo de princípio de economia.

Mais tarde, esse homem me pediu em casamento, mas para mim o casamento a três, entre ele, a sociedade e eu, era impensável e ia contra minhas convicções feministas. Eu era a favor da união livre, como Élisée Reclus defendeu já em 1904.

Simultaneamente, eu estava envolvida com um homem franzino, jovem, um intelectual que estudava literatura. Ele lia muito, mas falava pouco. Não gosto nada dos caladões, com quem não podemos ter trocas interessantes e uma grande liberdade de expressão. De que adianta ser intelectual se não há debates acalorados e trocas de conhecimento? Então dei um basta em nosso relacionamento muito rapidamente, mas gostava do contraste com os outros casos que eu tinha. Era meu luxo de mulher poder ter ao mesmo tempo diversos homens e mulheres de círculos e trajetórias diferentes. Para mim, eles e elas eram objetos de estudo.

Eu me sentia uma exploradora e sempre sonhei em ser uma.

Eu adorava as músicas lentas (*slows*), como *Petite Fleur*, de Sidney Bechet, *Daniela*, de Chaussettes Noires, *My Baby Just Cares for Me*, de Nina Simone, *I'll Be Seing You*, de Billie Holiday, *Love Me Tender*, de Elvis Presley, e o *must*: *Only You*, dos Platters... é de desmaiar de emoção logo nas primeiras notas.

Essas músicas facilitaram muito meus primeiros encontros: ficar perto, cada vez mais perto, roçar lentamente o corpo contra outro corpo quente, mexendo, ondulando, dançando de rostinho colado, com a respiração quente do outro na orelha e no pescoço, e também seus beijinhos, e as mãos que apalpam, massageiam o pescoço, as costas, a bunda, até sentir o sexo do outro endurecer, se o outro corpo não for o de uma mulher!, com o qual podemos brincar, nos esfregar até ele ficar cada vez mais duro para poder se masturbar discretamente, esfregando suavemente o clitóris nessa proeminência. Com medo de que a música acabe, de que a brincadeira pare antes do clímax. Era sensual, tórrido, especialmente porque isso era feito diante de um público que não via exatamente o que estava acontecendo, mas que podia muito bem imaginar, sobretudo porque muitos dançavam fazendo a mesma coisa!

Tenho pena das novas gerações que não conheceram nem vão experimentar esse grande prazer voluptuoso se as músicas lentas não voltarem à moda. Mas, depois do distanciamento físico, eu gostaria de trazê-las de volta, para o prazer de todas e todos. Tenho algumas esperanças, pois a moda é um eterno recomeço! Vemos isso nos desfiles e nas revistas, com a volta das calças pata de elefante. Poderiam começar uma invasão de músicas lentas, muito sensuais, já que hoje não podemos dar "hugs", abraços, fazer carinho, nos beijar. Sonho com o calor de um outro corpo contra o meu. Assim que todo mundo, ou quase, estiver vacinado – e eu estou –, gostaria de relançar as músicas lentas em todos os meus vernissages, minhas sessões de autógrafos, minhas entregas de medalhas... Venha dançar lentinho comigo.

A maioria das músicas lentas tinha letras terrivelmente eróticas, como C'est extra, de Léo Ferré:

Um vestido de couro fino como agulha
Com um charme natural
E por dentro como um marinheiro
Uma garota que arfa com ar inglês
É extra
Um Moody Blues que canta à noite
Como um cetim de noiva
E no porto desta noite
Uma garota que arfa e vem me molhar
É extra, é extra, é extra, é extra, é extraordinário
Cabelos que caem como a noite
E a música mexendo seus quadris

Esse jazz que embala a noite
E esse mal que nos faz bem
É extra
Essas mãos que tocam o arco-íris
No violão da vida
E esses gritos que sobem ao céu
Como um cigarro em brasa
É extra, é extra, é extra, é extra, é extraordinário
As meias que a deixam longilínea
E sob o véu mal fechado
Esse tufo negro
Que escorre de seu leito
Como um nadador que já não se espera
É extra, é extra, é extra, é extra
Um vestido de couro quase esquecido
Com seu charme natural
E dentro, como uma manhã nublada
Uma garota que arfa e que se cala
É extra
Os Moody Blues que não dão a mínima
O amplificador que não quer dizer mais nada
E na música do silêncio
Uma garota que arfa e acaba de morrer
É extra, é extra, é extra, é extraordinário

E mais tarde, é claro, quando elaborei minha série *Le Plan du film*, exigi que o grupo *Tanger* compusesse uma música lenta, o sucesso do verão, para a trilha sonora do filme que não existe, tudo editado por Al Dante com a aparência de um DVD... Aconselho você a dançar embalado por essa música.

Tive então, sucessivamente, amores bem longos, outros bem curtos, outros bem dinâmicos, outros bem mornos, assim como alguns bastante exclusivos e de ficar agarradinho. Houve um amor de vinte e cinco anos, amores de dez, um amor de sete e amores de uma das grandes festas e noites de grupo, de três ou quatro noites, algumas das quais são inesquecíveis, e sexos de todos os tamanhos, duros, macios, moles, os preguiçosos, os que não chegam lá!, os rápidos, os ejaculadores precoces, os de repetição, os incansáveis...

Jean-François Bizot é um desses encontros inesquecíveis, vivi com ele uma maravilhosa história sapiossexual, longa, mas intermitente.

Ele sempre estabelecia um padrão muito alto, e eu adorava isso. Ele falava de um jeito divertido, eu gostava de ouvir sua voz e sua risadinha esquisita, e ele procurava as palavras com os olhos, depois os cerrava, então eles estavam sempre sorrindo e eram maliciosos, zombeteiros e travessos.

Aliás, fiz uma mulheragem a ele numa das minhas obras, um cartaz pintado de 3 × 2 m, da série *Le Plan du film*, no qual se lê: "Uma produção de Jean-François Bizot, Cenário: Atual, Música: Élisabeth D., Atores: ORLAN, Alain Maneval, Marie-Claude Jeune, Coluche, Jean-Luc Hennig".

Jean-François Bizot foi o fundador e redator-chefe da *Actuel Magazine* e depois da Radio Nova, que recebeu esse nome em homenagem ao romance de William S. Burroughs, *Nova Express*, que descreve o ato de acusação de um humano de temível lucidez denunciando, num longo grito de angústia e de raiva, a manipulação do indivíduo pela sociedade.

Ele me deu muita coisa intelectual e politicamente. Era um cultivador da vida, ele dava chance a todo mundo e me estimulou a fazer coisas inacreditáveis, como uma reportagem de guerra na Iugoslávia nos anos 1980. Ele me deu uma missão impossível, a de ir até lá com um gravador e voltar com uma matéria, com sons, com entrevistas... Foi uma loucura porque eu nunca tinha feito entrevistas, nunca tinha estado numa zona de guerra, ele me colocou numa situação extrema... Eu sabia usar muito mal o equipamento de gravação sofisticado que ele me deu, muitas entrevistas ficaram inaudíveis, sobretudo as que fiz no avião com ativistas que fugiam da guerra e de seu país. Estávamos num avião muito pequeno, que tremia, uma espécie de Tupolev cujo motor fazia um barulho incrível, e tudo chacoalhava! Minhas gravações ficaram desastrosas, mas vivi um momento extraordinário, irreverente.

Jean-François riu muito quando voltei com nada, ou quase nada! Ele me pregou uma peça, e estava feliz! E eu também, porque as desventuras são aventuras. Além da Nova, também estive em rádios livres que existiam na época. Fui convidada à Rádio Tomate por Éric Alliez, um intelectual engajado que fazia um trabalho de tirar o chapéu, mas infelizmente não usava chapéu!

Jean-Fraçois Bizot me levou a muitas festas na sua casa em Saint-Maur com todo o pessoal da *Actuel*: Frédéric Joignot, Ariel Kyrou, Daniel Lainé, Jean-Pierre Lentin, Léon Mercadet, Patrick Rambaud, Jean Rouzaud, Nathalie de Saint-Phalle, Frédéric Taddeï, Philippe Vandel, Patrice Van Eersel, Ariel Wizman, Michel-Antoine Burnier... além dos que só davam uma passadinha.

Uma noite no Bataclan ficou na minha memória, com seu grupo composto por Coluche, Serge Gainsbourg e muitos outros, como os do Café de la Gare, Miou-Miou, Patrick Dewaere, Romain Bouteille... Eu gostava muito de Patrick Dewaere, seu suicídio me abalou.

Jean-François Bizot às vezes vinha me visitar e "dormir", embarcar no meu barco em Lyon, que era sua cidade natal.

Pouco antes do confinamento de 2020, sua mulher oficial, primordial, Mariel Primois-Bizot, me abordou numa festa na casa de Isabelle Suret, muito feliz por me encontrar, assim como eu, ainda que não a tenha reconhecido. Falei: "Eu não sabia que você sabia que eu estava envolvida no universo de Jean-François!". Foi legal revê-la recentemente, ela me deu o livro que escreveu sobre Piotr Pavlenski. Ela me sugeriu encontrá-lo, mas recusei, pois fujo da violência e das pessoas violentas.

O ciúme não existia nos meus relacionamentos com esse homem extraordinário, ao menos não da minha parte. Mas uma de suas amantes ciumentas ateou fogo no castelo de Saint-Maur. Que bobagem! Detesto todos os atos violentos e impulsivos.

Tanto para mim como para os outros, esse homem, Jean-François Bizot, era apenas alguém raro, precioso, que gostei muito de conhecer. Você começava uma frase para lhe explicar alguma coisa, e dois segundos depois ele já tinha entendido tudo e terminava a história que você ainda estava contando! Ele era extremamente rápido (a cocaína ajudava), só o vi na correria e no fechamento da *Actuel*. Ele era atlético e dormia bem pouco. Nunca conheci suas fragilidades, a não ser quando li seu livro, após sua morte, que ele decidiu chamar de *Un moment de faiblesse* [Um momento de fraqueza]. Recomendo fortemente a leitura!

Ele era extremamente generoso, não deveria ter morrido! Ele tinha muito dinheiro, mas o esbanjava dando uma oportunidade para todo mundo.

A morte é absurda e nojenta para pessoas dessa qualidade, e para todas as outras também!

Pharoah Sanders também faz parte desses que são impossíveis de esquecer. É um saxofonista muito famoso que vive nos Estados Unidos, e ele passou por Paris para fazer shows, sobretudo no Duc des Lombards. Assisti a um de seus concertos, adorava a música dele, e no fim, depois de aplaudi-lo com entusiasmo, fui falar com ele... O Fogo se acendeu imediatamente entre nós. Foram quatro noites e um dia fantásticos de paixão e música. Talvez pudéssemos ter vivido uma vida inteira juntos, mas as circunstâncias não eram propícias. Sabíamos que ele só ficaria quatro dias em Paris para seus shows, e que ele tinha uma vida longe dali. Nosso encontro foi bonito, intenso, e nossa despedida dilacerante e molhada. Nunca vi um homem chorar tanto. Suas lágrimas eram a prova da sua entrega, da sua forte atração por mim e de seu sofrimento por ter que me deixar.

Os homens raramente choram, disseram-lhes mil vezes que chorar não é coisa de homem, mas de mariquinhas, mulherzinhas. É sempre um grande acontecimento quando eles resolvem deixar correr suas lágrimas, baixar a guarda. As barreiras caem e temos a oportunidade de vê-los de outra forma, o que é muito comovente. Suas lágrimas me emocionaram, ou melhor, na verdade me excitaram! Nossos corpos se encaixavam muito bem. Foi uma belíssima história, regada a muito champanhe, uísque e lágrimas em porões enfumaçados, muito jazz... "Quando o jazz está presente, a *java* se vai..."[34] Uma história que jamais vou esquecer, apesar da sua curta duração.

Tive muitos parceiros de quatro dias dos quais nada ficou, absolutamente nada!

Tive histórias curtas que poderiam ter durado uma vida inteira, e histórias mais longas que só deveriam ter durado uma noite, e outras em que não era possível ou não era o caso de imaginar um futuro.

E também tive histórias muito engraçadas, entre as quais uma em Nova York com um artista de Nice muito conhecido (não era nem o Ben, nem Bernar Venet, nem Serge 3, meus velhos amigos que nunca foram meus amantes!). Este, bizarramente, falou com o próprio pinto a noite inteira. Um monólogo muito repetitivo. Não era o monólogo da vagina, mas o monólogo da bela pica! Ele não parava de dizer ao seu membro: "Como você é bonitão; você está duro, hein?; isso, assim; vai, queridão, fica duro de novo; mais; como você é grande; aguenta aí; como você é rosa; sobe, sobe mais, sobe bem, sobe de novo; vai, endireita, mostra como você pode ficar duro...". Era como se eu não estivesse lá! Era tão ridículo e cômico que se

34. "Quand le jazz est là, la java s'en va...". Verso da música *Le jazz et la java*, de Claude Nougaro, lançada em 1962. No contexto da música, *java* era uma dança tradicional, sem graça, ao contrário do jazz. [N.T.]

tornava extraordinário! Não estamos acostumados a viver tamanhas maluquices, então a gente necessariamente acaba se lembrando.

Outra história me vem à mente quando penso nas minhas aventuras passadas. Gosto de ir a livrarias, mesmo que normalmente as evite, porque não consigo deixar de gastar muito dinheiro lá. Um dia, enquanto entrava numa livraria de que gosto muito, a Saint-Étienne, tive um encontro difícil de esquecer. Eu estava olhando as prateleiras de livros quando, de repente, dei um pulo: uma mão com luvas peludas roçou na minha ao tentar pegar um livro que estava perto de mim. A pessoa se desculpou, eu me virei e vi um homem com um gorro de pele na cabeça, um chapéu! Com aquelas luvas de pele. Não era um homem lobo, mas um homem luva. Foi instantâneo. O toque foi tão suave, tão inesperado, que começamos a falar dos livros que estávamos lendo, e dos que pretendíamos ler em breve. Eu tinha acabado de ler *On the road: pé na estrada*, do Kerouac, e estava lendo *O Monte Análogo*, de René Daumal, que recomendo!

Ele era apaixonante porque apaixonado, e, enquanto falava, era como se eu pudesse sentir suas mãos enluvadas percorrerem todo o meu corpo. Minhas pernas estavam bambas, estava difícil ficar em pé. Eu pressentia essas luvas nas minhas coxas e na minha barriga. Atraí-o para o Bon Pichet para tomar um chocolate quente, os de lá eram muito bons, depois fomos para o quarto dele. Ele não tirou as luvas nem o chapéu, felizmente!, e os utilizou muito bem. Depois desse encontro inspirador, escrevi a noite toda.

Essa história é significativa do meu interesse pela vestimenta. Nunca tive um apetite sexual em praias, por exemplo. Os homens e as mulheres sem roupa mostram muito pouco o que são, o que têm na cabeça, sua posição social ou seu nível cultural, mostrando unicamente "a matéria", "a mercadoria". No livro do etnólogo Marcel Griaule, *Dieu d'eau. Entretiens avec Ogotemmêli* [Deus da água. Conversas com Ogotemmêli], que revela o pensamento Bambara usado pelos Dogons, ele escreve: "Os homens querem a mulher ornada de adereços, mesmo que ela não seja bonita; uma mulher muito bonita sem adornos faz os homens se afastarem. Estar nua, diz *Ogotemmêli*, é estar sem palavras". Adoro essa frase, outro fator que me aproxima ainda mais dos Dogons. Fiz três longas caminhadas até os Dogons. "O corpo" não me basta como cartão de visita.

Me sinto atraída pelos humanos cultura, e não pelos humanos natureza. Fico chocada, por exemplo, com os *sites* de encontro atuais, onde homens e mulheres se mostram apenas nus, os homens exibindo seus pintos e eventualmente seus tanquinhos, se tiverem! Isso me causa repulsa! Todavia, gosto dos acampamentos naturistas, mas não para paquerar.

O que me atrai não são necessariamente as roupas de luxo, mas as que foram escolhidas com cuidado por seus donos, alguém que tirou um tempo para escolher, vestir, ajustar, combinar, olhar-se no espelho, criar para si um personagem interessante, que tem consciência de sua aparência e da imagem que passa às outras pessoas. E isso pode me emocionar.

A aparência é um cartão de visita. Gosto das pessoas extraordinárias que têm um "estilo" e "uma aparência", e que são simpáticas. Eu poderia, por exemplo, me apaixonar por Diane Pernet, Iggy Pop, Michèle Lamy, Boy George, com quem dancei a noite toda numa boate descolada em Nova York, Serge Gainsbourg, Leigh Bowery, Cher, Grand Corps Malade, Björk, Marina Abramović, Eva e Adele, Nathalie Ergino, Matali Crasset ou ainda Jack Lang... Mas, como disse Andy Warhol, "o amor fantasiado vale mais que o amor vivido". Não passar ao ato é muito excitante. Fazer amor é trabalhoso, como dizia o mesmo Andy Warhol, e requer um mínimo de investimento.

Também sempre me senti atraída por pessoas transgênero. Pelos travestis. Pelas *drag queens*... Todos os que estão no meio, os híbridos, os que não têm um lado, os fora da pista, os fora do padrão, que desfrutam de suas aparências inventadas.

A princípio, os corpos não me excitam, são as situações, a qualidade cultural, a mentalidade e as histórias que posso contar em torno delas que me excitam. O olhar, os olhos, o som da voz e a qualidade dos gestos permitem verificar que eles são produzidos por belos seres humanos, um pouco "educados", às vezes brilhantes, inteligentes, capazes de trocar, de saber, e sobretudo cheios de bondade, ternos, afetuosos, gentis... podem me emocionar.

O sexismo e o machismo são inadmissíveis para mim, assim como os gestos automáticos, incontroláveis, como os homens que balançam as pernas e as mulheres que não param de mexer nos cabelos num automatismo de gestos aprendidos para a sedução feminina, as pessoas que fazem barulho sem parar com a caneta, que roem as unhas: para mim é absolutamente insuportável.

Isso demonstra que essas pessoas não se controlam, que não têm consciência de seus gestos, do que fazem e da imagem que transmitem, e isso me dá medo.

Durante toda minha vida, fui sapiossexual e chapeussexual, e indiferentemente bissexual, pansexual, polissexual, demissexual, demirromântica, grayssexual, ceterossexual, mas detesto a palavra de ordem "tem que transar", às vezes fiquei completamente assexuada por longos períodos.

De um homem para outro, de uma mulher para outra, de um contexto para outro, minha relação com o outro foi como viagens, explorações de países diferentes.

Por exemplo, quando eu era residente da Cité Internationale des Arts, durante meu segundo ano nessa sucursal, a Villa Radet, em Montmartre, uma fã me abordou num bar. Ela se apaixonou rapidamente por mim, muito carente tanto intelectual como fisicamente. Foi o contexto que me excitou, sua admiração por mim e pela minha arte. Ela era franzina, com cabelos bem curtos. Tinha um certo charme, mas para mim não era suficientemente inteligente e estava tão carente que não havia espaço para mais nada em nossas conversas... Ela tinha a particularidade (que nunca encontrei em outras mulheres) de ser uma mulher ejaculadora. No começo, isso me divertiu e me surpreendeu, mas aos poucos, sobretudo porque eu não gostava dela, comecei a me enojar e me separei dela meio que de repente. Deve ter sido terrível para ela. Eu estava sufocada por sua carência e por esse excesso que se derramava sobre mim! Era preciso parar com esse jorro, esse excedente, esse esguicho.

Eu tinha um imenso ateliê de passamanaria em Saint-Étienne, no centro do qual havia uma cama com rodas. Era o único móvel que eu tinha, junto com uma enorme mesa. Quando estava prestes a ter uma relação sexual, eu costumava ouvir *Ascenseur pour l'échafaud*, de Miles Davis. Assim que me deitava naquela cama com essa música que adorava, que me fazia viajar, eu já sabia que estava na direção certa. Mesmo quando estava sozinha! Era uma verdadeira *trip* erótica. O ambiente, mas também as histórias que passavam na minha cabeça, tudo era primordial, eram os meus gatilhos! Sempre gostei de inventar histórias antecipadamente, muitas vezes a música foi para mim como um rio que me carrega, que me afasta dos meus medos, das minhas resistências, e que me transporta.

Aqui está uma das minhas *playlists*. Tive muitos mediadores e mediadoras na música, sobretudo belas vozes, como as de Mahalia Jackson, Nina Simone, Ray Charles, Maria Callas, Ella Fitzgerald, Léo Ferré, Barbara, Juliette Gréco, Joan Baez, Klaus Nomi... todas vozes muito sensuais. Eu também ouvia Thelonious Monk, Duke Ellington, Charlie Parker e mais tarde Velvet Underground, Leonard Cohen, e ainda Iggy Pop, Bob Marley, Brian Eno, Amy Winehouse, cuja voz extraordinária me prende logo nas primeiras notas, e também Purcell ou Marin Marais e sua viola da gamba, Steve Reich, Philip Glass, Charlemagne Palestine... e muitas músicas minimalistas repetitivas, as únicas com as quais consigo trabalhar, ou quase, pois às vezes também coloco de fundo belas vozes indianas, como Bhimsen Joshi, e músicas de Ravi Shankar. A música muitas vezes me serviu de alicerce para a elaboração de meus vídeos, cuja montagem se baseia mais no som que nas imagens.

Tentei seduzir um homem que interpretava o diabo em *A danação de Fausto*, uma peça em que interpretei diversos papéis.

O que me atraiu nele foi sua voz maravilhosa e, é claro, o diabo que ele interpretava. Era divertido gozar com a ajuda do rabo do diabo. Houve muitos "rabos de diabo" ao meu redor, como Jean-Christophe Bouvet, um amigo ator que atuou em alguns de meus vídeos e interpretou Satã ao lado de Gérard Depardieu em *Sob o sol de Satã* – ele foi meu modelo para *L'Origine de la guerre*, uma fotografia de 1989.

Eu queria que esse contraponto à *Origem do mundo*, de Gustave Courbet, mostrasse um pênis ereto de tamanho médio, como é a maioria, mas sobretudo não como os fotografados por Robert Mapplethorpe, pois só se falaria do tamanho desse órgão. Acho *A origem do mundo* um quadro abominável porque Gustave Courbet cortou a cabeça, os braços e as pernas dessa mulher, à maneira de um *serial killer* sádico, e fez dele um corpo mutilado, aleijado, para deixar visível apenas o órgão reprodutor: o ventre e o sexo.

Pareceu-me essencial fazer a mesma coisa com o outro lado da humanidade, o homem, e usar outra mídia, a fotografia, para ver o que acontece quando os papéis são invertidos. Da tela original, que data de 1866, mantive a moldura em que ela é apresentada no Museu d'Orsay, a dimensão da obra, 46 × 55 cm, mais sua enorme moldura, e, é claro, a posição da modelo. Essa obra foi exibida no Museu d'Orsay na exposição *Masculin/Masculin* [Masculino/Masculino], com a curadoria de Guy Cogeval, Ophélie

Ferlier e Xavier Rey. Eles foram proibidos de mostrar falos eretos. Como na minha obra havia um em ereção, os curadores a penduraram bem no alto e, quando os censores chegavam para retirá-la da exposição, nós dizíamos em coro: "Ele não está ereto, é um efeito de perspectiva!".

Marcela Iacub fala muito bem sobre isso em seu artigo "Hommes, femmes, mode d'emploi" ["Homens, mulheres, modo de usar"], publicado em janeiro de 2014 no especial n. 85 do *Nouvel Observateur*, que ousou publicar *L'Origine de la guerre* em tamanho grande. Criei muitas outras peças vivas inspiradas em obras importantes, como *A maja nua*, de Goya, a *Vênus de Botticelli*... A partir de *A grande odalisca*, o célebre quadro de Jean-Auguste-Dominique Ingres, criei uma fotografia em preto e branco da série dos meus *Tableaux vivants* [Quadros vivos] (1977-1978), um trecho autônomo de uma importante instalação apresentada na exposição *Tendances contemporaines* [Tendências contemporâneas] (1977), no Espace Lyonnais d'Art Contemporain. Nessa instalação, a fotografia foi reproduzida em diferentes formatos, disposta no espaço sob travesseiros também de tamanhos diversos, feitos com lençóis do meu enxoval, pretendendo ser a representação física e a dimensão exata do retratado na fotografia. Travesseiros e fotografias ficavam suspensos no espaço por ganchos de açougueiro e por orelhas de plástico nos quatro cantos do travesseiro, como uma piscadela engraçadinha para as confidências de travesseiro! Com essa instalação, eu queria questionar a noção de escala inerente ao meio fotográfico, assim como os acessórios femininos estereotipados do quadro de Ingres.

Também tive aventuras completamente aleatórias nos anos 1970. Quando ia a Nova York, ficava chocada com a liberdade que todo mundo, ou quase, desfrutava. Éramos seres humanos que amavam outros seres humanos. As pessoas trepavam muito, mas não era a foda pela foda, não era só uma coisa mecânica. As pessoas estavam juntas e, naturalmente, no fim da noite, vinha a vontade de se aproximar, se tocar, se abraçar, se acariciar, se beijar, sentir o calor do outro, e pouco a pouco essa atmosfera sensual, essa espécie de *slow* na horizontal, nos fazia, é claro, passar para o ato. Mas essas preliminares eram importantes, nos uniam pelo tempo de nos encontrar, de nos conhecer, perceber, com o corpo todo, e não apenas pelo sexo, de sexo a sexo. Estávamos com um, depois com outro, na mesma noite ou no dia seguinte. Não existiam barreiras, éramos todos e todas ninhos de carne morna para uns, para umas, e para o.a.s outr.o.a.s, como gatos na mesma cesta. Nossos corpos sentiam prazer em estar juntos porque nos gostávamos, nos estimávamos e nos sentíamos solidários uns com os outros, e nos respeitávamos. A época era bastante permissiva, tudo isso era muito normal e descontraído, *of course*.

Assim, pude viver muitas festas como as descritas por Catherine Millet em seu fantástico livro *A vida sexual de Catherine M.*, que adoro, assim como adoro também o fato de ela contar todos os homens que a penetram, mas as duas formas de encarar a penetração eram bem diferentes. Logo depois da publicação desse livro, ela lançou outra obra que passou despercebida, mas que considero extraordinária: *Riquet à la houppe*, leitura obrigatória!, em que ela falava da diferença, da feiura e das personagens de baixa estatura.

Essas festas todas não resultavam em nada, eram como performances participativas com um público reduzido. Só nos divertíamos, todo mundo ficava feliz por realizar esses atos sensuais-sexuais juntos, sentindo-se livres, solidári.o.a.s, e ficávamos orgulhos.o.a.s por sermos emancipad.o.a.s e viver nossa liberdade sem culpa.

Quando terminávamos de nos acariciar, entrelaçar, beijar, penetrar, nós comíamos, bebíamos, nos divertíamos e conversávamos a noite inteira sobre reconstruir o mundo, ríamos, e algumas pessoas usavam drogas. Eu sempre estava limpa, estava fora de questão me deixar "dominar" por cigarros ou drogas: ser incapaz de se controlar, de parar, sempre me pareceu insuportável e ridículo, mas experimentar, uma vez, pelo espírito de exploradora, era possível.

Sempre tive muita estima por Madame de SAINTE-ORLAN, que eu colocava num pedestal.

Nunca entendi por que ou como escapei da aids, pois tenho muit.o.a.s amig.o.a.s que morreram disso.

Éramos tod.o.a.s consensuais. Quando alguém não queria participar das festividades, por qualquer motivo, ninguém insistia. Havia tantas outras pessoas disponíveis... Isso me lembra a música de Marcel Zanini: "Tu veux ou tu veux pas? Si tu veux c'est bien, si tu veux pas tant pis. Si tu veux pas, j'en ferai pas une maladie..." [Você quer ou não? Se quer, ótimo, se não quer, azar. Se não quer, não vou causar...].

De todo modo, eu preferia essas grandes festas dionisíacas a certos *tête-à-tête* em que a outra pessoa impõe seus traumas sem perguntar sobre os seus, e, quando você é uma mulher livre, encontra uma porrada de pervertidos, machistas e egoístas... que te usam como objeto e se servem de você como se fosse uma boneca inflável. Por exemplo, escapei de um cara que queria fazer em mim, e também receber, lavagens intestinais com champanhe. Prefiro beber champanhe por outro orifício.

Evitei todos os que queriam me amarrar: detesto as restrições de movimento desde que nasci, como se pudessem acorrentar a liberdade, a minha liberdade.

Fugi de um cara que queria colocar *chantilly* no meu sexo para que seu gato me lambesse: sempre odiei lambidas de felinos e caninos e focinhos frios, e também escapei do cachorro do dono que estava no cio.

Evitei cuidadosamente as brincadeiras com chicote e todas as coisas fora dos meus sonhos e prazeres, mas vivi uma história espantosa para mim, fruto de minha grande curiosidade.

Eu tinha uma exposição e uma conferência numa escola de arte onde conheci um professor que, durante minha estada, me hospedou em seu grande *loft*. Diante de sua lareira, ele me acariciou de um jeito tão maravilhoso que gozei a noite toda, ele era um especialista em carícias.

No entanto, não tinha ereção; no meio da noite, perguntei: "O que está acontecendo? O que preciso fazer para você se excitar?", e depois de um longo silêncio – felizmente havia o crepitar da lareira... – ele respondeu: "Me mate". Respondi que era uma pena, mas não íamos gozar tão cedo! Ele me confessou ter ereções praticamente só com profissionais especializadas em dominação.

Eu não podia competir com elas, não tinha o equipamento necessário! Mas ele tinha e me colocou nas mãos objetos implacáveis. A coisa desandou para mim, porque, cada vez que eu o machucava, ele me amava ainda mais, e demonstrava isso de todas as formas possíveis. Essas brincadeiras duraram algum tempo, porque eu nunca tinha conhecido ninguém tão amável, terno e carinhoso, era maravilhoso e inigualável até hoje! Na minha vida cotidiana, ele se colocava à minha inteira disposição, fazendo absolutamente tudo na casa, e tudo que me agradava, ele previa todos os meus desejos... Era muito agradável e comovente, convincente...

Mas havia um preço a pagar por esse amor: eu precisava machucá-lo cada vez mais. Aos poucos, percebi que o escravo não era ele, ao contrário, eu estava ficando viciada nesse amor que ele me dava e que nunca tinha experimentado antes, com tanta intensidade e sem restrições, sem amor-próprio, e isso era estranho.

Sorrateiramente, eu me tornei a escrava do meu escravo. Ele pedia para ser amarrado, mas quem estava presa era eu! Muito presa! Isso resultou num conflito interno e numa relação muito complicada. Ele conhecia seus limites, mas eu não, e podia ultrapassá-los sem perceber. Seu joguinho era muito perigoso para ele, mas sobretudo para mim.

Então chegou o momento de romper.

No entanto, eu não deixava de procurá-lo porque achava meus outros relacionamentos amorosos extremamente sem graça em comparação com aquele amor tão forte, tão transparente, sem qualquer reserva, uma entrega total.

Detesto as coisas sem graça: em todos os meus pratos, preciso de tempero, alho, sal, pimenta, *curry*, cravo-da-índia, cúrcuma, gengibre, tomilho, açafrão, zimbro, louro, folhas de limoeiro, cardamomo... preciso de sabor, de especiarias. Só gosto do que tem um sabor acentuado e elaborado.

Eu sempre voltava, até o dia em que foi preciso parar com tudo. Eu não podia mais suportar essa situação: ser masoquista me parecia eventualmente pensável, mas achava ridículo ser sádica, fazer mal, fazer o mal, e não queria, de forma alguma, ser ridícula. Então procurei uma psicanalista e fui desabafar no divã sobre o que podia ter me escapado da minha psicanálise anterior de sete anos! Uma separação que me custou caro!

Enfim consegui romper, com um enorme alívio. Ufa! Foi por pouco! Champanhe!

Existem muitos mordidos por ORLAN, tenho uma boca pequena e dificuldade de abri-la suficientemente para os *sushis*, então, para esses homens de pau grande, pior ainda! Às vezes eu chegava a ficar com dor na mandíbula e com vontade de vomitar.

Apesar dos meus amores livres e da minha vontade de jamais corresponder exatamente ao que a sociedade e o outro esperavam de mim, aceitei me casar, pois era uma das poucas situações que eu ainda não tinha vivido. Por mais surpreendente que isso possa parecer, finalmente me casei com R.C., estudante de belas-artes de Lorient, depois doutorando, depois historiador da arte, depois presidente da AICA [Associação Internacional dos Críticos de Arte], e agora diretor da Escola Nacional Superior de Arte e Design de Reims. Foi no dia 14 de julho de 1993, na casa da minha amiga Gladys Fabre, que me emprestou sua magnífica propriedade familiar em Sologne. A residência era imensa e muito romântica, com grandes lagos e casas em estilo enxaimel distribuídas pelos bosques. Eu queria que esse casamento fosse uma performance completa, com muit.o.a.s amig.o.a.s artistas, como Joël Hubaut ou ainda Joëlle Léandre e seu contrabaixo, que nos presentearam com sua presença e sua música; ela é maravilhosa, tocando o corpo do seu contrabaixo de todas as formas possíveis, fazendo-o girar em torno dela, conversando com ele, cantando onomatopeias... É genial. O grupo Les Tétines Noires, com quem trabalhei no álbum *12 Têtes mortes* [12 cabeças mortas], arrasou com um show-performante muito intenso, muito "metal".

Esse casamento precisava estar entre a performance e o teatro, isso era fundamental para mim, pois recusei-me a me casar durante toda minha vida. Se aceitei fazê-lo, foi unicamente para que esse jovem parceiro tivesse um *status* diferente d.o.a.s outr.o.a.s amantes, para que se diferenciasse da profusão de jovens e de homens com quem saí durante toda minha vida. Para que ele se tornasse meu herdeiro, meu dependente, para que aparecesse em minha autobiografia como "marido", era algo sério! Era o porvir e o futuro mortífero a ser administrado.

Eu me casei de preto, numa roupa assinada por Issey Miyake, com metade do cabelo azul e metade preto, e ele usou um terno de couro preto com uma camiseta de seda azul brilhante combinando com meus cabelos. Estávamos "conectados".

A ironia é que também nos casamos na igreja. A ideia era surpreender, impressionar, ou até chocar muitas pessoas, mas não o fizemos de qualquer maneira: exageramos e ultrapassamos as convenções do casamento na igreja. E não foi em qualquer igreja, foi na Notre-Dame de Cléry-Saint--André, onde estão sepultados Luís XI e Carlota de Saboia, Jean Dunois e Carlos VIII. Assim como a Notre-Dame de Paris, esse edifício também foi restaurado por Eugène Viollet-le-Duc, e sua história me excitava...

Para mim, era o auge do deboche que eu poderia fazer em relação à religião e à instituição do casamento, e acariciar a extravagância de estar no local da crença, em que não acredito, colocando nisso uma total indiferença e ironia. Era um lugar de culto próximo das caças de Sologne de Gladys, e, para coroar, o padre estava apaixonado por Amanda Lear e falava dela sem parar! Ele aceitou nosso casamento em sua igreja sem nenhuma exigência, mesmo eu não sendo crente nem tido sido batizada. Ele não me obrigou a fazer catecismo nem a me batizar. Ufa! Eu não teria feito nada disso.

Ele também aceitou que o.a.s convidad.o.a.s usassem fantasias: meu padrinho, Joël Hubaut, estava vestido de dedetizador, outro de Papai Noel... e todos os outros de vermelho e branco. Para nós, a igreja era apenas um teatro num belo estilo gótico extravagante, e barato, onde podíamos interpretar personagens, tirar fotos, fazer performances, indo além dos estereótipos habituais desse tipo de cerimônia. Íamos filmar *Le Plan du film*, a cena do casamento, e a CBS News, com Connie Chung, e toda a equipe de Nova York estavam lá! Era muito importante para nós fazer daquilo uma festa delirante e desengonçada, desvirtuar o ritual habitual, como sempre fiz ao criar arte! Para mim, era como manipular a cruz branca e a cruz preta de cabeça para baixo ao mesmo tempo, como em minha obra *Skaï and sky and vidéo*. Era uma performance, uma obra vivida.

Uma das minhas séries de fotografias, intitulada *La Madone au jardin* [A madona no jardim], faz alusão e se hibrida com as fotografias tradicionais da noiva de branco em belas paisagens. Essas fotografias foram tiradas em Sologne, diante de uma pequena torre de pedra, no local onde nos casamos, e me representam entre a virgem branca e a noiva estereotipada, com um vestido longo e branco de napa, um couro falso para fazer lindos drapeados muito engraçados. Como meu marido se chamava Cuir[35], havia o verdadeiro e o falso, como sempre!

Também planejamos um grande jantar sob uma tenda, caso chovesse, organizado por um dono de restaurante acostumado a alimentar equipes de filmagem: a comida, em tecnicolor, estava extraordinária, e o filme foi um sucesso!

"Provavelmente há apenas cidadelas mal cercadas, mas não cidadelas impenetráveis", dizia o marquês de Vauban, e por isso eu nunca tinha me casado até então! Por essa razão, insisti em me casar no dia 14 de julho, dia da Tomada da Bastilha! Além disso, era a garantia de ter uma grande festa todos os anos, com muitos fogos de artifício só para nós. Mais tarde, criei uma obra em vídeo com fogos de artifício filmados da ilha de Gozo, durante nossa estada num vilarejo chamado *Amour*.

Com esse casamento, fiz o que provavelmente nunca mais me permitirei fazer, e não me permito fazer sem perjúrio contra mim mesma. Foi uma jogada comigo mesma para despistar completamente.

---

35. Couro em francês.

Era uma bela história: ele nasceu em 30 de maio, como eu! Não exatamente no mesmo ano!, pois ele era muito mais novo do que eu, 22 anos! Não é culpa minha! Eu realmente teria preferido encontrar alguém com experiência, cultura, conhecimento, nosso encontro foi totalmente imprevisto!

Fico feliz em ver cada vez mais casais em que a mulher é mais velha se exporem publicamente. Por exemplo, fiquei muito feliz quando constatei a diferença de idade entre Brigitte e Emmanuel Macron, expondo aos olhos d.o.a.s frances.e.a.s e do mundo um modelo de casal diferente do que costumamos ver. Vale notar que ainda é algo difícil de viver.

Os horrores ditos por Trump a Brigitte Macron testemunham os preconceitos, as imbecilidades misóginas ordinárias. Na França, ela foi estupidamente insultada por sua idade. Nossa união também não escapou disso e foi muito difícil enfrentar nossa diferença de idade, tanto para ele quanto para mim.

Foi Raphaël quem se aproximou de mim quando era estudante numa pequena escola de arte que só apreciava a pintura e o desenho, enquanto ele fazia, entre outras coisas, performances com uma jiboia, como Marina Abramović. Ele tinha lido artigos sobre minhas obras na *Art Press* e *Actuel* e gastou muita energia e tempo tentando me encontrar. Ele me cortejou com muita persistência. Procurou saber como faria para entrar em contato comigo, ligando várias vezes para a secretaria da Escola de Belas-Artes de Dijon, onde eu lecionava, para tentar falar comigo, mas, é claro, eu só estava lá duas vezes por semana. Um dia, ao passar pela secretaria, a secretária me disse: "Que bom que você apareceu, um jovem já telefonou umas dez vezes tentando falar com você, ele está na linha, quer atender?". Aceitei.

Ele disse que adorava meu trabalho e queria me convidar como artista palestrante da Escola de Belas-Artes onde ele estudava, em Lorient. Respondi: "Sim, por que não?", e dei a ele meu *e-mail*. Então ele tentou, mas o diretor da escola disse que o orçamento tinha acabado, e ele me fez uma proposta estranha: "Se você não se importar, posso convidá-la eu mesmo, pagando o que a escola pagaria. Em troca, gostaria muito que, após a palestra, você aceitasse ver minhas obras e me dizer o que acha delas".

Achei a proposta muito ousada e me diverti vendo um jovem estudante ter tanta vontade de que eu fizesse uma apresentação em sua escola a ponto de se dispor a me pagar. Mas, no fim das contas, os professores da escola, que me achavam muito provocante, não estavam muito interessados em me receber. Então ele me disse: "Como não posso trazê-la, mas preciso muito que você me ajude a passar na prova DNAP, se você concordar, posso ir a Paris e pagar como se você tivesse vindo dar uma palestra na escola". Comecei a ficar muito intrigada com seu pedido tão insistente e audacioso. Queria saber quem ele era e então aceitei. Já o achava formidável.

Ele veio até meu estúdio, na época eu tinha um grande ateliê em Ivry-sur-Seine, na Manufacture des Oeillets. Ele voltou diversas vezes, me dando um cheque ao final da sessão, e foi assim que nossa história começou. Ele acabou me convencendo, me emocionando. Ele estava muito apaixonado. Achei que seria só uma noite; durou 25 anos.

"As histórias de amor geralmente terminam mal", como cantavam os Rita Mitsouko! Mal, mal, mal, mal, mal, mal, mal, mal, mal, mal, mal, mal, mal, mal, mal, mal, mal, mal, mal, mal, mal, mal, mal, macho, macho, macho, macho...

Na separação, o pior foi o fim da esfregação!

Por diversas vezes, quase escrevemos a quatro mãos "Petit traité et éloge du bon attrapage" [Pequeno tratado e elogio à boa conchinha], para uso de todos e todas, sem distinção de geração. Esse *slow* horizontal, não cara a cara, mas pica no cu ou vulva no cu, que é deliciosamente praticado na cama, acalma e anuncia um sono magnífico, e belos sonhos. Às vezes até estimula a fazer amor novamente. Nós adorávamos essa posição e o prazer de um corpo quente envolvendo e construindo um ninho de carne para o outro. É muito desestressante e relaxante para se entregar aos braços de Morfeu, sem necessidade de sonífero como agora. Esfreguemo-nos uns nos outros, ora um, ora o outro.

O divórcio para as mulheres com mais de cinquenta anos constitui uma dupla punição, enquanto os homens até oitenta anos ou mais podem encontrar uma mulher muito mais nova sem nenhum problema ou gozação da sociedade, normalmente jovens entre 18 e 30 anos, no máximo 35! Quarenta, na pior das hipóteses!

Para as mulheres é bem diferente, é a solidão assegurada e a garantia de morrer sozinha.

Além disso, como artista, preciso encontrar rapidamente um herdeiro. O que é extremamente difícil, mas indispensável para que minha obra não caia no esquecimento, como acontece com muita frequência. É bem difícil. Aguardemos as cenas dos próximos capítulos...

Nosso divórcio amigável foi adiado em virtude do confinamento.

Para compensar, desenhei muito, inclusive casais, e escrevi diversos *"peauaimes"*, um mais dilacerante que o outro, mas sem essa intenção. Eles saíam estranhamente assim, sem querer, e todos falavam dessa separação.

Eis alguns exemplos sem retoques:
Tudo é fúnebre
Imponderável nas estrelas que se distanciam...
Desorientadas
Perder a cabeça confusa
Meu espírito rebelde pronto a pactuar
Por um pouco de trégua
Por um pouco de calma
Para que a garganta e o estômago
Desatem os nós
Encontrar a saída do labirinto
Se salvar... se salvar de si mesmo
Não ver mais sua sombra
Ver que o amor que tenho em mim
Que chia, abrir-lhe uma
Saída nesta noite sem sono
Para que saiam todas as
Imagens sujas do passado ao amanhecer
Num outro espaço, em outro
Tempo...
Em algum lugar... certamente há
Um outro eu
Nos meus sonhos.
Só há fraturas

Só fraturas
Elas precisariam se transformar em
Bocas
Que nada, em sexos!
Bocas que profeririam
Sem cessar palavras de amor
E sexos ternos e doces
Conjurando todas as dores

Todos os sofrimentos
Fazendo aparecer nascer
Pores de sol
Sem jamais desaparecer no horizonte
A luz estaria lá
E a vida estaria lá para sempre

O divórcio agora está consumado, nós o "festejamos" no dia 14 de julho em Reims, terra do champanhe e da coroação dos reis.

O hotel oferecido era um cinco estrelas. Nesse hotel, havia um excelente restaurante gastronômico estrelado, três estrelas no Guia Michelin! Mais uma vez estrelas! Eu adoro as estrelas, sendo filha de operário, só posso apreciar muito as estrelas, eu que às vezes dormi ao relento, como na Austrália, no Ayers Rock... No começo da nossa vida de casal, ele me deu de presente uma estrela com meu nome, ORLAN. Mais uma estrela!

O quarto, ou melhor, a suíte, de uma centena de metros quadrados, tinha uma cama bem larga, com um imenso edredom macio, voluptuoso e num branco imaculado, poderia abrigar umas quatro pessoas, até cinco! A parede enorme na cabeceira da cama tinha uma bela e imensa reprodução da pintura *A balsa da Medusa*, de Théodore Géricault, uma escolha muito acertada!

Terra à vista! *Coach* e mentor poderão descansar, a antropofagia vai parar, a loucura, a deriva, a dor, o naufrágio também, que naufrágio!

A resiliência não está no horizonte e o mar está revolto.

No meio da louca torrente, prometo a mim mesma estender a mão a alguém gentil e deixar à ressaca, à submersão, todos os narcisistas perversos e os rabugentos.

Talvez a vida ainda me carregue em seus braços?

Aguardemos cenas dos próximos capítulos...

"Nossa necessidade de consolo é impossível de satisfazer", diz Stig Dagerman.

Ele tem razão.

"Temos a arte para não morrer da verdade", diz Nietzsche.

Ele provavelmente tem razão!

De fato, tudo começa com a arte e se exorciza e ressurge com a arte, pois me resta a minha arte para não morrer deste traumático fracasso.

Eu me jogo de cabeça, me lanço perdidamente, em minhas obras, meus *peauaimes*, meus desenhos, o futuro do meu robô e seus desdobramentos por pesquisadores de IA, minhas inúmeras videoconferências, minhas entrevistas, os animais em perigo de extinção, minhas próximas exposições, incluindo a que acontecerá na primavera de 2021 na Galeria Ceysson & Bénetière em Paris. No dia 21 de março de 2021, último dia da exposição, apresentarei *Le Slow de l'artiste*, depois da minha performance *Le Baiser de l'artiste*, que aconteceu na FIAC em 1977. Oferecerei o que mais nos falta desde o dia 17 de março de 2020: o calor humano, os abraços, o corpo a corpo. Vejo essa dança como uma cura terapêutica nesse período difícil de distanciamento dos corpos.

Para essa obra, *Le Slow de l'artiste*, escrevi muitos textos, como letras de música lenta, e pedi a divers.o.a.s cantor.e.a.s e músic.o.a.s para criar melodias a partir de minhas letras. Depois, para cada uma, mandaremos fazer um vinil, e em cada capa haverá uma foto d.o.a. parceir.o.a e de mim mesma, e no final faremos um álbum completo com todos os *slows* criados. Quero aproximar os corpos sensual e sexualmente trazendo de volta a balada lenta, reatualizando essa dança desconhecida pelas gerações mais jovens.

Em cada exposição e cada sessão de autógrafos, vou propor uma dança comigo a quem já tomou a vacina, estando eu mesma vacinada.

E espero que, em breve, todo mundo dance o *slow* na entrega do prêmio François-Morellet, que me foi concedido por esta autobiografia por Danielle Morellet, Philippe Méaille, Marie-Caroline Chaudruc e Jean-Maurice Belayche, assim como na da minha Legião de Honra por Roselyne Bachelot.

Atualmente, o primeiro *slow* é um manifesto excelente, sensual, charmoso, composto e finalizado com Ornette e minha voz falada, lançado pelo selo Enchanté.

Esse *slow* termina com uma manifestação coletiva, com o *slogan*: "Nous sommes SLOWSEXUEL.LE.S!, nous sommes SLOWSEXUEL.LE.S!" [Somos SLOWSEXUAIS!].

A seguir, provavelmente, se tudo der certo: Arthur H, Catherine Ringer, Charlemagne Palestine, Chicks on Speed, La Femme, Régis Campo, Les Sans Pattes, Tanger, Les Tétines Noires, Thibaut Barbillon, Les Twin Twin, Pharoah Sanders e muitos outros, incluindo, espero, Björk e Iggy Pop, que têm vozes e rostos extraordinários.

Sou slowsexual, somos slowsexuais.

HAPPY END

ADORO ESTAR CONFINADA COM VOCÊ, É MIMOSO

GOSTO DE TUDO NESSE VOLUPTUOSO
CORPO A CORPO
COMO É BOM TER UM CORPO
COMO É BOM TER UM CORPO AMADO
UM CORPO DISPOSTO
DISPOSTO
DISPOSTO
UM CORPO CONSENSUAL E LIVRE
COMO O MEU CONTRA O SEU
VEM, VEM, VEM
SE INSCREVE NESTE SLOW
ESSA DANÇA INESQUECÍVEL
COMO A NOSSA
É TUDO RÁPIDO, RÁPIDO, RÁPIDO
E NÓS SOMOS
LENTOS
É DESLUMBRANTE
TE ADORO
ADORO ESTAR CONFINADA COM VOCÊ
É O MÁXIMO, O, O, O
É MIMOSO

ADORO ISSO
DANÇO SLOW
O DIA TODO
QUASE IMÓVEL
SÓ ME AUSENTO
PARA ME VACINAR
ADORO A PICADA
QUANDO ENTRA
QUANDO TUA AGULHA ENTRA
E VOCÊ GOZA FORTE
É DOCE, É QUENTE
ADORO TUA VACINA
TUA VACINA NÃO É FALÁCIA

ELA ME CURA DE TUDO
A VACINA FAZ O BEM
FIQUEMOS CONFINADOS A VIDA TODA
TRANQUILOS A VIDA TODA
ADORO FICAR CONFINADA COM VOCÊ
PERTO DE VOCÊ, É UM SONHO
É MIMOSO
ADORO ISSO
QUANDO SAIO COM O CACHORRO
FICO COM SAUDADE, SAUDADE, SAUDADE

SAUDADE DO SEU CORPO, COLADO AO MEU
VOCÊ É QUENTE, É BELO
É DOCE, É MEU DOCINHO, DOCE, DOCE
NÃO QUERO MAIS TRABALHAR
ESTAMOS BEM NOS ACARICIANDO, NOS ESFREGANDO
ADORO DANÇAR SLOW COM VOCÊ
ADORO ESTAR CONFINADA NOS TEUS BRAÇOS
TUAS MÃOS NA MINHA BUNDA
É UMA FESTA
É MIMOSO

ACELERA MINHAS PARTÍCULAS

É FANTÁSTICO
É TERRIFIC
ESSE SLOW
ESSA MÚSICA
QUE LENTAMENTE NOS CONDUZ
PRA ESSE FANTÁSTICO
CORPO A CORPO
MORTALMENTE VOLUPTUOSO
COMO É BOM UM CORPO
O CORPO
NÃO SEI SE VIVO UM AMOR LOUCO E DEFINITIVO
ESTOU LOUCAMENTE APAIXONADA
POR ESSE SLOW

ESSA DANÇA
QUE SE INFILTRA
SE INSCREVE EM NOSSOS CORPOS
ESTOU MUITO APAIXONADA POR ESSE INSTANTE QUE ABSORVO
ESTOU APAIXONADA POR TODO MEU CORPO
QUE SÓ TE QUER BEM
QUE SÓ TE QUER BEM

EU TE QUERO BEM
TE ABSORVO
ISSO ACELERA MINHAS PARTÍCULAS
E VOCÊ GOZA
MEU CLITÓRIS SORRI PARA TODOS OS TEUS MOVIMENTOS
CONTINUA, NÃO PARA
O DESEJO ESTÁ AQUI
GOSTO DA TUA COXA ENTRE MINHAS COXAS
TUAS MÃOS NA MINHA CINTURA
TUAS MÃOS NA MINHA BUNDA
ISSO ACELERA MINHAS PARTÍCULAS
VEM, VEM, VEM
SONHAMOS QUE GOZAMOS
ME MANDA PRO CÉU
DELÍCIA ESSE MOMENTO DOCE E EXULTANTE
ESSE MOMENTO É DELÍCIA, DELICIOSO
CORPO A CORPO
NÃO SEI MAIS SE SOU HÉTERO
OU HOMO OU LÉSBICA E/OU SAPIOSSEXUAL E/OU
POLIOAMOROSA E/OU BISSEXUAL E/OU MONOSSEXUAL
SOU SKOLIOSSEXUAL E/OU DEMISSEXUAL OU GRAYSSEXUAL
SOU CHAPEUSSEXUAL E/OU SLOWSEXUAL

SOU TUDO
SOU TODOS
SOU TODAS
SOU TUDO, TUDO AO MESMO TEMPO SOU VOCÊ
SOU TODO MUNDO
SOU FORA DO MUNDO
AMO TUDO NESSE LÂNGUIDO

CORPO A CORPO, TER UM CORPO
TER DOIS CORPOS
COMO É BOM UM CORPO QUE AMAMOS
UM CORPO QUE DESEJA
DOIS CORPOS QUE DESEJAM
UM CORPO CONSENSUAL E LIVRE
DOIS CORPOS CONSENSUAIS E LIVRES
COMO O MEU CONTRA O TEU
VEM, VEM, VEM
ENTRA NESTE SLOW
UMA DANÇA INESQUECÍVEL
COMO A NOSSA
LIVREMENTE, LIVREMENTE
VOCÊ QUE É VOCÊ
EU TE AUTORIZO A SER EU
EU QUE SOU EU

EU ME AUTORIZO A SER VOCÊ
EU TE AUTORIZO A SER EU

POSLÚDIO POÉTICO

DRIPPING, AVIÃO SUPERSÔNICO, JEAN CASSOU ABRE O MUSEU DE ARTE MODERNA DA VILLE DE PARIS, ACTION PAINTING... SAÍDA DO DIABO DO CORPO: NASCIMENTO DE ORLAN...

TRANSÍSTOR, LENTES, PASSAGEM DA BARREIRA DO SOM, 47 INÍCIO DE VIDA – RISCO DE MORTE, GOLPE DE CALOR DO RECÉM-NASCIDO, RECUSA DA EXTREMA-UNÇÃO, "ESCOLHI A LIBERDADE" (KRAVCHENKO), SEM BATISMO...

A CASA ESTÁ SENDO PERSEGUIDA, NÃO É UM RAÏ – VIA FÉRREA – LÉO AINDA NÃO CHEGOU E VAI SER "EXTRA" MAIS TARDE, NA FRENTE DA IGREJA, A PRÉ-ESCOLA ONDE PERECERAM MUITAS CRIANÇAS SOTERRA-DAS SOB AS BOMBAS.

O PAI ESPERANTISTA (ELA APRENDE O IDIOMA) ANTICLERICAL, ANAR-QUISTA, LIBERTÁRIO, RESISTENTE; COMO ELETRICISTA VAI DE BICICLETA DE DOIS ASSENTOS COM A MÃE ATRÁS, PEDALAM...

A MÃE, A MÃE É MÃE, A MÃE COSTURA, COSTUREIRA EM SEU TEMPO; AMBOS NUDISTAS NOS CAMPOS.

O AVÔ É METICULOSO E ENDIVIDADO – O FIO DA NAVALHA – ELE JOGA DAMA... ORLAN APRENDE... MAIS TARDE SERÁ O XADREZ.

A AVÓ MORRE, VERSÃO OFICIAL: EM DECORRÊNCIA DE UM SUSTO VERSÃO ORIGINAL: ENVENENAMENTO DO SANGUE ELA NUNCA DESCO-BRIRÁ QUE DOENÇA FOI ESSA.

DEPOIS DA GUERRA:

A BOA COMIDA É IMPORTANTE: (7 TORRÕES DE AÇÚCAR NO CAFÉ) FÔLEGO, SUFLÊS, COELHINHOS, BATATAS DOURADAS AO FORNO, BEM GORDUROSA; GEMADA CARAMELIZADA, FLOR DE LARANJEIRA (MAIS TARDE E MUITO RECENTEMENTE ORLAN REDESCOBRE O SABOR DA INFÂNCIA DO ÓLEO DE CANOLA PROSCRITO COMO O ABSINTO HÁ MUITO TEMPO; MAIS TARDE ELA FARÁ RÓTULOS PARA "A FADA VERDE").

"COMA PARA QUE EU TE AME, COME PORQUE TE AMO, COMA ATÉ QUE SÓ EU POSSA TE AMAR", BEBEMOS VINHO LOUCO (HENRI MAIRE) QUE LOUCURA! COMO RIMOS, ARROZIMOS DE LANTEJOULAS DO LICOR COM FLOCOS DE OURO QUE DEGUSTAMOS DEPOIS DO JANTAR E RIMOS DE TUDO E DE TUDO.

É TEMPO DE RISOS COM MARINETTE E JOSEPH E SUA IRMÃ ADMIRÁVEL, MARINETTE CANTA MUITO BEM OPERETA E ÓPERA: "SEMPRE SORRINDO, O CORAÇÃO TRISTE, SEMPRE SORRINDO E NADA DIZENDO" SIM MAS... SEM BANHEIRA, ÁGUA FRIA, AQUECIMENTO A CARVÃO, TSF, SEM TELINHA SIM MAS...

FÉRIAS REMUNERADAS O PAI A MÃE VÃO À PRAIA VILLEFRANCHE-SUR--MER AS FILHAS JUNTO: SEIXOS, ESCALADAS, BOIA... CARNAVAL DAS FLO-RES (NICE ESTÁ PRONTA); BICHANO (NÃO TEM GATO EM CASA) ENFIA UM DEPOIS DO OUTRO SEUS DEZ DEDOS EM FLORES DE LARANJEIRA DE GRANDES CÁLICES E DANÇA-INDIANA... RISOS... É O MÁXIMO.

ELA SONHA SER EXPLORADORA. ELA POSA PARA AS FOTOS PRETO E BRANCO SEGURANDO A CAUDA DO LEÃO, SUA IRMÃ MAIS VELHA ESTÁ SENTADA NO DORSO DA ESCULTURA EM BRONZE: JARDIN GARIBALDI: ELA TEM RAIVA DE SER PEQUENA.

SEU PAI FRANÇOIS... ATACA... MAIS TARDE ELA LHE DEDICARÁ UM VÍDEO COM ESSE CHARMOSO POEMINHA INFANTIL ESCRITO PARA SEU TÚMULO "VOCÊ COLOCOU TODOS OS VAGA-LUMES DA TERRA EM VOLTA DO SEU CHAPÉU E SE AFUNDA NA NOITE... AGORA SEI DE ONDE VÊM AS ESTRELAS" ELE CONHECIA O NOME DAS ESTRELAS, FALAVA DA NOITE DO INFINITAMENTE PEQUENO DO INFINITAMENTE GRANDE E COLHIA PIRILAMPOS "ESTRELAS CADENTES" VIA LÁCTEA, INFÂNCIA... SONHO... ELA FICA NOITES INTEIRAS ACORDADA TENTANDO ENCONTRAR ALGO INTERESSANTE PARA LHE DIZER (MAIS TARDE ELA SE TORNARÁ INSONE) ELA NÃO AGUENTA MAIS NÃO SER GRANDE.

PRIMEIROS PASSOS NO PALCO (MAIS TARDE ELA DETESTARÁ OS PAL-COS): RATINHO, TUTU-COMBINANDO, TÍMIDA MAS GRANDE ESPACATE.

*TEATRO ("A PEQUENA VENDEDORA DE FÓSFOROS". CURSO DE ARTE DRA-
MÁTICA DEPOIS "AS TRÊS CAMPAINHAS" (MAIS TARDE ELA FARÁ 400):
"MADAME DUMOLET VAI VIAJAR" – MAIS TARDE ELA VIAJARÁ MUITO –
CONSERVATÓRIO LAVILLIERS BERNARD TAMBÉM TEVE "FEDRA", "O CAR-
TAZ VERMELHO", "O ANÚNCIO A MARIA"... "A JOVEM VIÚVA BATE A CARA
NAS FOLHAS OBRA-PRIMA DE JEAN DE LA FONTAINE" O SOTAQUE DESA-
PARECE, A DICÇÃO É BOA: 1º PRÊMIO DE TRAGÉDIA... MAIS TARDE PEN-
SARÃO QUE ELA É UM HOMEM AO TELEFONE.*

*ELA ESCREVE PROSESIAS ESCRITAS, E PINTA SUAS PRIMEIRAS PIN-
TURAS, ZEN, ZAZEN, IOGA, MÍMICA, VOMITA E GRITA SEUS POEMAS,
ONE WOMAN SHOW COM TEXTOS DE CHAR, ARAGON, RIMBAUD, VER-
LAINE, PRÉVERT, LORCA, QUENEAU, PONGE, CHARLES CROS "ARENQUE
FUMADO" HABITUÉE DO "BON PICHET" COM SEUS AMIGOS POETAS (ELA
AMA OS CRAVOS), H.S.F. E OS ARTISTAS DE SUA LAVRA: DIDI, BUSSIÈRE,
GIRAUDON, PÉCOUD, OLLAGNON TODOS MORTOS E/OU DESCONHECI-
DOS SEM MONUMENTO.*

*GIZ NAS CALÇADAS, CASA DE APOSTAS, VENDA DE: DOCES, LÍRIOS-
-DO-VALE, ESCOVAS PARA CEGOS, MERCADO DE PULGAS, CALENDÁRIOS
PARA PARALÍTICOS: OS DOMINGOS SÃO BEM OCUPADOS! MAIS TARDE
NÃO HAVERÁ DOMINGO (E ÀS VEZES COLHEITA DE COGUMELOS OU MIR-
TILOS PRINCÍPIO DE ECONOMIA).*

*ENTRE SAINT-ÉTIENNE, ROCHETAILLÉE, MONTREYNAUD – O JARDIM
ONDE ELA ADORA ENXERTAR – (MAIS TARDE ELA NÃO SE PRIVARÁ DISSO)
ELA GUARDA AS VACAS NÃO RAIVOSAS COM A FAZENDEIRA E O FAZEN-
DEIRO DA REGIÃO (+ QUENTE-FRIO) A CABRA, PONT-DE-LIGNON, AUREC,
BAS-EN-BASSET... A SEMANA: BELAS-ARTES (ANTES DA REFORMA) CÓPIA
DE GESSO... DESENHOS DE CASTANHEIRAS NO OUTONO, GARRAFAS,
ALHO-PORÓ, CEBOLAS... ORLAN NÃO CHORA ELA DANÇA MODERNO
(MAS ANTES DE B.A. ELA PINTAVA ABSTRATO, LÍRICO E MATTERISTA) COR-
TAM-LHE ISSO!... ELA FUMA CACHIMBO ADORA GEORGE SAND DEPOIS
SAI FORA DAS BELAS-ARTES!*

*ANTES DE SEU PRIMEIRO AMOR CABILA, ELA SE ESFORÇA PARA SE
DEFLORAR COM MEIAS GARRAFAS DE CERVEJA E DE CHAMPANHE PARA
QUE ESTOURE! SEM TAMPÃO, É DE FAMÍLIA! SUA MÃE TAMBÉM GOSTAVA
DE CHAMPANHE... MAIS TARDE ELA COLOCARÁ GARRAFAS DE CHAM-
PANHE NO TÚMULO DE SUA MÃE... ESTAR À ALTURA LOGO SE TORNAR
ADULTA... MUITO CRÍTICA DA SOCIEDADE... ELA SE SENTE DIFERENTE
E MUITO CHOCADA DE VER NO ESPELHO UMA JOVEM LINDA DEMAIS,*

POSLÚDIO POÉTICO

NORMAL DEMAIS, BONITA DEMAIS: BANAL! MAIS TARDE ISSO LHE SERÁ MUITO ÚTIL... MAIS TARDE ELA QUESTIONARÁ ESSA IMAGEM...

EM 64 ELA DECIDE TER DEZESSETE ANOS, ELA AGRADA AOS HOMENS "NÃO SE É MADURO QUANDO SE TEM DEZESSETE ANOS... AS TÍLIAS CHEIRAM BEM NAS BOAS NOITES DE JUNHO, O AR ÀS VEZES É TÃO DOCE QUE FECHAMOS A PÁLPEBRA..." E "SOB A PONTE MIRABEAU CORRE O SENA" (ELA SONHA EM SUBIR PARA A CAPITAL) MAIS TARDE ELA IRÁ A LYON PRIMEIRA ETAPA ANTES DE PARIS "EM PARIS NUM CAVALO GRIS, A ISSOIRE NUM CAVALO NOIR AH! COMO É LINDO! COMO É LINDO! TIOU!".

ELA VIVE MUITO RÁPIDO PARA TER TEMPO DE CRIAR AÇÕES ORLAN-CORPO EM MARCHA LENTA FINALMENTE FAZ SUAS PRIMEIRAS PERFOS.

LOGO 68 ABORTOS, MANIF. ENCONTRO, FEMINISMO, A PÍLULA! A PÍ-LULA!, A PÍ-LULA!, A PÍ-LULA!, A PÍ-LU-LA!, A PÍ-LU-LA!... JUVENTUDE COMUNISTA BREVE! PRIMEIRA FOTO NUA, ELA SE AMA, ELA É AMADA...

PROFESSORA PARA O QUE PODE E O POUCO QUE SABE; CRIANÇAS, ADOLESCENTES, MULHERES DO INTERIOR QUE SAÍRAM DE CASA PARA SE DIVERTIR.

A CASA DE CULTURA (VIVA MALRAUX!) COM ARTIAS PINTOR ELA COORDENA ATELIÊS JEAN-LOUIS MAUBANT ESTÁ LÁ E ALAIN MANEVAL E CYRILLE SABATIER E HÉLÈNE STEMLER E IRÈNE... ELA FAZ COMÉDIA: BELOS ENCONTROS JEAN DASTÉ, EMILIO CARBALLIDO, BRECHT... ELA ENCONTRA P.D. UMA BELA HISTÓRIA SE SEGUIRÁ, VIAGEM À ÁFRICA (ORLAN CONTROLA A PRESENÇA, DESARMA OS TOBOGÃS, MAS NÃO REFLETE) COM UM PSI-PSICANALISTA.

ELA COMEÇA UMA ANÁLISE ISSO NÃO FARÁ MAL! ELA CONTA SUAS HISTÓRIAS...

*SE VOCÊ QUER SABER MAIS
DEPOIS DE TER LIDO ESTE LIVRO:
VISITE MEU SITE ORLAN.EU
LEIA MINHA BIOGRAFIA PROFISSIONAL
E PARA SABER TUDO:
TORTURE MEU PSI E MINHA PSI.
QUESTIONE MEUS AMANTES E MINHAS AMANTES,
SEDUZA MEUS INIMIGOS E MINHAS INIMIGAS;
ME ENCONTRE...*

*OU MELHOR AINDA:
ESCREVA VOCÊ MESMO A CONTINUAÇÃO DA HISTÓRIA...*

AGRADECIMENTOS

Terminei de escrever esta autobiografia em Mareuil-sur-Lay, no departamento de Vendée, num contexto bem diferente daquele em que a comecei. No reino do meu bom príncipe, amigo e grande artista Fabrice Hyber. Ele teve a gentileza e a generosidade de me escancarar as portas de sua residência onde reinam árvores, terra, pássaros e o mar um pouco mais adiante. Tudo no local tinha um bom humor, essa residência terapêutica do Vendée permitiu que eu me encontrasse comigo mesma, frente a frente com a escrita, mas não sozinha – detesto ficar sozinha neste momento –, cercada de outros artistas, como Elian Lille, que também estava terminando sua autobiografia, estávamos muito "bio-bio"! Organicamente bio, escrita e alimentação inclusas!

Essa bioterapia começou com um prato incrível criado por um grande *chef*, e outros se seguiram a cada hora, do meio-dia à meia-noite, para uma longa festa de aniversário em homenagem a Fabrice Hyber.

Adoro aniversários, são uma vitória, estamos vivos, estamos na superfície das coisas, os outros estão mortos. "São sempre os outros que morrem."

Ali, no meio das telas virgens, penduradas às dezenas nas paredes em que Fabrice ia e vinha para desenhar e pintar, escrevi sem estresse, serenamente, banhada pela benevolência, a emulação e os valores de compartilhamento de que cada pessoa presente era dotada.

Não buscando, como é meu costume, calcular os segundos, os minutos, calcular sem cessar o prazo, o orçamento para cada uma de minhas ações, escrevi, reescrevi, me esmerei para que o processo de escrita terminasse e eu pudesse me orgulhar dele.

Fabrice Hyber é um ser humano lindo, sempre positivo, com uma paixão criativa, e me arrastou como se estivéssemos num turbilhão, me tirou da minha depressão.

Vê-lo trabalhar como eu, de manhã à noite (ele é mais diurno e eu sou mais noturna), em suas paredes ou diretamente em antigas tapeçarias, ou em quantidades astronômicas de pratos pintados e desenhos, me deu o fôlego necessário para concluir os últimos capítulos do livro e atenuou meu cansaço moral. Fabrice Hyber me ensinou a retomar a confiança em meus algoritmos, que foram desenvolvidos ao longo de minha obra e de minha vida.

Recomecei a desenhar num caderno de papel bonito que ele me deu, e não penso mais em parar... Aguardemos as cenas dos próximos capítulos!

Quero registrar aqui meu agradecimento por sua amável solidariedade com outros artistas, e sobretudo a que teve comigo.

Ainda que Clemenceau tenha dito a Monet: "Dizer-lhe obrigado seria absurdo, não se agradece um raio de sol".

Também agradeço muito a outro sol, Donatien Grau, que me deu o impulso e a paixão para escrever este livro, leu meu texto e fez considerações sobre ele.

Outro sol maravilhoso, Jean-Loup Champion. Ele me deixou muito feliz e me deu um presente enorme com seu entusiasmo em publicar este livro, e, é claro, Antoine Gallimard e Anne Lagarrigue, Arnaud Jamin.

Por suas leituras e conselhos, ou pela presença, quero também agradecer a: Omar Atoini, Enki Baudeigne, Lionel Blot, Maria Bonnafous-Boucher, Olivier Brachat, Jorick Brillant, Nathalie Darricau, Manuele Destors, Anaïs Docteur, Amélie Doreau-Knindick, Gladys Fabre, Salomé Fau, Sylvie Fouret de Saint Pierre, Geneviève Fraisse, Raphaël Gatel, Michel Hanser, Arnaud Jamin, Eve Kahn, Ariel Kyrou, Sarah Lolley, Marc Partouche, Yannik Piel, Margaux Plessy, Alain Quemin, Joël Raffier, Julie Rouart, Gustavo Schettino, Ana Paula Simioni, Lou-Justin Tailhades, David Teboul, Leïla Voight...

e a toda a equipe da minha galeria Ceysson & Bénétière, como Loïc Bénétière, François Ceysson, Loïc Garrier, Brice Lorthiois.

Gostaria de agradecer também toda a equipe do Sesc São Paulo e das Edições Sesc pelo excepcional trabalho, especialmente Simone Oliveira e Thiago Lins, e agradeço Mathilde Barrois das Éditions Gallimard, por ajudar a tornar possível esta edição brasileira do meu livro.

Agradeço também às pessoas mencionadas aqui e ali neste livro, não todas as célebres no sentido primeiro do termo, mas integrantes do meu círculo íntimo, como uma família que construí. Da qual realmente venho, a que reivindico, minhas próprias celebridades, meus super VIP.

Obrigada a todos e todas que não pude citar neste livro, mas que fazem parte da minha vida e sabem disso. Essas pessoas foram intercessoras, como também foram as músicas, o.a.s autor.e.a.s, o.a.s artistas, os livros que cito.

A TODOS, A TODAS, DESLIZO MEUS MILHÕES DE DEDOS NOS SEUS PARA SE CONHECEREM POETICAMENTE

Obras citadas

Oscar Wilde, *Le Déclin du mensonge*, Allia, 1997; Victor Hugo, "Les Djinns" em *Les Orientales*, "Poésie / Gallimard", 1981; Jorge Daniel Veneciano, Rhonda K. Garelick (dir.), *Fabulous Harlequin: ORLAN and the Patchwork Self*, University of Nebraska Press, 2010; Marina Abramović, *Traverser les murs. Mémoires*, Fayard, 2017; Marcelin Pleynet, *L'Enseignement de la peinture*, Le Seuil, 1971; Franz Kafka, "Joséphine, la cantatrice", em *Œuvres complètes*, Gallimard, "Bibliothèque de la Pléiade", t. II, 1980; Eugénie Lemoine-Luccioni, *La Robe*, Le Seuil, 1983; Roland Barthes, *L'Empire des sens*, Flammarion, 1995; Laure Adler, *Manifeste féministe*, Autrement, 2011; Michel Serres, *Le Tiers-Instruit*, Le Pommier, 2018; Sigmund Freud, *La Tête de Méduse*, trad. Marthe Robert, *Revue française de psychanalyse*, PUF, mai-juin 1981; Virginie Despentes, *King Kong Théorie*, Grasset, 2006; Geneviève Fraisse, *Les Excès du genre*, Éditions Lignes, 2014; Paul B. Preciado, *Je suis un monstre qui vous parle*, Grasset, 2020; Alphonse Allais, "Un rajah qui s'embête" em *Œuvres anthumes*, Robert Laffont, 1989; Benoîte Groult, *Ainsi soit-elle*, Grasset & Fasquelle, 1975; Walter Benjamin, *Enfance berlinoise vers 1900*, Hermann, 2014; Léo Ferré, *C'est extra*, issu de l'album *L'Été 68*, Barclay, 1969; Marcel Griaule, *Dieu d'eau. Entretiens avec Ogotemmêli*, Fayard, 1966.

Índice onomástico

A

Abramović, Marina: 82-85, 302, 311
Acquaviva, Frédéric: 188
Adler, Laure: 147, 244
Agullo, Thierry: 183
Aillagon, Jean-Jacques: 150, 225, 266
Alaïa, Azzedine: 176
Albert de Mônaco: 266
Alechinsky, Pierre: 287
Alexandre, Laurent: 169
Allais, Alphonse: 139, 255
Allemand, Maurice: 183
Alvaro, Egidio: 253
Amorós, Grimanesa: 128
Anderson, Laurie: 123
André, Delphine: 162
Anker, Suzanne: 127, 128, 294
Aragon, Louis: 65, 292, 323
Ardenne, Paul: 234
Ardouvin, Pierre: 294
Argento, Asia: 196
Aristófanes: 151
Aristóteles: 292
Arrabal, Fernando: 176
Artaud, Antonin: 135, 139, 145, 152
Artias, Philippe: 75, 324

Aulagnier, Daniel: 97
Avril, Arman: 98

B

Bach, Johann Sebastian: 100
Bader, Joerg: 191
Baere, Bart de: 82, 83, 271
Baez, Joan: 304
Bajac, Quentin: 125
Baker, Joséphine: 258
Balpe, Jean-Pierre: 168, 215
Barbara: 304
Barbier, Colette: 69
Barré, François: 141
Barrière, Michèle: 106
Barthes, Roland: 134
Bauerfeind, John: 137
Baupin, Denis: 243
Bayer, Herbert: 252
Beauvoir, Simone de: 248, 258, 290
Bécaud, Gilbert: 102
Bechet, Sidney: 295
Becker, Jacques: 229
Beckley, Connie: 119
Beekman, Bernadette: 127, 128, 294
Beigbeder, Frédéric: 290
Bekas, Jeanne: 168

Belew, John: 133
Belmondo, Jean-Paul: 293
Ben: 128, 158, 179, 270, 300
Ben David, Anat: 198, 200
Bénetière, Loïc: 184, 185, 328
Benigni, Roberto: 251
Benjamin, Walter: 35, 148, 224, 268
Bernabeu, Mira: 189
Bernard, Jean-Jacques: 234
Bernard, Jean-Patrice: 162
Bernard, Philippe: 265
Bertrand Dorléac, Laurence: 161
Besacier, Hubert: 98, 118
Beurard-Valdoye, Patrick: 97
Beurdeley, Jean-Michel: 162
Beuys, Joseph: 293
Bex, Flor: 83
Bhabha, Homi K.: 44, 175
Bijl, Guillaume: 81, 83
Bizot, Jean-François: 101, 298, 299
Björk: 114, 115, 302
Blaine, Julien: 183, 294
Blanchard, Jacques: 254
Blanchot, Maurice: 105
Blistène, Bernard: 216, 227, 294
Blum, Léon: 244

Bocuse, Paul: 91
Boehm, Lell: 57, 184
Böhmer, Geneviève: 98
Bonito Oliva, Achille: 271
Bonnafous-Boucher, Maria: 101, 130, 152, 207, 268, 294
Bonnaire, Sandrine: 240
Bory, Jean-François: 183
Botticelli, Sandro: 149, 305
Bourcier, Sam: 244
Bourdieu, Pierre: 244
Bourgeois, Caroline: 66
Bourriaud, Nicolas: 99
Boussiron, Xavier: 196
Bousteau, Fabrice: 69, 233, 293
Bouteille, Romain: 299
Boutin, David-Hervé: 258
Bouvard, Philippe: 101, 102
Bouvet, Jean-Christophe: 234, 304
Bowery, Leigh: 302
Bowie, David: 227
Boy, George: 302
Brachat, Olivier: 162
Brecht, Bertolt: 68, 213, 324
Breyne, Jean de: 97
Bruand, Aristide: 293
Bruno, Mme: 105
Brus, Günter: 135
Buci-Glucksmann, Christine: 142, 224, 227, 294
Bussière, Alain: 71, 323
Bukdahl, Else Marie: 224
Burbulis, Gennady: 69
Buren, Daniel: 158, 159
Burnichon, Marie-Cécile: 294
Burnier, Michel-Antoine: 299
Burroughs, William S.: 298
Butler, Connie: 107
Butor, Michel: 105

C

Cadot, Farideh: 119
Cage, John: 123, 158
Cahun, Claude: 252
Caldeberg, Charlotte: 137
Callas, Maria: 304
Candet, Cyrille: 228, 294
Candet, Nadia: 294

Carballido, Emilio: 324
Cars, Guy des: 292
Catlin, George: 153
Catts, Oron: 207
Cauly, Arnaud: 159
Cayla, Pascale: 294
Celan, Paul: 35
Céline (Louis-Ferdinand Destouches): 244, 292
Cendrars, Blaise: 105
Ceysson, Bernard: 183-187, 191
Ceysson, François: 185
Char, René: 105, 150, 247, 323
Charles, Ray: 304
Carlos VII: 93
Carlos VIII: 309
Charlier, Jacques: 81
Carlota de Saboia: 309
Chateaubriand, François-René de: 292
Chauvel-Lévy, Léa: 187
Cher: 302
Chéreau, Patrice: 68, 184
Chevalier, Miguel: 128, 161, 264
Choderlos de Laclos, Pierre: 244
Chrismas, Douglas: 179
Christo: 261
Chung, Connie: 141, 310
Cioran, Emil: 35, 36, 67, 72, 278
Clark, Larry: 196
Clemenceau, George: 328
Cocteau, Jean: 221
Cogeval, Guy: 332
Cohen, Leonard: 304
Colette, Sidonie-Gabrielle: 105
Coll, Caroline: 270
Coluche (Michel Colucci): 291, 298, 299
Combas, Robert: 127, 198, 264
Condorcet, Nicolas de: 244
Confúcio: 292
Corillon, Patrick: 234
Correggio: 254
Courbet, Gustave: 214, 304
Couturier, Arlette: 294
Couturier, Élisabeth: 55
Couturier, Marc: 128, 264, 294

Cramer, Marjorie (Dr.): 138, 141, 176
Crasset, Matali: 302
Cronenberg, David: 225
Cros, Charles: 105, 323
Cuir, Raphaël: 139, 141, 310, 311
Curie, Marie: 209

D

Dagerman, Stig: 314
Dasté, Jean: 68, 73, 184, 324
Daumal, René: 279, 301
Davies, Mike: 215
Davis, Miles: 303
Debray, Cécile: 125
Decerle, Alain: 72
Delacour, Roseline: 128
Deleuze, Gilles: 35, 105, 160, 251, 267, 270
Delfin, David: 154
Dembo, Richard: 234
Depardieu, Gérard: 304
Dercon, Chris: 139
Dereux, Philippe: 98
Deroudille, René: 118
Derrida, Jacques: 105, 270
Deshimaru, Taisen: 73
Deslandes, Circé: 196, 198
Despentes, Virginie: 237
Dettinger, Alain: 104
Develay, Frédéric: 158
De Vos, Joanna: 271
Dewaere, Patrick: 299
Didi-Huberman, Georges: 50, 59
Didi, Marcel: 59, 184, 323
Di Rosa, Hervé: 128, 294
Di Rosa, Victoire: 294
Djaïdani, Rachid: 234
Docteur, Anaïs: 168
Doléac, Florence: 264
Dombasle, Arielle: 196
Donguy, Jacques: 106, 182
Donguy, Jean: 106, 182
Dossena, Julien: 196
Dreyfus, Charles: 183, 264, 294
Dreyfus, Jean-Claude: 234
Drouet, Juliette: 121
Duchamp, Marcel: 21, 37, 129, 264, 272

334

Dunois, Jean: 309
Duplaix, Sophie: 216, 233
Dupuy, Jean: 124, 254
Durant, Régis: 77
Duras, Marguerite: 105

E

Ebelle, Maelle: 185
Eco, Umberto: 48, 161
Eersel, Patrice Van: 299
Ehrenberg, Alain: 168
Einstein, Albert: 248
Ellington, Duke: 304
Eno, Brian: 304
Enrici, Michel: 227
Enthoven, Raphaël: 160
Ergino, Nathalie: 302
Ernoult, Nathalie: 240, 294
Eva e Adele: 302

F

Fabre, Gladys: 105, 106, 129, 141, 162, 308
Fabre, Jan: 83, 84, 120, 271
Fargier, Jean-Paul: 141
fatmi, mounir: 128, 145, 186, 234
Faure, Henri-Simon: 57, 184
Favier, Anne: 185
Feingold, Ken: 179
Ferlier, Ophélie: 304
Ferré, Léo: 296, 304
Ferrer, Esther: 183, 294
Fillliou, Robert: 278, 294
Firman, Daniel: 186
Fitzgerald, Ella: 304
Flammarion, Jean-Noël: 185
Fleck, Robert: 294
Fleischer, Alain: 111
Floyd, George: 263
Focillon, Henri: 148
Forti, Simone: 123
Foucault, Michel: 90, 168
Fouquet, Jean: 91-93, 152
Fourier, Charles: 244
Fraisse, Geneviève: 240, 243, 264
Franchini, Gianfranco: 215
Franco B.: 84
François, Serge: 294

Frémiot, Joëll: 97
Freud, Sigmund: 198, 199
Friedmann, Gloria: 264
Fromanger, Gérard: 128
Froux, Sylvie: 188
Frydman, Jacqueline: 294

G

Gabin, Jean: 293
Gagosian, Larry: 181
Gainsbourg, Serge: 154, 299, 302
García Lorca, Federico: 323
Garrier, Loïc: 185
Gary, Romain: 35, 251
Gatel, Raphaël: 162
Gaudelet, Nicolas: 168
Gaultier, Jean-Paul: 139, 195
Gauzy, Paul: 97
Gayet, Julie: 240
Gentileschi, Artemisia: 91
Géricault, Théodore: 314
Gering, Sandra: 128, 141, 142, 176
Gerz, Jochen: 158
Gette, Paul-Armand: 158
Giorno, John: 124, 144, 183
Giraudon: 184, 323
Giroud, Michel: 100
Glass, Philip: 68, 304
Godard, Jean-Luc: 229
Gondry, Michel: 196
Gonnard, Catherine: 240, 294
Gonz, Francesco: 225
Gorz, André: 35
Gouges, Olympe de: 237
Goya, Francisco de: 305
Grand Corps Malade: 302
Grau, Donatien: 130, 140, 151, 175, 176, 254, 281
Gréco, Juliette: 304
Griaule, Marcel: 301
Groult, Benoîte: 258
Grünberg, Serge: 234
Guattari, Félix: 105, 160, 267
Guggémos, Alexia: 115, 266, 294
Guichard, M.: 184
Guigonti, Bruno: 206
Guillaume, Valérie: 125

Gupta, Subodh: 232

H

Hagen, Nina: 121
Hains, Raymond: 234
Halbert, Jacques: 215, 294
Haraway, Donna: 270
Harvey, Emily: 123
Hauser, Jens: 184, 206
Hegedus, Sandra: 162
Hegyi, Lóránd: 191, 230
Heidsieck, Bernard: 183
Heinisch, Barbara: 119
Hemingway, Ernest: 35
Hendricks, Geoffrey: 124
Hendricks, John: 123, 124
Hennebert, Diane: 224
Hennig, Jean-Luc: 298
Henric, Jacques: 77
Henrot-Tardivier, Constance: 168
Henry de Sussex (dito príncipe Harry): 244
Hill, Eli: 187
Hitler, Adolf: 112
Höch, Hannah: 252
Holiday, Billie: 295
Hollande, François: 246
Honoré, Christophe: 196
Hopper, Dennis: 124
Hubaut, Joël: 264, 294, 309, 310
Hugo, Victor: 37, 41, 65, 110, 121, 292
Hyber, Fabrice: 208, 327, 328

I

Iacub, Marcela: 191, 243, 305
Ingres, Jean-Auguste Dominique: 305
Irène: 324

J

Jackson, Mahalia: 304
Jakob, Dominique: 294
Janicot, Françoise: 183
Jannink, Baudouin: 214, 215, 294
Jarry, Alfred: 269
Jeune, Marie-Claude: 298

ÍNDICE ONOMÁSTICO

JMP: 57
Jobbe-Duval, Henri: 100
Jodorowsky, Alejandro: 176
Johnson, Jysp: 138
Joignot, Frédéric: 298
Joppolo, Giovanni: 100
Joshi, Bhimsen: 304
Journiac, Michel: 119, 135, 183, 207
Jouvet, Louis: 281
JR: 265, 293
Judd, Donald: 184
Julien-Laferrière, Alain: 185
Julien-Laferrière, Bertrand: 162
Julien-Laferrière, Catherine: 162

K
Kafka, Franz: 117
Kantor, Tadeusz: 68
Kapoor, Anish: 232
Kaprow, Allan: 123
Kaquet, Brigitte: 81
Kawakubo, Rei: 139
Kelly, Mary: 124
Kerchache, Jacques: 181
Kerouac, Jack: 301
Kersaki, Alexandre: 67
Khrzhanovsky, Ilya: 69
King, Martin Luther: 273, 275
Kirili, Alain: 127
Klinkowstein, Tom: 141
Knowles, Alison: 123
Koenig, Barbara de: 83
Kounellis, Jannis: 179
Kristeva, Julia: 139
Kuspit, Donald: 191
Kyrou, Ariel: 145, 298

L
Labarthe, André S.: 234
Labelle-Rojoux, Arnaud: 85
Lacan, Jacques: 134, 222, 290
LaChapelle, David: 227
Lacks, Henrietta: 203
Lacroix, Christian: 221
Laffon, Juliette: 294
Lafont, Suzanne: 81
La Fontaine, Jean de: 65, 292
La Frenais, Rob: 133

Lainé, Daniel: 298
Lamarque, Hélène: 181
Lamy, Michèle: 302
Lang, Jack: 106, 302
Laporte, Gilbert: 106
Lattuada, Fiorella: 178
Lattuada, Flavio: 178
Laudamiel, Christophe: 66
Lavigne, Emma: 125
Lavilliers, Bernard: 65, 323
Lavoisier, Antoine: 16
Léandre, Joëllle: 309
Lear, Amanda: 309
Bernini (dito Gian Lorenzo Bernini): 221-223
Lecoq, Jacques: 73
Lee, Kyungho: 180
Legend, John: 244
Le Mée, Maëll: 204
Le Mindu, Charlie: 196
Lemoine-Luccioni, Eugénie: 133, 139, 250
Lennon, John: 273
Lentin, Jean-Pierre: 298
Le Sergent, Daphné: 97
Levi, Primo: 35
LeWitt, Sol: 179, 184
Li, Blanca: 196
Lismonde, Pascale: 294
Liu, Dan: 137
Lixenberg, Loré: 188
Lizène, Jacques: 81
Lolley, Sarah: 283
Luís XI: 309
Lowry, Glenn D.: 125
Lublin, Léa: 158, 189
Luca, Ghérasim: 35, 105
Luna, Bigas: 230
Lyotard, Jean-François: 159

M
Maar, Dora: 259
Macaire, Alain: 100
Maccheroni, Henri: 97
Macron, Brigitte: 311
Macron, Emmanuel: 311
MADMOIZEL: 198
Madonna: 150
Maire, Henri: 322
Malevich, Kasimir: 129

Mallarmé, Stéphane: 105
Malraux, André: 324
Maneval, Alain: 233, 298, 324
Mapplethorpe, Robert: 304
Marais, Marin: 304
Marceau, Marcel: 73
Marchand, Anne: 119
Marcoci, Roxana: 125
Maréchal, Marcel: 68, 184
Margiela, Martin: 139
Marley, Bob: 304
Martin, Jean-Hubert: 128, 153
Maubant, Jean-Louis: 324
McCarthy, Paul: 124, 176, 179
MacFarlane, Brendan: 294
McQueen, Alexander: 139
Mercadet, Léon: 298
Messac, Yvon: 183
Michelangelo: 252
Mill, Stuart John: 244
Millas, Bruno: 159
Millet, Catherine: 77, 101, 306
Miou-Miou: 299
Miscetti, Stéphanie: 179
Misrahi, Robert: 277
Mitterrand, Frédéric: 266
Miyake, Issey: 137, 139, 309
Molinier, Pierre: 183
Molnar, Vera: 158
Monet, Claude: 328
Monk, Thelonious: 304
Montaigne, Michel de: 292
Montand, Yves: 251
Montandon-Jodorowsky, Pascale: 176
Monterosso, Jean-Luc: 158
Montherlant, Henry de: 33
Moore, Michael: 244
Moorman, Charlotte: 123
Morellet, François: 129, 158
Morin, Edgar: 244
Morineau, Camille: 125
Moulène, Jean-Luc: 183
Moulin, Jean: 21
Muehl, Otto: 183, 225
Murat, Caroline: 209
Murray-Leslie, Alex: 198, 200
Muyle, Johan: 234

N

Navarra, Enrico: 225
Neutres, Jérôme: 157, 161
Neuwirth, Lucien: 240, 244
Nicola L.: 127-129, 141, 180, 294
Nietzsche, Friedrich: 188, 314
Nin, Anaïs: 88
Nitsch, Hermann: 135
Nochlin, Linda: 259
Nomi, Klaus: 304
Nothomb, Amélie: 293
Nourry, Prune: 265
Novarina, Valère: 97

O

Ogien, Ruwen: 145
Ohana, Jacques: 143, 282
Ollagnon, Jean-Paul: 71, 72, 323
Ono, Yoko: 124
Opalka, Marie-Madeleine: 81
Opalka, Roman: 81
Opie, Catherine: 124
Oriach, Stephan: 229, 231, 232
Ornano, Michel d': 100
Orta, Lucy: 128
Oultremont, Juan d': 146

P

Paik, Nam June: 123, 124, 158
Park, Sonny: 137
Palestine, Charlemagne: 124, 304
Palix, Yvonamor: 152, 181
Pane, Gina: 119, 135
Parant, Jean-Luc: 128
Parker, Charlie: 304
Parr, Mike: 84
Partouche, Hugo: 244
Partouche, Marc: 106, 152, 153, 173, 234, 294
Pasquier, Françoise: 106
Pastor, Philippe: 98
Patterson, Ben: 123, 127
Paty, Samuel: 274
Pavlenski, Piotr: 299
Paz, Octavio: 152
Peagno: 57
Peccolo, Roberto: 179
Pécoud, Pierre: 71, 323
Perec, Georges: 105

Pernet, Diane: 195, 302
Perrot, Michelle: 242, 243
Petitgirard, Laurent: 266
Pétrel, Aurélie: 186
Pétrequin, Anne: 97
Phelan, Peggy: 191
Piano, Renzo: 215
Picasso, Pablo: 259
Pierre, Roger: 102
Pieters, Guy: 183
Pieters, Linda: 183
Piguet, Philippe: 294
Pinault, François: 181
Pincemin, Jean-Pierre: 97
Piu Piu: 198
Platão: 148, 292
Pleynet, Marcelin: 110
Pluchart, François: 71
Poncet, Georges: 100, 253
Ponge, Francis: 323
Pop, Iggy: 302, 304
Poulain de La Barre, François: 244
Preciado, Paul B.: 247
Presley, Elvis: 295
Prévert, Jacques: 65, 292, 323
Primois-Bizot, Mariel: 299
Protágoras: 80
Proust, Marcel: 160, 161, 292
Purcell, Henry: 304
Pury, Simon de: 253
Py, Olivier: 147, 196, 244

Q

Quadruppani, Serge: 233
QUEER: 198
Quemin, Alain: 185
Queneau, Raymond: 105, 323
Quevedo, Francisco de: 227

R

Rabanne, Paco: 137, 139
Rabelais, François: 48
Rabouan Moussion, Jacqueline: 183
Raffier, Annie: 230
Raffier, Joël: 159, 230, 232
Rambaud, Patrick: 298
Ramette, Philippe: 128
Ranc, Jacques: 148, 149, 225

Raspail, Thierry: 120
Rauschenberg, Robert: 179
Rebecq, Maroussia: 154
Redolfi, Michel: 158
Rehm, Jean-Pierre: 233
Reich, Steve: 304
Rein, Michel: 114, 161, 185, 189
Rembrandt: 33
Renoldi Bracco, Tomaso: 177, 178
Restany, Pierre: 123, 189
Rey, Xavier: 305
Rice, Peter: 215
Richard, Nathalie: 234
Rimbaud, Arthur: 65, 270, 323
Rioux, Christophe: 294
Rita Mitsouko: 312
Robin, Muriel: 240
Robine, Michèle: 265
Rogers, Richard: 215
Rogers, Su: 215
Roque, Jacqueline: 259
Rose, Barbara: 129
Rosenbach, Ulrike: 119
Rosler, Martha: 259
Rosnay, Joël de: 170
Rouch, Jean: 51
Rouzaud, Jean: 298
Royal, Ségolène: 246
Ruiz de la Prada, Agatha: 154

S

Sabatier, Cyrille: 324
Sabatté, Lionel: 186
Sagan, Françoise: 105
Saint-Phalle, Nathalie de: 299
Saint-Simon, Louis de Rouvroy, duque de: 244
Salamé, Léa: 286
Salling, Morten: 206
Sand, George: 54, 65, 66, 323
Sanders, Pharoah: 299
Sarraute, Nathalie: 105
Sartre, Jean-Paul: 277, 290
Sayag, Alain: 189
Schneemann, Carolee: 119, 123, 180
Schneider, Romy: 251
Schor, Gabriele: 224
Schouten, Lydia: 119

Schwartz, Olivier: 208
Schwarzkogler, Rudolf: 135
Scott, Jérémie: 138
Serge 3: 300
Serres, Michel: 139, 147, 207
Shankar, Ravi: 304
Shelley, Rice: 294
Shusterman, Richard: 294
Sibony, Daniel: 132, 293
Sigurðsson, Sigurjón Birgir: 115
Simone, Nina: 295, 304
Sócrates: 292
Somerhalder, Ian: 244
Sontag, Susan: 270
Sorbier, Franck: 137
Sorel, Agnès: 93
Sotoudeh, Nasrin: 274
Spinoza, Baruch: 105
Sprinkle, Annie: 30
Stelarc: 84, 144
Stemler, Hélène: 73, 324
Strauss-Kahn, Dominique(referido DSK): 243
Suret, Isabelle: 299
Susplugas, Jeanne: 128, 294
Swift, Jonathan: 27
Sylvander, Michèle: 128

T
Taddeï, Frédéric: 299
Taddei, Jean-François: 105
Tajbakhsh, Shahragim: 208
Taubira, Christiane: 55
Tejeda, Isabel: 155
Testud, Sylvie: 233
TGAF: 198
Thibault, Jean-Marc: 102
Thompson, Sophie: 141

Tilman, Pierre: 294
Ticiano: 33
Toguo, Barthélemy: 265
Tolsty: 183
Toma, Yann: 129, 259, 294
Trenet, Charles: 293
Trigano, Patrice: 100
Trump, Donald: 126, 272, 311
Turzi, Antoine: 209

U
Ughetto, Henri: 264
Ulay: 83
Ultra Violet: 128

V
Vacheret, Guy: 73
VALIE EXPORT: 123, 135, 180
Van Beirendonck, Walter: 138, 139
Vandel, Philippe: 299
Vanderborght, Christian: 141
Vaneigem, Raoul: 160
Van Gogh, Vincent: 35, 225
Van Groeningen, Felix: 269
Varda, Agnès: 265
Vauban, Sébastien Le Prestre: 310
Vautier, Ben: 146
Veil, Simone: 240
Venet, Bernar: 129, 158, 186, 191, 300
Venet, Diane: 186
Verhaeren, Émile: 65
Verlaine, Paul: 65, 270, 323
Verne, Júlio: 27
Vesalius: 251
Viallat, Claude: 128
Vian, Boris: 269

Villani, Cédric: 285
Villeglé, Jacques: 128, 264, 294
Villon, François: 65
Viola, Eugenio: 107, 178, 191, 294
Viollet-le-Duc, Eugène: 309
Virilio, Paul: 133
Voight, Leïla: 127, 174, 234
Voltaire (François Marie Arouet): 292
Vostell, Wolf: 293
Vu, Lan: 137, 138

W
Warhol, Andy: 76, 302
Westwood, Vivienne: 139
Wilde, Oscar: 20, 291
Wilson, Bob: 68, 82, 83, 124, 253
Wilson, Martha: 123
Wilson, Sarah: 98
Wimmer, Elga: 180
Winehouse, Amy: 304
Wizman, Ariel: 299
Wolman, Gilles: 100
Woolf, Virginia: 35, 105

Y
Yang, John: 137
Yeltsin, Boris: 69
Yersin, Alexandre: 209
Young, La Monte: 123, 182, 183

Z
Zanini, Marcel: 306
Zazeela, Marian: 182
Zurr, Ionat: 207
Zweig, Stefan: 35

Índice das obras

A

Abramović, Marina
  Artista está presente (A): 85
  Role Exchange: 84
Adler, Laure
  Manifesto feminista: 147
Alechinsky, Pierre
  Tout ce que vous peignez peut être retenu contre vous: 287
Alexandre, Laurent
  Morte da morte (A): 169
Anouilh, Jean
  Antígona: 65
Artaud, Antonin
  O que vim fazer no México: 152

B

Bach, Johann Sebastian
  Tocata em ré menor: 100
Barthes, Roland
  Império dos signos (O): 134
Bayer, Herbert
  Autorretrato: 252
Beauvoir, Simone de
  Segundo sexo (O): 248

Becker, Jacques
  Montparnasse 19: 229
Ben
  Boire une bière et oublier l'art: 270
Benjamin, Walter
  Infância berlinense: 1900: 268
Berlioz, Hector
  Danação de Fausto (A): 68, 304
Bernini
  Êxtase de Santa Teresa (O): 222
Bizot, Jean-François
  Un moment de faiblesse: 299
Blistène, Bernard, Buci-Glucksmann, Christine e Enrici, Michel
  ORLAN Triomphe du baroque: 227
Böhmer, Geneviève
  Buisson ardent (Le): 98
Bonnafous-Boucher, Maria
  Anthropologie et féminisme en écho à la conférence d'ORLAN: 152

Théorie des parties prenantes (La): 130
Botticelli, Sandro
  Nascimento de Vênus (O): 305
Bourriaud, Nicolas
  Estética relacional: 99

C

Ceysson, Bernard
  ORLAN ultime chef-d'œuvre: 184
Christo
  Walking on water: 261
Cioran, Emil
  Do inconveniente de ter nascido: 35
  Breviário de decomposição: 35
  Silogismos da amargura: 35
Colagrande, Giada e Wilson, Bob
  Vida e morte de Marina Abramović (A): 82
Correggio
  Sono de Antíope (O): 254
Costa-Gavras, Constantin
  Clair de femme: 251

Courbet, Gustave
Origem do mundo (A):
214, 223, 304
Cronenberg, David
Pain Killer: 225
Spider: 225

D
Dagerman, Stig
Nossa necessidade de
consolo é impossível
de satisfazer (A): 314
Daumal, René
Monte Análogo (O): 279,
301
Davis, Miles
Ascenseur pour
l'échafaud: 303
Dereux, Philippe
Petit Traité des
épluchures: 98
Deslandes, Circé
"Ta bite": 198
Despentes, Virginie
Teoria King Kong: 237
Devillers, Laurence, Kyrou,
Ariel e Martin, Virginie
ORLAN-oïde ROBOT
HYBRIDE avec
intelligence
artificielle et
collective: 162
Duchamp, Marcel
Fonte: 129

E
Eco, Umberto
Nome da rosa (O): 48
Enthoven, Raphaël
Temps gagné (Le): 160

F
Fabre, Gladys
Skaï et sky and video: 106
Fabrice, Bousteau: 69, 233,
293
fatmi, mounir e Kyrou, Ariel
Ceci n'est pas un
blasphème: 145

Fouquet, Jean
Virgem com o menino
e os anjos (A): 91,
92, 152
Fraisse, Geneviève
Excès du genre (Les): 240
Freud, Sigmund
Cabeça de Medusa (A):
198

G
Gary, Romain
Clair de femme: 251
Gentileschi, Artemisia
Judite decapitando
Holofernes: 91
Géricault, Théodore
Balsa da medusa (A): 314
Giorno, John
Life is a Killer: 124, 144
Glass, Philip
Einstein on the Beach: 68
Gouges, Olympe de
Declaração dos direitos
da mulher e da
cidadã: 237
Goya, Francisco de
Maja nua (A): 305
Grau, Donatien
Paul in Paris: 176

H
Hugo, Victor
Ações e palavras – antes
do exílio: 110
Djinns (Les): 37, 41, 65

I
Ingres, Jean-Auguste-
Dominique
Grande odalisca (A): 305

J
Jodorowsky, Alejandro
Poesia sem fim: 176
Journiac, Michel
Vingt-quatre heures dans
la vie d'une femme
ordinaire: 119

K
Kafka, Franz
Na colônia penal: 247
Josefina, a cantora: 117
Kerouac, Jack
On the road, pé na
estrada: 301
Kyrou, Ariel e fatmi, mounir
Ceci n'est pas un
blasphème: 145

L
Labelle-Rojoux, Arnaud
Acte pour l'art (L'): 85
Lacan, Jacques
Mais, ainda: 222
La Fontaine, Jean de
Carvalho e o junco (O):
65
Lemoine-Luccioni, Eugénie
Robe (La): 133, 250
Living Theatre (Julian Beck,
Judith Malina)
Paradise Now: 68

M
Malevich, Kasimir
Quadro branco sobre
fundo branco: 129
Millet, Catherine
Riquet à la houppe: 306
Vida sexual de Catherine
M. (A): 306
Montherlant, Henry de
Rainha morta (A): 65
Muehl, Otto
Untitled Van Gogh: 225

N
Neutres, Jérôme
ORLAN EN CAPITALES:
157
Nicola L.
Cape of Blues (The): 127
Nourry, Prune
Terracotta Daughters:
265

O

Ogien, Ruwen
  Influence de l'odeur des croissants chauds sur la bonté humaine (L): 145
Oriach, Stephan
  Carnal Art: 229
ORLAN
  ASIL/EXIL: 234
  Baiser de l'artiste (Le): 66, 84, 97, 98, 99, 100, 101, 103, 104, 105, 106, 107, 129, 154, 180, 185, 252
  Bœuf sur la langue (Le): 25, 207, 209, 284
  Bumpload: 159, 160
  CORPS-SCULPTURES: 75, 80, 87, 247, 248
  Déshabillage, habillage, rhabillage, libres et changeants: 157
  Draps-peaux hybridés: 233
  E = MC²: 248
  Élan d'ORLAN (L): 174
  Entre-deux: 142
  Expérimentale mise en jeu: 159, 160
  Femme qui rit (La): 15
  Femmes qui pleurent sont en colère, par femme avec tête(s) (Les): 259
  Femmes ressemblent à la lune, mes yeux à des fleurs (Les): 15
  J'ai faim, j'ai soif, mais ça pourrait être pire: 163, 164, 199
  Je suis une dégueuleuse de poèmes sur canapé douillet: 57
  Je suis UN femme et UNE homme: 12, 223
  Liberté en écorchée (La): 64, 250, 251, 257
  Madone au jardin (La): 310

  Manifeste de l'Art charnel: 82, 121, 132, 135, 225, 255
  Manteau d'Arlequin (Le): 270
  MesuRAGEs: 78-81, 188, 216, 248
  Mise en scène pour un grand Fiat: 21, 72, 180, 198
  No comment: 270, 271
  Omniprésence nº 2: 128
  Opérations-chirurgicales-performances: 33, 77, 121, 131, 132, 283
  Origine de la guerre (L'): 180, 196, 214, 223, 304, 305
  ORLAN accouche d'elle-m'aime: 12, 54, 77, 286
  ORLAN-CORPS de livres: 64
  ORLAN-CORPS-SCULPTURE, photographique batracien sur fond noir et sur fond blanc: 87
  ORLAN danse avec son ombre: 80
  ORLANoïde: 160-162, 215, 284
  ORLAN réinterprète Jean-Auguste-Dominique Ingres, La Grande Odalisque: 249
  ORLAN REMIX Costa Gravas Deleuze et Guattari: 159, 251
  Panoplie de la fille bonne à marier (La): 249
  Parfum de l'artiste (Le): 66
  Peinture contre chaîne et casserole: 250
  Pétition contre la mort: 163, 169, 199, 266
  Plan du film (Le): 191, 225,

  229, 230, 233, 297, 298, 310
  Pomme-cul et Petites fleurs: 214
  Pour tous miracles consultez mes tarifs: 90, 175
  Prosésies écrites: 57-59, 184, 211
  Radiographie des Temps: 49, 50
  Récit (Le): 36, 66, 107, 191
  Refiguration d'ORLAN et défiguration de New York: 189
  Réincarnation de SAINTE-ORLAN ou Image/Nouvelles images (La): 132
  Reliquaires: 147, 148
  SAINTE-ORLAN et les vieillards: 33
  Séduction contre séduction: 15, 205
  Self-hybridation africaine, Masque de femme nigériane avec visage de femme euro-parisienne: 44
  Self-hybridation africaine, Masque Janus Ekoi Nigeria et visage de femme euro-forézienne: 44
  Self-hybridation africaine, Profil de femme mangbetu et profil de femme euro-stéphanoise: 44
  Self-hybridations africaines: 50, 128, 152, 161
  Self-hybridations: 151-153, 180, 181, 224
  Self-hybridations précolombiennes: 139, 152

ÍNDICE DAS OBRAS

Se vendre sur les marchés en petits morceaux: 252

S'habiller de sa propre nudité: 253

Singes (Les): 68

Sky and skaï and vidéo: 222, 310

Slow de l'artiste (Le): 315

Snake Boat Rice: 235

Strip-tease des Cellules jusqu'à l'os: 255

Strip-tease en nano séquences: 255

Strip-tease occasionnel avec les draps du trousseau: 98, 249, 255

Symposium de performance: 97, 98, 117-120, 124, 133

Tangible strip-tease en nano séquences: 204

Tentative de sortir du cadre: 76, 247

Tête à claques, jeu de massacre: 157

Tête de Méduse (La): 198

Un ORLAN-CORPS de crâne: 227

Un peu de temps... et vous ne me verrez plus... encore un peu de temps... et vous me verrez: 120

Voici ma dénonciation: 60

ORLAN et David Delfin Suture, Hybridation, Recyclage: 154, 155

ORLAN et Hubert Besacier Face à une société de mères et de marchands: 84, 98

P

Partouche, Marc
Lignée oubliée (La): 153

Paz, Octavio
Labirinto da solidão (O): 152

Perec, Georges
Sumiço (O): 105

Pialat, Maurice
Sob o sol de Satã: 304

Plana, Georgette
Dénicheur (Le): 72

Platão
Banquete (O): 151

Pleynet, Marcelin
Enseignement de la peinture (L'): 110

Preciado, Paul B.
Eu sou o monstro que vos fala: 247

Protágoras
Da verdade: 80

Proust, Marcel
Em busca do tempo perdido: 160

Q

Quevedo, Francisco de
Gracias y desgracias del ojo del culo: 227

R

Racine, Jean
Fedra: 65

Rembrandt van Rijn
Lição de anatomia (A): 33

Rita Mitsouko, Les
Histoires d'A. (Les): 312

Rosler, Martha
Cleaning the Drapes: 259

Rosnay, Joël de
Homem simbiótico (O): 170

Rossi, Tino
Roses blanches (Les): 72

Rouch, Jean
Cocorico Monsieur Poulet: 51

S

Serres, Michel
Terceiro instruído (O): 147

Sprinkle, Annie
Public Cervix Announcement (The): 30

Swift, Jonathan
Viagens de Gulliver (As): 27

T

Tableaux vivants
Tableaux vivants: 305

Tintoretto
Susana e os idosos: 33

Ticiano
Assunção (A): 33

V

Van Beirendonck, Walter
Believe: 139

Van Groeningen, Felix
Merditude des choses (La): 269

Venet, Bernar
Tas de charbon: 129

Verhaeren, Émile
Vento (O): 65
Vitória de Samotrácia (A): 193

Villon, François
Balada dos enforcados: 65

W

Wilde, Oscar
Declínio da mentira (O): 20

Wilson, Bob
Einstein on the Beach: 68
Life and Death of Marina Abramović (The): 82

Z

Zanini, Marcel
Tu veux ou tu veux pas?: 306

Legendas e créditos das fotografias

Fotografias interiores em preto e branco:

Frontispício: *ORLAN & l'ORLANoïde. Strip-tease artistique électronique et verbal*, 2018, instalação robótica e vídeo. Vista da exposição *Artistes & Robots*, Paris, Grand Palais © Gérard Schachmes

p. 6: SÉRIE CORPS-SCULPTURE, *ORLAN accouche d'elle-m'aime*, 9 × 10 cm, 81 × 76 cm (com moldura), fotografia em preto e branco, tiragem única, 1965 © Studio ORLAN

p. 22: *Sens dessus dessous ou jambes en l'air, masque et tête à l'envers*, 9,6 × 6 cm, 81 × 76 cm (com moldura), fotografia em preto e branco, tiragem única, 1965 © Studio ORLAN

p. 42: *Self-hybridations africaines*. Máscara Mbangu metade preta, metade branca, e rosto de mulher de Saint-Étienne com bobes, 156 × 125 cm, fotografia digital, tiragem em papel fotográfico colorido, 7 exemplares, 2002 © Studio ORLAN

p. 70: SÉRIE ORLAN-CORPS, *Tentative pour sortir du cadre à visage découvert*, fotografia em preto e branco, 120 × 133,5 cm, 1966 © Studio ORLAN

p. 78: SÉRIE ORLAN-CORPS, *ORLAN masquée se moque du monde*, 180 × 120 cm (com moldura), fotografia em preto e branco, 1966 © Studio ORLAN

p. 94: *ORLAN, Vierge blanche sortant du noir*, 164 × 124 cm, fotografia em preto e branco, 1978 © Studio ORLAN

p. 96: *Le Baiser de l'artiste, le distributeur automatique ou presque!* 168,9 × 130,4 cm, fotografia em preto e branco, 1977 © Studio ORLAN
Na imagem: INTRODUZIR 5 FRANCOS/LE BAISER DE L'ARTISTE [O BEIJO DA ARTISTA]/OBRIGADA

p. 116: *Action OR-lent: les marches au ralenti, dite «au sens interdit»*, dimensões variáveis, 1964 © Studio ORLAN

p. 156: *Pyramide de Minitel*, revista *Art Accès*, instalação, 1985 © Studio ORLAN

p. 172: *Série Le Plan du film*, «Catharsis, générique no 27», 160 × 120 cm, duratrans numa caixa luminosa, 2001 © Studio ORLAN

p. 202: Trechos do vídeo *Bumpload, Memento Mori*, trechos de vídeos em 3D feitos a partir de tomografias de ORLAN e imagens de suas células, 2013 © Studio ORLAN

p. 210: *Action ORLAN-CORPS. MesuRAGE d'institutions*, Centre Georges Pompidou, Paris, 2 de dezembro de 1977 © Studio ORLAN

p. 218: «Pétition contre la mort», Performance, Bienal de Arte Contemporânea, Kiev, Ucrânia, 2017
p. 236: «Se vendre sur les marchés en petits morceaux», Performance realizada em Caldas da Rainha, Portugal, fotografia em preto e branco, 1976 © Studio ORLAN
p. 280: *Le Slow de l'artiste*, Manifestação «JE SUIS SLOWSEXUEL.LE», Paris, 2021 © Studio ORLAN
p. 288: SÉRIE CORPS-SCULPTURE, *Batracien sur fond noir*, 9 × 10 cm, 81 × 76 cm (com moldura), fotografia em preto e branco, tiragem única, 1965 © Studio ORLAN

Caderno em cores:

p. I: «Carte blanche pour trois nuits blanches, SALÒ #19»: Silencio, show com Chicks on Speed, SALÒ, Paris, abril 2017 © ORLAN STUDIO
p. II: *Bump Load*, Técnicas mistas (resina, alumínio, célula infravermelha, leds, programação eletrônica, tecidos luminosos, fibras óticas), 170 × 100 × 200 cm. Produção: Conseil général du Val-d'Oise / Abbaye de Maubuisson e CNAP (Centro Nacional de Artes Plásticas). 2009 © ORLAN STUDIO
p. III: Trechos do jogo eletrônico da instalação interativa com bracelete MYO, *Expérimentale mise en jeu*, 2015. Desenvolvedor: Bruno Millas, sociedade PTYX
p. IV: *Draps-peaux hybridés, Repère(s) mutant(s)*, 2013. Instalação em vídeo, projeção em cores, 299 minutos © ORLAN STUDIO
p. V: «Dessin fait au sang, avec les doigts trempés dans mon sang pendant l'opération du 8 décembre», 100 × 70 cm, sangue sobre papel, ampliado sobre tecido oleado por Scanacrome, edição 9, 1993 © ORLAN STUDIO
p. VI: *La liberté en écorchée*, vídeo 3D em monitor de plasma plano, 55 polegadas (140 cm), 2013, 57 min., 26 s. © ORLAN STUDIO
p. VII: *Biopsie, Le manteau d'Arlequin*, Liverpool, 2007 (Biorreator Tony 004) (Foundation for Art and Creative Technology), «SK-Interface», 2015, Liverpool, Courtesy © ORLAN STUDIO
p. VIII: *Self-hybridation: Entre-Deux* com retrato de ORLAN nº 4, ORLAN fazendo a Vênus de Botticelli gritar contra os padrões de beleza, 120 × 160 cm, fotografia colorida em caixa luminosa, 1994 © ORLAN STUDIO
p. IX: *Self-hybridations, Masques de l'Opéra de Pékin, Facing Designs et réalité augmentée*, Peking Opera Facial Designs nº 10, fotografia colorida, 119,38 × 119,38 cm, 2014 © ORLAN STUDIO
p. X: «Opération-chirurgicale-performance dite réussie», 1991. Em cima: leitura terno de Paco Rabanne; em baixo: «Opération-chirurgicale-performance dite réussie», Apresentação de lagostas, 8 de dezembro de 1991, Paris, fotografia colorida, 110 × 165 cm © Alain Dohmé / Sipa-Press
p. XI: Retrato nº 1 feito pela máquina-corpo quatro dias depois da 7ª operação-cirúrgica-performativa, «7e opération-chirurgicale-performance dite "Omniprésence"», 21 de novembro de 1993. Cibachrome em diasec., 165 × 110 cm, 7 exemplares © Vladimir Sichov
p. XII: (em cima): *Les femmes qui pleurent sont en colère* nº 6, tiragem fotográfica Epson P20000 sobre Hanemühle William Turner 210 g, 158 × 110 cm, 2019 © ORLAN; (em baixo): *Les femmes qui pleurent sont en colère nº 9*, tiragem fotográfica Epson P20000 sobre Hanemühle William Turner 210 g, 158 × 110 cm, 2019 © ORLAN STUDIO
p. XIII: *Self-hybridation entre femmes*, 111,8 × 150 cm, 2019 © ORLAN STUDIO
p. XIV: Visão da exposição *Hors limites, l'art et la vie*, 40 dípticos em metal e 80 fotografias coloridas. Centre Georges Pompidou, curador Jean de Loisy, 1994 © ORLAN STUDIO
p. XV: *Un bœuf sur la langue*, instalação multimídia, Museu de Belas-Artes de Nantes, Capela de l'Oratoire, 2011. Curador Blandine Chavanne © ORLAN STUDIO
p. XVI: M HKA, *MesuRAGES*, «Action: ORLAN-body», curador Bart de Baere, Antuérpia, Bélgica, 2012 © ORLAN STUDIO
p. XVII: M HKA, *MesuRAGES*, «Action: ORLAN-body», curador Bart de Baere, Antuérpia, Bélgica, 2012 © ORLAN STUDIO

p. XVIII: *Défiguration-Refiguration, Self-hybridation précolombienne* nº 4, 150 × 100 cm, cibachrome colado sobre alumínio, quadro, 1998. Coleção do Fundo Nacional de Arte Contemporânea, Paris © ORLAN STUDIO

p. XIX: *Défiguration-Refiguration, Self-hybridation précolombienne* nº 2, 150 × 100 cm, cibachrome, quadro de madeira, Dlasec, 1998 © ORLAN STUDIO

p. XX: *Contre le harcèlement du football, No Comment*, visão da exposição projeção em vídeo, 2009. Produção: Conselho geral do Val-d'Oise/Abadia de Maubuisson. Projeção de vídeo sobre tela em forma de cruz e 100 bolas de futebol tampografadas, dimensões variadas. Vídeo: duração de 4 minutos em *loop*; realização: ORLAN; montagem e som: Catherine Brossais, 2009 © ORLAN STUDIO

p. XXI: *Robes sans corps: Sculptures de plis*, Abadia de Maubuisson, visão da exposição *Unions mixtes, mariages libres et noces barbares*, curadora Caroline Coll, Maubuisson, França, 2009 © ORLAN STUDIO

p. XXII: *Vierge blanche sur fond de briques jaunes, ou Sainte ORLAN en Assomption sur un moniteur vidéo* nº 1, 120 × 160 cm, cibachromes colados sobre alumínio, 1983 © ORLAN STUDIO

p. XXIII: *Vierge noire manipulant une croix blanche et une croix noire*, 120 × 160 cm, cibachrome colado sobre alumínio. Captação de Jean-Paul Lefret para a escola de fotografia Ace3P. Coleção do Fundo Municipal de Arte Contemporânea de Marselha, 1983 © ORLAN STUDIO

p. XXIV: *Refiguration / Self-hybridation, série amérindienne #17: portrait peint de Pa-rís-ka-róo-pa, Deux corbeaux, un chef de bande, avec un portrait photographique d'ORLAN*, 2006, Fotografia digital, 152,5 × 124,5 cm © ORLAN STUDIO

p. XXV: *Refiguration / Self-hybridation, série amérindienne #7: portrait peint de Tís-Se-Wóo-Na-Tís, Celle qui lave ses genoux, épouse du chef, avec un portrait photographique d'ORLAN*, 2005, fotografia digital, 152,5 × 124,5 cm © ORLAN STUDIO

p. XXVI: *ORLAN robot en matériaux recyclés*, 2021 © ORLAN STUDIO

p. XXVII: *ORLANoïde. Strip-tease artistique électronique et verbal*, instalação robótica e vídeo. Visões da exposição *Artistes & Robots*, Grand Palais, Paris, 2018 © ORLAN STUDIO

p. XXVIII (em cima): Série animais em vias de extinção, *Bonobo et robot*, 2021 © ORLAN STUDIO; (em baixo): Série animais em vias de extinção, *Rhinocéros et robot*, 2021 © ORLAN STUDIO

p. XXIX: *Vierge blanche en assomption sur nuages de plastique bulle et moniteur vidéo*, 120 × 160 cm, fotografia colorida, 1983 © ORLAN STUDIO

p. XXX (em cima): Visão da exposição, FRAC des Pays de la Loire, *Éléments favoris*, retrospectiva, curador Jean-François Taddei, Carquefou, Nantes, França, 2003 © ORLAN STUDIO; (em baixo): Visão da exposição, FRAC des Pays de la Loire, *Éléments favoris*, retrospectiva, curador Jean-François Taddei, Carquefou, Nantes, França, 2003 © ORLAN STUDIO

p. XXXI: *Panoplie de la fille bonne à marier, ORLAN réactive son œuvre avec elle-même en essayant la jupe et le soutien-gorge avec œufs durs*, fotografia colorida de dimensões variáveis, 1981 © ORLAN STUDIO

p. XXXII: *L'origine de la guerre*, 88 × 105 cm, cibachrome colado sobre alumínio. 8 exemplares + 2 testes da artista © Georges Merguerditchian. Collection Vincent Grégoire, 1989

Site oficial da ORLAN: www.ORLAN.eu

Fontes Sanomat Sans | *Papel* Supremo Alta Alvura 300 g/m² (capa),
Off-set Alta Alvura 90 g/m² e Couché fosco 115 g/m² (miolo)
Impressão Camacorp – Visão Gráfica | *Data* Julho de 2023

Caderno de imagens

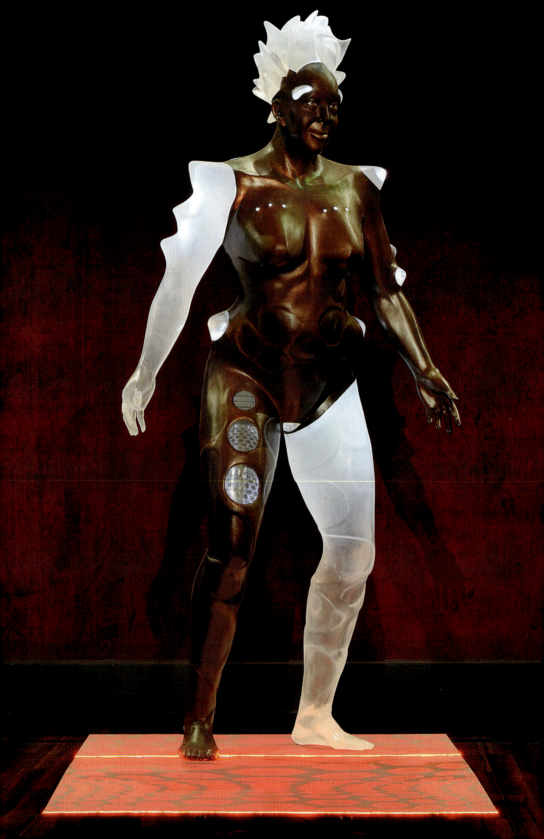

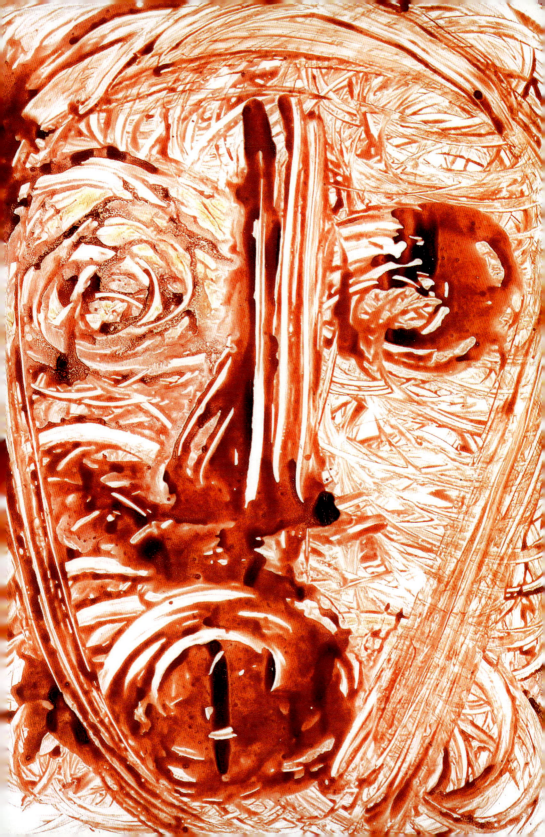

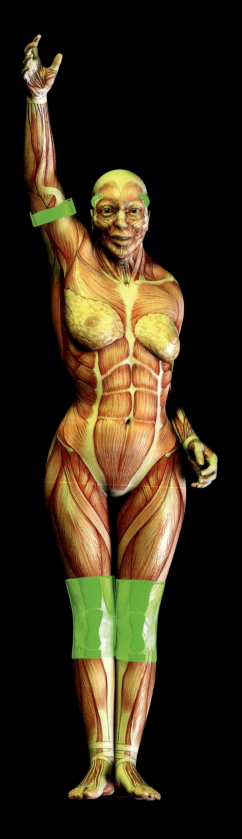

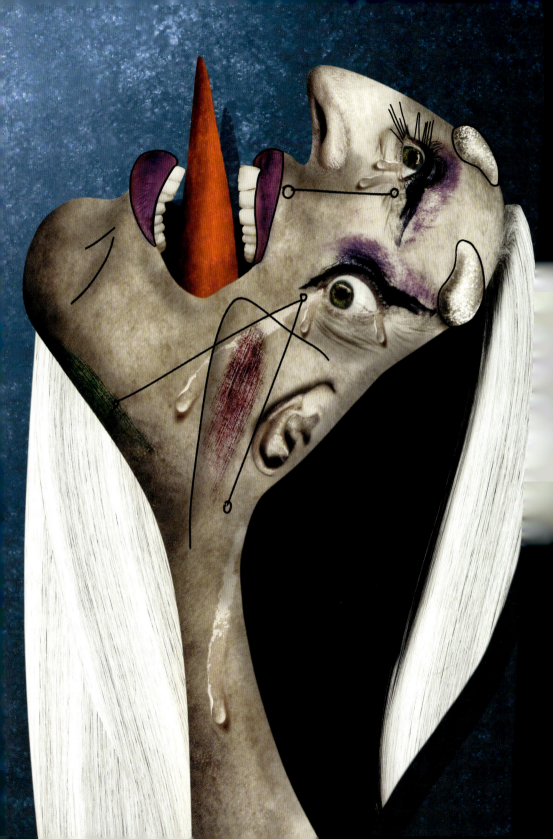

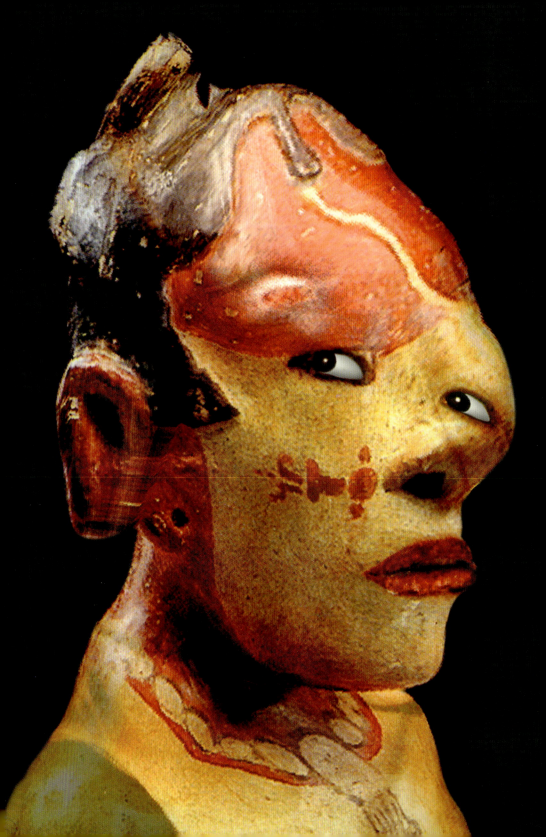